JN098588

補訂版

地域創生入門

地域創生を実現するために押さえておくべき基本事項

関東学院大学 地域創生実践研究所
［編著］

第一法規

執筆者一覧（掲載順）

出石　稔（いずいし　みのる）　　　　　序章、第10章

牧瀬　稔（まきせ　みのる）　　　　　　第1章、第2章

杉原　亨（すぎはら　とおる）　　　　　第3章

津軽石　昭彦（つがるいし　あきひこ）　第4章、第5章、第6章

廣川　聡美（ひろかわ　さとみ）　　　　第7章

江﨑　澄孝（えざき　きよたか）　　　　第8章

小澤　光男（おざわ　みつお）　　　　　第9章

木村　乃（きむら　だい）　　　　　　　第11章、第12章

籠谷　和弘（かごや　かずひろ）　　　　第13章、第14章

目次

地域創生入門
地域創生を実現するために押さえておくべき基本事項
補訂版

◆装丁——篠　隆二

序章　地域創生を学ぶ意義

　本書は、大学生や自治体職員が「地域創生」を学び、実践していくにあたり、基本的に知っておくべき事項を14章にわたり解説した初学者向けの入門書である。

　地域創生を学ぶには、その前提となる地方自治制度や地方公務員制度を理解していることが不可欠である。それとともに、国・地方を挙げて取り組んでいる「地方創生」や国連が定めた「ＳＤＧｓ」の意義や動向、地域創生を担う「住民」のほか様々なアクターで構成される「公共」での取り組み、つまり実践を理解し、感じることが大切である。

　これらの内容は各章で語られるが、まず、ここでは地域創生を学ぶ心構えを共有しよう。

　なお、序章をはじめ各章の内容は、関東学院大学法学部地域創生学科の「地域創生概論」で実際に講義された内容が主となっている。

■2030年AI社会到来

　2040年問題が指摘されているが、まず2030年の社会を考えてみる。

　2019年段階で世界の人口は74億人を数える。それが2030年には85億人になる。これをどう考えるか。日本は人口減少社会に入って久しいが、世界ではまだ人口が増え続けている。

　一方で、先進国といわれる国々では高齢化が急速に進んでいる。高齢化社会という言葉は知っているだろうが、「高齢化社会」、「高齢社会」、「超高齢社会」という３つの段階に分かれる。65歳以上の人口が全人口の７％を超えると「高齢化社会」という。高齢化が現在進行形という意味である。それに対して、65歳以上の人口が全人口の14％以上になると「高齢社会」という。では、現在の日本は「高齢社会」だろうか。65歳以上の人口が全人口の21％を超えると「超高齢社会」という。2018年に日本はこの高齢化率が27.8％になっているので「超高齢社会」ということになる。

2030年には、世界は人口がどんどん増えて若年化しているのだが、それに

対して日本は３人に１人が高齢者になる。自治体によっては高齢化率が40％を超えているところもある。50％を超えているところもあるだろう。ちなみにベトナムの平均年齢は30歳代である。

　こういう時代であるということを認識したうえで、これからはテクノロジーがますます進化し、人工知能（AI）やロボット技術が格段に飛躍する。介護ロボットが介護する時代もすぐ先に見えてくるのではないか。そういう技術が生活に不可欠な存在になっていく。

　では、事務的なことはすべてAIがこなしてしまう時代になるのか。2020年から新型コロナウイルス感染症が世界的に猛威を振るうなかで、社会のデジタル化の必要性が叫ばれるようになった。国はデジタル化に舵を切り2021年９月にはデジタル庁が設置された。日本は圧倒的にこの分野が遅れていたのだが、今後は人工知能（AI）に仕事がとって代わられる。考え方によっては、高齢化が進んで人口が減っていくのだから、コンピュータが代わりに仕事をやってくれるのは良いことではないかともいえるが、逆に言えば仕事がなくなるということでもある。

　2030年、皆さんは何歳になっているだろうか。おそらく働いている未来を想像するだろう。その働こうと思っていた仕事がAIにとられてしまうということだ。「皆さんはAIやロボットと競争する人生を目指しますか」ということになる。

　AIと競争するというと、囲碁、将棋、チェスのことが思い起こされる。チェスはすでにAIに適わない。囲碁、将棋もいよいよ人間がコンピュータに負ける時代になってきた。

　どのような仕事がAIにとって代わられるだろうか。

　やはり、クリエイティブな仕事、芸術や歴史といった抽象的な概念や、いろいろなものを創造するような仕事は、将来的にもコンピュータには難しいだろう。あるいは答えが一つではない、調整が必要なこと、ネゴシエーションするようなことも難しいと思われる。

　一方で、必ずしも特別な知識やスキルを求められないような仕事や秩序的、体系的な操作が求められるような事務仕事はコンピュータでできるのではな

いか。銀行などは顕著な例であろう。もはや対面で行う必要はない。現在でもその進行過程とも言えよう。そのような状況が今見えてきているということなのである。

　だからこそ、これから皆さんが地域創生を学び、社会で活躍できるとすると、AIに取り込まれないような仕事、「多様な人々と協働しながら新しい価値を見出していく力」が必要になるのではないか。

　もともと法学などの社会科学系分野は知識や技能を身に付けるところだが、その知識や技能をどう使うか、身に付けた知識と技能を使ってクリエイティブなことができるかというと、高度成長期などと異なり、今は必ずしもできない時代である。

　企業が求めている人材とは、コミュニケーション力だと言われている。これは知識ではなく、スキルである。いま一番求められているのは、他者と協働していける力である。

■人口減少問題

　いま特に日本で問題になっていることを述べておきたい。

　世界は人口爆発に向かっているが、日本は人口減少問題を抱えている。

　図1は、日本において、左から右にかけて年次が進行する中で人口がどのように増減しているかということを示しているグラフである。左側の方では人口が増え続けていて、2010年頃、1億3千万人くらいから減少期に入っている。そして、2060年には8600万人、現在の3分の2まで減り、2100年には4200万人、現在の3分の1まで減少する。現在のまま進行すれば、このようになるという推計が示されている。

　さて、なぜ人口が減るかということがひとつのポイントである。

　さらに確認しておくべきことは、年少人口、生産年齢人口、老年人口である。15歳未満が年少人口、15歳から64歳までが生産年齢人口、65歳以上が老年人口とされ、生産年齢人口が人口増加につれて増えていっている。介護保険などの高齢者福祉は、生産年齢人口にあたる人たちが働いて納めた税金や保険料で支えられている。ということは、生産年齢人口が多ければ、多く

【図1】日本の人口推移

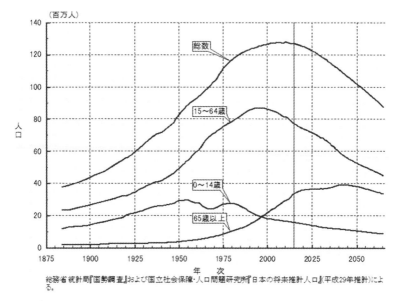

総務省 統計局『国勢調査』および国立社会保障・人口問題研究所『日本の将来推計人口』(平成29年推計)による。

出典：国立社会保障・人口問題研究所HP　「人口統計資料集」（http://www.ipss.go.jp/syoushika/tohkei/Popular/Popular2021.asp?chap=0）（2021年版）

の老年人口を支えることができる。人口増加が進んでいた頃はこの構造を「お御輿型」といった。1人の高齢者を支える人が多数いたからである。近年は働いている人3人で高齢者1人を支える「騎馬戦型」と言われる。この傾向が進み1対1になってくると「肩車型」となる。働いている人1人で高齢者1人を支える構造という意味である。税金も保険料も高負担とならざるを得ないだろう。ただし、高齢者の割合が増えているのは日本の医療が発達していて高齢者が亡くならないということなのだから、その点では良いことということもできる。

　いま問題なのは、人口減少になっていることとともに、高齢者の割合が増えていることである。裏返せば少子化だということである。

　図2の人口ピラミッドをみると、1960年には生産年齢人口が多く、子どもが多いことがわかる。高齢者は少ない。これが現在ではだいぶ様相が変わ

っている。将来は高齢者が多く、生産年齢人口が少なくて、子どもがさらに
少ないという時代が訪れる。

【図2】日本の人口ピラミッドの推移

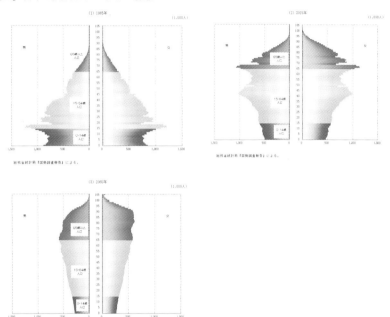

出典：国立社会保障・人口問題研究所HP　「人口統計資料集」（http://www.ipss.go.jp/syoushika/
tohkei/Popular/Popular2021.asp?chap=0）（2021年版）

　人口が増減する一番のポイントは、当たり前かもしれないが出生数と死亡
数の差である。図3のとおり、過去は出生数も死亡者も多い状況で出生数の
方が上回っていた。現在に近づくにつれて出生数が著しく減少し死亡者が増
加する状況が見える。なお、1966年に出生者が著しく少ないのは「丙午」
の迷信によるものである。

【図3】日本の人口動態

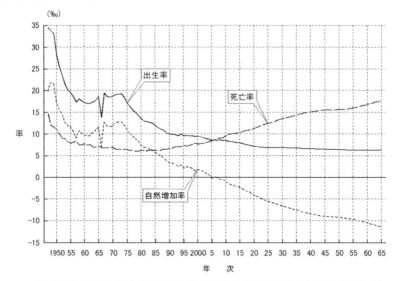

厚生労働省政策統括官(統計・情報政策担当)『人口動態統計』および国立社会保障・人口問題研究所
『日本の将来推計人口』(平成29年)による。

出典：国立社会保障・人口問題研究所HP　「人口統計資料集」(http://www.ipss.go.jp/syoushika/
tohkei/Popular/Popular2021.asp?chap=0)（2021年版)

　現在の日本で人口が最も多い都道府県はどこかというと、ご承知のとおり
東京都である。しかし、明治5年の日本の人口は3481万人で、このとき一番
人口が多かったのは新潟県である。米どころであり、当時は地方が活性化し
ていたということができる。

　「合計特殊出生率」を知っておきたい。一人の女性が生涯に何人の子供を
産むかを表す数値のことであり、15～49歳の女性の年齢別の出生率を合計
したものである。図4を見ると、右肩下がりになっていることがよくわかる。
2019年は1.36である。出生数は100万人を割り込むどころか90万人を切っ
て86.5万人にまで減少し、少子化がますます顕著になっている。

【図4】日本の合計特殊出生率の推移

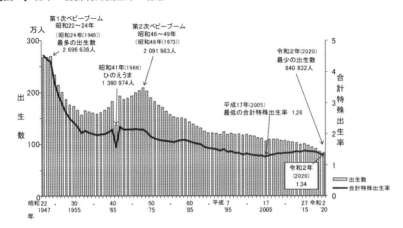

出典：厚生労働省「令和2年（2020）人口動態統計月報年計（概数）の概況」
(https://www.mhlw.go.jp/toukei/saikin/hw/jinkou/geppo/nengai20/dl/gaikyouR2.pdf)

　日本の社会では常識的に一組の夫婦から子供が生まれることから、2人（親）で1.36人の子供ということになり、時間とともに人口は減少する。どうなれば人口は減らないのか。出生率がこれだけ下がっているということを頭に入れておく必要がある。

　ところで、出生率が下がれば人口が減る。特に子どもを産める世代の女性が減少していくと、子どもがさらに生まれなくなる。これに関連し2014年にショッキングな発表があった。「消滅可能性都市」というもので、2010年から2040年までの間に20〜39歳の女性の人口が5割を切ると、その自治体は成り立たなくなり、消滅する可能性があるという衝撃的なレポートである。現実には自治体（市区町村）は合併による場合などを除けば消滅しない。この発表で伝えている消滅というのは、社会生活が成り立たないという意味である。そういう状況になることが予想される自治体を計算したところ、なんと896市区町村が消滅する可能性があるとされた。全国には1718市町村と23区（都の特別区）があり、合計で1741市区町村があるので、半分の自治体が成り立たなくなるというものだった。

　具体的には、北海道の81％、秋田県の96％の市町村が消滅するというこ

とになっている。それに対して沖縄は22％にとどまる。実は沖縄は人口が増えているのである。日本一の大都市横浜市など3つの政令指定都市を擁する神奈川県でも27.3％が消滅する。

　なぜ日本は今人口減少なのか。その理由は少子化である。日本では合計特殊出生率が2.07を下回ると人口減少になる。1組のカップル（2人）から2人生まれれば人口は減らないはずなのに、なぜ2.07なのか。長ぜず亡くなってしまう子どももいるからである。これは日本が誇るべき数値かもしれない。外国ではもっと数値が高いかもしれない。アフリカなどのように飢餓があればもっと高くなる。

　1947年には4.54あった出生率が、2005年に1.26まで落ちた。「1.26ショック」と言われている。その後少し持ち直したものの、2020年には1.34で5年連続減少となった。

　人口減少の何が問題なのか。

　生産年齢人口が減少し、税金や保険料を納める市民が減る。全体のパイが減る中で高齢者の割合が増えていくと社会保障、セーフティネットが成り立たなくなってしまう。これが一番の問題である。また、地域社会の衰退や閉塞感というのは（都市にいると感じられにくいが）、相当なものがあると思われる。

■「地域創生」を目指そう

　端的に言えば、日本はいま、一人一人がゆとりと豊かさを実感できる社会を目指そうとしている。それが政府を上げて取り組んでいる「地方創生」であり、1990年代から取り組みが続けられている。しかし、人口減少問題は依然として継続している。ではどうすればいいのか。国もいろいろと対策を講じているが、国がいくら旗を振ったところで効果は出にくい。その地域が楽しくて、幸せで安心していられるのなら結婚して子どももうけていきたいとなるのだから、大事なのは実感できる豊かさのあり方は地域によって違うということである。だから、地域、自治体が取り組むこと、まさに『地域』創生として取り組むべきことではないか。

　いろいろな自治体が、いま人口の取り合いという自治体間競争をしている。わがまちに引っ越してきてマイホームを建てたら補助金を出すとか、中学3年生までの医療費を無償にするとか、いろいろな手を打って人口を維持しようとしている。これはどういうことか。もし横浜市がこういう方策を実施し、逗子市や横須賀市の人が横浜市に移住したら、逗子市や横須賀市は人口が減ることになる。つまり、勝ち組と負け組が出ることになる。それで良いのだろうか。やはり、自然増を目指すのが大事なのではないか。出生数の方が死亡数よりも多くなる自然増を目指すような政策が必要なのである。なお、いまから急激に出生数が増えたとしても、数10年の間は人口減少が続く。2019年に生まれた89万人の人たちが親になる頃はまだ出生数は少ないのである。

このように人口増加を実現することは難しいと言わざるを得ないが、どうすればいいのか、少子化対策をどうすべきかということを皆さんにもしっかりと考えてほしい。

　一方で、労働者人口の減少を受け、外国人労働者の受け入れも国の政策として進んでいる。技能実習生の受け入れは増えていく傾向にある。これはずばり移民政策である。こういう政策はどうなるのだろうか。本書でも問題提起としておきたい。

　人口減少、少子高齢化、社会保障制度の維持をどうしていくか。いろいろな考え方があるだろうが、やはり地域創生が重要な課題なのではないか。

　国は「地方」創生を掲げている。特に内閣府は、東京あるいは首都圏に対するそれ以外のことを「地方」と位置付けている。しかし、青森であれ、秋田であれ、沖縄であれ、東京であれ、神奈川であれ、みな「地方」なのではないのか。「地方」とは本来は国（中央）に対する「地方」として認識すべきだろう。国が全国47都道府県、約1800の自治体全部に対して同じような政策を実施しても、地域によってそれぞれ実情が異なるのだから、地域でいろいろなことを決めて独自の政策を推進していくべきではないのか。地域がやっていくべきという考えから、本書はあえて『地域』創生と称する。

　そのためには、どうしても役所、行政という考え方が強くなるかもしれな

いが、行政だけでなく、「産（産業界）・官（行政）・学（大学）・金（金融機関）・労（労働界）・言（言論界）」の連携が必要である。しかし、それでも行政主導になりがちなのが実態である。地域によってはもっといろいろなアクターの連携が不可欠である。例えば「住（住民）」、「医（医療）」などが考えられるが、まだほかにもあるのではないか。「学（学生）」といったことも考えてほしい。

　さあ、本書で地域創生を学び、実践に活かしていきましょう。

（出石　稔）

1

地方創生とは何か

1　地方創生とは「人口減少の克服」と「地域の活性化」に集約される。

2　人口を増やすのは、自然増と社会増しかない。

3　地方創生は、地方自治体を地方政府に変貌する一つの契機となっている。

1 地方創生とは

「地方創生」という 4 文字がある。地方創生は通称であり、正式名称は「まち・ひと・しごと創生」と言う（以下では「地方創生」とする）。

地方創生の法的根拠は「まち・ひと・しごと創生法（通称「地方創生法」）にある。同法は 2014 年に制定された（2014 年 11 月 28 日公布）。同法を根拠にして、国は地方創生を積極的に推進してきた。ちなみに、法律等の法的根拠に基づいて、国（行政）の運営が行われるべきであるという考えを「法治主義による国家」（法治国家）と言う。例えば、電気は電気事業法に、電車は鉄道事業法、高等学校は学校教育法に基づいて行われている。

地方創生の意味を確認したい。図表 1 は、地方創生法 1 条である。1 条に地方創生が実施することが凝縮されている。条文を確認すると、地方創生が意図しているのは 12 項目あるようだ。実施したい内容が 12 項目もあるため、全体として論点がぼやけている印象を持つ。

図表 1 からでは、地方創生の意味を掴み取ることは難しい。筆者の見解を踏まえて、地方創生の意味を明確にしたい。地方創生は、内閣官房のまち・ひと・しごと創生本部が担当であった（現・デジタル田園都市国家構想実現会議事務局）。同本部の英文表記は、「Headquarters for Overcoming Population Decline and Vitalizing Local Economy in Japan」とあった。

最初の「Headquarters」は「本部」という意味がある。そして「Overcoming Population Decline」は「人口減少を克服する」と訳せる。and 以下の「Vitalizing Local Economy in Japan」は、直訳すると「日本の地域経済に命を与える」となり、つまり「地域活性化」になると思う。

以上のことから、筆者は地方創生を、①人口減少の克服と、②地域活性化、を達成することが主な目的と捉えている。そこで本章は「①人口減収の克服」に関して述べる。次章では「地域活性化」について言及する。

【図表1】 地方創生の目標

> この法律は、①我が国における急速な少子高齢化の進展に的確に対応し、②人口の減少に歯止めをかけるとともに、③東京圏への人口の過度の集中を是正し、④それぞれの地域で住みよい環境を確保して、⑤将来にわたって活力ある日本社会を維持していくためには、⑥国民一人一人が夢や希望を持ち、⑦潤いのある豊かな生活を安心して営むことができる地域社会の形成、⑧地域社会を担う個性豊かで多様な人材の確保⑨及び地域における魅力ある多様な就業の機会の創出を一体的に推進することが重要となっていることに鑑み、⑩まち・ひと・しごと創生について、基本理念、国等の責務、政府が講ずべきまち・ひと・しごと創生に関する施策を総合的かつ計画的に実施するための計画の作成等について定めるとともに、⑪まち・ひと・しごと創生本部を設置することにより、⑫まち・ひと・しごと創生に関する施策を総合的かつ計画的に実施することを目的とする。

出典：まち・ひと・しごと創生法

2　地方創生の数値目標

　地方創生の前提条件を述べる。現在、地方創生は第2期に入っている。数値目標は第1期と変わっていない。国が発表した「まち・ひと・しごと創生長期ビジョン」（2014年12月27日）によると、現在の日本の人口は約1億2千万人だが、将来人口推計では2060年に約8,600万人にまで減少すると予測している。すなわち2060年にかけて約4,000万人も人口が減少することを意味している。これは東京、神奈川、千葉、埼玉の人口が全部なくなるということである。

　現時点において、国は「2060年の約8,600万人の中で日本を運営する」とは言っていない。国は「減少した人口の中で日本を運営する」とは言わず、「2060年に約1億人を確保する」と明言している（図表2）。この「2060年の人口約1億人」が地方創生の数値目標である。

　「2060年に1億人の確保」という数値目標は、現実的には大変な話である。確かに、東京圏をはじめ一部の都市圏は人口が増えているが、地方圏ではどんどん減っているのが実態である。そして日本全体では人口減少の道を確実に進んでいる。

　私見であるが、「2060年に約1億人の確保」という数字目標は変わると考えている。なぜならば、現実的には達成が難しい数字だからである。そこで

数年後には、「2060年に約8,600万人の中で元気な地方を創っていく」という方向に転換していくだろう。それは現実対応とも言える。

【図表2】我が国の人口推移と長期的な見通し

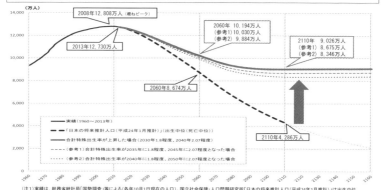

出典：地方創生サイト「まち・ひと・しごと創生長期ビジョン」
（https://www.chisou.go.jp/sousei/info/pdf/20141227/siryou3.pdf）（2014年12月27日発表）

3　拡大都市と縮小都市

　地域政策における一つの重要な概念として「拡大都市」と「縮小都市」がある。これらの意味を簡単に説明する。拡大都市とは「人口減少時代においても、積極的によい行政サービスを提供することで、今までとおりに人口の拡大を目指す」ことである。あるいは「周りが人口を減少させる中で、人口の維持を達成しようとする自治体」も拡大都市と捉えることができる。

　一方で縮小都市は「人口減少の事実を受け入れ、人口が減少しても元気な自治体をつくっていく取組み」である。一般的に人口が減少すれば税収も低

下する可能性がある。その結果として行政サービスの縮小や職員数の減少等も余儀なくされるかもしれない。

　そのような理由から、現時点において「縮小都市を採用している」と公式に発表している自治体は（あまり）聞かない。ただし、筆者が専門委員として関わっていた美郷町（島根県）などは、実質的には縮小都市の道を歩みつつある。また新城市（愛知県）なども縮小都市を意識している。特に地方圏の条件不利地においては、人口を維持することさえ至難の業である。

　現在、国が進めている地方創生は「拡大都市」と言える。2060年に約8,600万人まで減少する人口を約1億人まで増加する——、すなわち推計値よりも約1,400万人上乗せしたいという考えである。

　個人的に思うことは、拡大都市は現実的ではない。しかし拡大都市を達成できる自治体も存在している（特に都市圏の自治体の可能性は高い）。そこで、これからの地方創生は、拡大都市か縮小都市の二者択一の思考ではなく、自治体の置かれている状況にあわせて、どちらかを選択するという方向に進むことが妥当だろう。

4 　地方創生の成果

　既存のデータから地方創生の成果を確認しておきたい。本章においては、地方創生を「①人口減少の克服」と「②地域経済の活性化」の2点に集約している。この2点から、第1期地方創生の成果をまとめたのが図表3になる。

　図表3の解釈は立場により異なるだろう。「①人口減少の克服」に関して言うと、全体的には、いい成果は見られない。子どもの数は減少し続けている。個人的に思うことは、地方創生があと10年はやければ、団塊ジュニアが出産適齢期であったため、子どもの数は改善できたはずである。現在は、出産適齢期の世代が少ないため、子どもの数を大きく改善することは不可能である[1]。

1　近年は新型コロナウイルス感染症の拡大により、「産み控え」の傾向が顕著になっている。国の推計では、年間出生数が80万人を下回るのは2030年ごろと予測されていた。しかし2021年の出生数は79.2万人まで落ち込み、推計よりもかなり早く80万人も子どもの数が減少している。

　図表1の「まち・ひと・しごと創生法」の1条には「東京圏への人口の過度の集中を是正」と記されている。当初、国は2020年までに「東京圏の転入超過数をゼロにする」という目標を掲げていた。しかし、現実は地方創生が開始されてから加速度的に東京一極集中が進んでいる。東京圏への転入超過は11万人だったのが14万人に増えている。

　もちろん国は何もしなかったわけではない。国は一つの打開策として「地域における大学の振興及び若者の雇用機会の創出による若者の修学及び就業の促進に関する法律」を制定した。同法は東京への一極集中を是正するために、10年間の時限措置として、東京23区にある大学は学部の定員増を認めていない。そうすることにより、地方圏の若者が東京への移動を防ぐことを意図している。

　ところが、若者は「東京（圏）に来たい」のである。大学の定員が抑制される一方で、若者の東京志向が進んでいるため、結果的に東京圏の大学は軒並み高倍率となっている。このように、国が思い描いたとおりに地方創生が進まない現実がある。

　繰り返しになるが、図表3から理解できるように、総人口、合計特殊出生率、出生数は全てマイナスの数字である。一方で、平均寿命は延びており、高齢社会に対応できていると言えるかもしれない。

　次に「②地域経済の活性化」を考える。図表3を確認すると、数字的には改善の傾向がみられる。確かに、完全失業率と完全失業者数は改善してきた。しかし、その中身を把握すると、不安定な非正規の増加が中心となっている。2019年の非正規の職員数・従業員数は2,165万人となり、過去最大である（正規の職員数・従業員数は3,494万人）[2]。

　また図表3を確認すると、東京圏からの転出企業は一定数ある。しかし、その多くは関東圏への移動である。すなわち、東京圏の近い場所に移転し留まっている現状がある。

2　読者に学生が多いと思うため、就職に関して指摘しておきたい。就職状況は厳しいかもしれないが、早めに就職活動を開始し、理想を高く持ち現実は着実に進めていけば、多くの場合は、自分の希望通りになる。筆者のゼミナール生の多くは希望通りに第一志望群に就職している（民間企業だけではなく地方公務員もそうである）。就職活動も地方創生も戦略性が求められる。

　インバウンド（外国人観光旅客の来訪）需要の恩恵を受けて、観光を中心にいい数字が得られていた。しかし、周知のとおり新型コロナウイルス感染症の影響により、インバウンド・バブルは弾けてしまった。一方で、オンラインが進むことによるテレワーク、リモートワークの機運が見られつつある。その結果、今後は地方移住が高まることが指摘されている。これらの数字を見て、読者はどのように考えるだろうか（読者なりに考えてほしい）。

　国が公表している「第1期地方創生の評価」を確認すると[3]、基本目標1の「地方にしごとをつくり、安心して働けるようにする」と、基本目標4「時代に合った地域をつくり、安心なくらしを守るとともに、地域と地域を連携する」は、「目標達成に向けて進捗している」と評価している。

　一方で、基本目標2の「地方への新しいひとの流れをつくる」と、基本目標3の「若い世代の結婚・出産・子育ての希望をかなえる」は、「各施策の進捗の効果が現時点では十分に発現するまでに至っていない」と結論付けている。

　個人的には、自治体同士の「連携」ではなく「競争」が起きているし（民間との連携は進んでいる）、このまま成果の「発現」はなく、拡大都市を志向した地方創生は、よい結果を残せず終わると思っている。

　筆者の見解は、第1期地方創生の成果は「いまいち感」が拭えない。この「いまいち感」をどのように脱していくかが、第2期地方創生につきつけられた課題でもある。

　地方創生の最終年は2060年とある。超長期スパンで考えなくてはいけない。この観点で考えると、現時点の地方創生は暗中模索しながら取り組んでいるとも言えるかもしれない。

3　地方創生サイト「第2期「まち・ひと・しごと創生総合戦略」」
　　（https://www.chisou.go.jp/sousei/info/pdf/r1-12-20-senryaku.pdf）(2019年12月20日）の「4.第1期の検証」

【図表3】第1期地方創生の成果

区分	指標	2015年	2019年
人口減少の克服	総人口	1億2822万6483人	1億2744万3563人
	合計特殊出生率	1.45	1.36
	出生数	100万5,677人	86万5234人
	平均寿命（男）	80.75歳	81.25歳（2018年）
	平均寿命（女）	86.99歳	87.32歳（2018年）
	東京圏への転入超過	11万9357人	14万8783人
	外国人雇用状況	90万7896人	165万8804人
地域経済の活性化	名目国内総生産	532.8兆円	552.1兆円
	東京圏への転入企業	310社（2016年）	312社
	東京圏から転出企業	217社（2016年）	246社
	完全失業率	3.4%	2.4%
	完全失業者数	222万人	162万人
	訪日外国人	1973万7000人	3188万2100人
	訪日外国人旅行消費額	約3.4兆円	約4.8兆円

出典：各統計資料をもとに筆者作成

5　人口減少を勝ち抜く視点

　本章では、地方創生の「①人口減少の克服」を取り上げている。人口減少を勝ち抜く視点を言及する。周知の事実だが、日本は人口減少社会を歩んでいる。この時代に、自治体はどのように勝ち残っていくのだろうか。もちろん、「勝たなくてよい」という選択肢もあるだろう。

　多くの自治体では、人口の維持（増加）、あるいは人口減少の速度を落とすことを目指した政策を進めている。日本全体が人口減少している中で、自治体が人口の維持（増加）を目指すことは、少なくなる人口を奪い合う「**自治体間競争**」（都市間競争）が起きていると言える。これが良いのか、悪いのか、読者なりに考えてもらいたい。

　人口を増やす方法は2つしかない。それは「自然増」と「社会増」である。筆者が、自治体にアドバイザー等として関わる時、「どちらを選択するか」と尋ねている。これからの時代は「あれもこれも」ではなく、「あれかこれか」という発想が重要である。自然増か社会増のどちらか一つを選ぶというスタンスである。横浜市のように規模が大きい自治体は、行政資源が潤沢にある。そのため「あれもこれも」という発想で多くの政策が打てる。しかし、筆者が関わっている自治体は規模が小さい。そのため行政資源が少なく「あれもこれも」という観点で進めると自滅するだけである。

（1）自然増

　自然増の意味を確認する。**自然増**とは「一定期間に出生数が死亡数を上回った状態」である。逆に「死亡数が出生数を上回る」ことを自然減と言う。自然増になるには、①出生数の増加と、②死亡数の減少、の2つの方法しかない。

　最初に「①出生数の増加」を考える。出生数の増加のためには、2つの視点がある。第1に、「現在の夫婦（既婚者）に、もう一子以上多く産んでもらう」ことである（もちろん子どもを希望している夫婦が対象である）。第2に、「独身者に結婚してもらう」ことである（もちろん結婚を希望してい

る独身者である）。

国立社会保障・人口問題研究所によれば、夫婦の最終的な子ども数とみなされる「完結出生児数」は1.90人となっている。完結出生児数とは、夫婦の最終的な平均出生子ども数である。最新の調査結果では、結婚から15から19年の期間の夫婦の平均出生子ども数が1.90人（第16回出生動向基本調査）となっている。すなわち結婚し15年程度夫婦生活を営んでいると2人弱の子どもを設けることを意味している。

国勢調査に「有配偶率」というデータがある。有配偶率が高い場合は、既婚者が多いことを意味する。この場合は既婚者を対象に政策を展開し、現状より多く出産してもらう方向性となる。一方で有配偶率が低い場合は、結婚をして子どもを産んでもらう施策を講じていくことになる。例えば、婚活支援が該当する。

次に「②死亡数の減少」を考える。死亡の減少も大きく2つしかない。第1に、健康寿命と平均寿命を延ばすことが考えられる。健康寿命の延伸は、国が推進している政策である。しかしながら、健康寿命が長い自治体ほど、財政状況が悪いという相関関係が認められる。長生きする人が多いほど、結果的に医療費等がかかり、財政は逼迫してしまう（「だから健康寿命を延ばすな」と言っているのではない。念のため言及しておく）。もし健康寿命を延ばす政策を実施するならば、同時に高齢者の就労支援も展開し、納税してもらう必要があるだろう。そうでなくては財政運営が厳しくなる可能性がある。

死亡数の減少のための第2の手段は、交通事故や自死などの自然死以外（老衰以外）の死をなくしていくということである。

死亡の原因は、老衰によって死亡する「自然死」ばかりではない。例えば、5〜14歳では不慮の事故と悪性新生物が死因の原因となっている。不慮の事故とは交通事故だけに限らない。家庭内事故である転倒・転落、溺死などが該当する。悪性新生物とは一般的には「癌」になる。また、15歳以上は自殺も増えてくる。不慮の事故や悪性新生物、自殺等を少なくしていくことも、自然増（の可能性）を高めることにつながる。

　一つ事例を紹介する。東大和市（東京都）は、子育て支援に積極的に取り組むことにより、合計特殊出生率が2013年に1.40、2017年には1.67まで上昇した。この数字は東京都内の市区で第1位となった。筆者が自治体の現場に行くと「なかなか合計特殊出生率が上がらない」という声を聞く。しかし、東大和市のように、しっかりと取り組んでいけば、ある程度は効果が出ると考えている[4]。

　国は合計特殊出生率を「1.80」にするという目標を掲げている。地方創生がはじまり、最初の2年間は上昇した。しかし、その後はずっと下がっている。2022年の合計特殊出生率は1.26となった。図表4を確認してほしい。議論を単純化して説明する。男性100人、女性100人の自治体があったとする。全員結婚しているという前提である。ここに合計特殊出生率の1.26を当てはめると、生まれてくる子どもは126人となる。これは第1世代の人口である。

　時が流れ、第2世代となる。126人を単純に2分割する。男性63人、女性63人である。女性63人に1.26をかけると、子どもは約79人となる。すなわち「1.26」の持つ意味は、わずか一世代で人口が半減するというバズーカなみの破壊力を持っている。自然増を達成していくことは現実的には無理難題と考えられる。

　自然増が厳しいため、多くの自治体は社会増を基調とした人口の維持（増加）に取り組みつつある。次では社会増を紹介する[5]。

4　地方創生における合計特殊出生率の目標は1.80に置いている（希望合計特殊出生率）。しかし、この数字を達成することは、なかなか難しい。東大和市はかなり頑張っても1.67が限界である。さらに言うと、人口を維持するためには2.07が必要である（人口置換水準）。これは不可能に近い数字であり、現実は厳しいと感じている。

5　自然増が難しい中で社会増を増やそうとすると、自治体間での奪い合いになる。すなわち、自分の自治体に他市区町村から転入者の増加は、他市区町村にとっては転出者の増加となる。この状況はゼロ・サム（zero-sum）を意味する。ゼロ・サムとは、一方の利益が他方の損失になることであり、勝ち組がいれば負け組もでてくることを意味する（ところが、人口減少時代においては、ゼロ・サム状態ではなく、マイナス・サム状態になっていく。すなわち合計してもマイナスということである）。この状況が良いのかどうかは読者に考えていただきたい。

【図表4】合計特殊出生率「1.26」の脅威

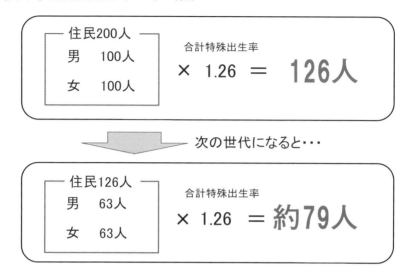

（2）社会増

社会増とは「一定期間転入者が転出者を上回った」という意味である。逆に「転入者よりも転出者の方が多い」と社会減になる。

社会増を達成するためには、2つの方法しかない。第1に「既存住民」の転出を抑制するということである。既存住民とは筆者の造語である。意味は「自分たちの自治体に住む住民」である。この既存住民を引越しさせないことは社会増につながっていく。

第2に「潜在住民」の転入を促進することが考えられる。潜在住民も、筆者の考えた造語である。意味は「自分たちの自治体外に住む住民」である。既存住民を絶対に引っ越させない方法がある。それは家を買わせることである。家を購入すると住宅ローンを組むことになる。その結果、20年、30年は簡単に引っ越しできなくなる。このため自治体が住宅ローン補助をしたり、住宅購入時に補助金を出したりして、支援する傾向が強まっている。しかし、住宅購入後30年経つと、その住民は高齢者になっている。その結果、30年後は財政負担が大きくなるという課題が出てくる。

　既存住民を対象にして政策を実施しても、現状の合計特殊出生率のままでは、人口は増えない（人口を維持（増加）するには合計特殊出生率が2.07以上必要である）。そのため人口を増やすためには、潜在住民の転入しか方法はない。

　筆者自身、人口の奪い合いは良いことだとは思わない。しかし、筆者がアドバイザーとして関わっている自治体の首長は、現時点では人口増を目指している。そのため人口を奪い取るという選択肢を採用し、社会増を促進する観点から助言をしてきた。

6　転入促進の事例

　転入促進による社会増を達成した事例を紹介する。ここで言及する事例は「奇抜」な取組みであるため、賛否両論はあると思う。読者なりに考えてほしい。なお、いずれの事例も現在では終了し、次のステージに移っている。

　T市は、人口を増やすために「奪う地域」を決めた事例である。N市は人口を増やすために「転入の対象層」を決めた取組みである。

（1）奪う地域の決定

　約15年前に、T市は住民基本台帳をデータベース化している。住民基本台帳を活用して、「どの自治体から市内に転入しているのか」を把握した。データを活用し、奪う対象自治体を決めた上で、転入を促進するプロモーションを展開した。

　同時期にT市から転出した住民を対象にアンケート調査を実施した。その結果、転出の理由は、勤務先の変更や結婚などであり、行政サービスに不満という回答はなかった。そこで、T市は既存住民を対象に転出阻止の政策は実施せず、転出者以上に転入者を増加する政策に舵を切った（転出者に対して自治体が「結婚しないで」とか「就職しないで」とは言えない）。

　これらの取組みを行政計画化したのが「シティセールス戦略」（2011～

2015年度）である。同計画には、対象地域として「隣接する市区で、かつ転入者が転出者を上回る市区〜板橋区、北区と設定」と明記している。すなわち、板橋区と北区を奪う地域と決め、政策を展開してきた。

　人口を増やすために、T市は多くの政策に取り組んでいた。その中で象徴的な事業を紹介する。T市は自治体として初めてYahoo!を活用し、インターネット広告を出した（写真1）。これは画期的な取り組みであった。インターネット広告を使うと、地域を細かく限定して、広告を出すことができる。さらに「世帯年収500万円、未就学児、夫婦共働き」と、対象も絞ることもできる。

　また費用も安い。ワンクリック10円である。月に8千回ほどクリックされているので約8万円である。年間96万円と格安である。なお、クリックは月8千回であるが、表示件数は月に約850万回である。これは平均的な数字である。

　もちろんインターネット広告だけが人口増に貢献したのではない。あくまでも象徴的な取組みである。その他多くの政策を実施することにより、人口増につながった。人口増加率の高い市町村では、T市は全国7位にまで上昇した（2015年国勢調査）。また、人口増加数は政令市なみに拡大した。

　過去、筆者はT市の成功体験を別の自治体にも移転してきた。地方圏に位置するS市も、同様の手法で実施したところ、転入増と変化した。なお、S市が特に力を入れているのは教育改革である。教育を武器（強み）にして、他自治体からの転入者を増やしている。具体的には、市内に点在している小規模校（児童生徒数が少ない小中学校）をICTで繋いで授業を行っている。その結果、子ども達の学力が徐々に上がり、それも社会増の要因となっている。

　学力が上がった理由は多々あると思われる。S市の見解としては、ICT教育によって教員の残業時間が減り、子どもと丁寧に関わることができるようになったことが、学力向上につながったと捉えている。

【写真1】戸田市のインターネット広告（スマホ版）

出典：戸田市提供

（2）奪う対象層の決定

　筆者が自治体の現場に行くと、担当者は「定住人口を増やしたい」と言ってくる。しかし、増やしたい定住人口は、「持ち家なのか」「賃貸なのか」をよく考えていないことが多い。一概に定住人口と言っても、実は細分化（セグメント化）できる。

　図表5を確認してほしい。定住人口（潜在住民）は図表5のように細分化できる。「持ち家」は、さらに「独身者」と「既婚者」に分かれる。独身者は「男性」、「女性」にわけられる[6]。一方「既婚者」は「DINKs」（夫婦共働きで子どもがいない家庭）、「DEWKs」（夫婦共働きで子どもがいる家庭）、

6　現在は「LGBTQ」も追加できる。LGBTQはセクシュアルマイノリティの総称の一つで、Lesbian（レズビアン、女性同性愛者）、Gay（ゲイ、男性同性愛者）、Bisexual（バイセクシュアル、両性愛者）、Transgender（トランスジェンダー、性自認が出生時に割り当てられた性別とは異なる人）、QueerやQuestioning（クイアやクエスチョニング）の頭文字をとった表記である。

「SINKs」（どちらかだけ働き子どもがいない家庭）、「SEWKs」（どちらかだけ働き子どもがいる家庭）の4つに分かれる。「賃貸」も同じ考えである。さらに、20代から60代までの年齢層に分類され、年収が400万円台、500万円台…と分類される。

　細分化した後で、N市は「持ち家・既婚者・DEWKs・30代前半・世帯年収1千万以上」を対象層として政策を進めてきた。そこまで対象を絞りこんでいるのが実態である。

　多くの自治体は、対象層を絞るという発想がない。ただし、気を付けなければならないのは、自治体が実施しているため、図表5にある全ての対象層が行政サービスを受けることになる。自治体が実施する場合は、どこかの特定の対象層を切ることはできない。一方で民間企業の場合はターゲット以外を切ることになる（切らないと売り上げに寄与しないため倒産してしまう）。そこで自治体の場合は、全ての対象層をターゲットとしつつ、特別に絞りこみ「メイン・ターゲット」を決定するという思考となる。

　N市は30歳前半がメイン・ターゲットである。そこでキャッチコピーは「母になるなら」とした。当時の女性が第一子を産む平均が30歳前半であった。そこで「母になるなら」というキャッチコピーを用意し、その世代に響くようにした。それが人口増加につながった一要因でもある。

　またN市は世帯年収1千万の家庭を狙っている。そこでN市は条例を用意し、世帯年収が高い層を誘導している。ちなみに条例に「世帯年収1千万円以上の人しか住めません」と書き込むことは法令違反となる。条例は「法令を超えてはいけない」というルールがある。もし条例に「1千万円の家庭（世帯）のみ」と書いてしまうと、憲法第22条の居住、移転の自由を超えてしまい法令違反となる。

　そこでN市は「開発事業の許可基準等に関する条例」を制定した。同条例に基づいて、子育てのために最低敷地面積を135平方メートルにしている。N市で135平方メートル以上の戸建てを買うには、当時5千万円以上必要である。住宅ローンを組むには、世帯年収が1千万円以上ないと難しい。このような手段を採用することで、高収入の特定の対象層を誘導してきた。

【図表5】住民獲得のセグメント化

注）上記は一例である。なお、後段の「借家」も、持ち家と同じ構造になる。また、「男性」「女性」
　　や「DINKs」等の右には、世代別や年収別がくる。

（3）小括

　T市は奪う自治体を決めた。N市は誘導する住民層を決めた。筆者が言い
たいのは、自治体は対象層を「絞る」ことである。詳細に絞ったほうが、成
果が導出される傾向がある[7]。

　T市やN市の事例が良いか悪いかは読者の価値判断である。しかし実際に
起きている事実である。このような状況を「自治体間競争」（都市間競争）
と称される。自治体間競争の定義は「自治体がそれぞれの地域性や空間的特
徴などの個性（特色）をいかすことで、創意工夫を凝らした政策を開発し、
他地域から住民等を獲得すること」である。

　自治体間競争の中で生き残っていくためには、マーケティングやブランデ
ィングなど、民間企業の手法が使える。

　筆者が自治体の現場に行くと、「うちは絞っている」とよく言ってくる。

7　「絞る」ことは、大学生の就職活動でも言える。早くからターゲットを絞って就職活動をした方
　が、早く決まる傾向がある。

筆者が「どこに絞っていますか」と聞くと「子育て世帯」という回答である。この回答は最悪である。子育てというと0歳から18歳になる（場合により22歳や30歳まで入る）。これは全く絞れていない。民間企業は対象層を3歳刻み、5歳刻みで絞っている。

　自治体間競争の中で勝ち残るためのキーワードは「選択と集中」である。限られた行政資源を何かに絞り込み、投下していくことが重要である。民間企業のようにターゲット戦略（自治体の場合はメインターゲット戦略）が求められている。

7 おわりに

　最後に、筆者の考える地方創生を言及したい。行政の世界で「地方」と言われた時、意味するのは「地方公共団体」（地方自治体）である。そして「創生」の意味を調べると、辞書には「初めて生み出すこと」と書かれている。つまり、地方創生とは「自治体が初めてやっていくこと、従前と違うことをやっていくこと、他の地域と違うことをやっていくこと」という含意がある。すなわち地方創生は自治体にイノベーション（新機軸）を起こすことにつながっていく。

　ところが、多くの自治体の実態は「地方踏襲」や「地方模倣」である。これでは地方創生は遠のくばかりである。今回事例で取り上げたT市やN市は、それまでどの自治体もやらなかったことに取り組んだ。その意味で「創生」である。

　現在、自治体のメールアドレスには「lg」が付くようになった。「lg」とは「local government」の略称となる。つまり「地方政府」という意味がある。これまでは国と自治体の関係性は、意識的に上下が中心であった。しかし、これからの時代は中央政府と地方政府の対等な関係である。国とケンカしろとは言わないが、自治体は地方政府としての気概を持つ必要があるだろう。その意味で「lg」は非常に重要な意味がある。

　現在の地方創生は、地方自治体から地方政府に変わる過渡期と捉えている。地方政府という意識をもって前進していかないと、自治体の発展は遠のいてしまう。

（牧瀬　稔）

【演習】

1　人口が減少することは、良いことか、悪いことか。それぞれの立場から見解を述べてください。

2　人口を維持する、あるいは増加させるための、地方自治体の役割を具体的に述べてください。

2

地域活性化の事例と新しい展開

1 客観の地域活性化から主観の地域活性化に
  移りつつある。

2 地域活性化に共通することは「ないものね
  だりではなく、あるもの探し」である。

3 ブランドとは差別化である。独自の地域を
  創っていくことが求められている。

1　はじめに

　2020年の国勢調査によると、日本の総人口は1億2614万6099人となり、前回の2015年の国勢調査から94万8646人（0.75％）の減少となった。都道府県でみると、埼玉、東京、千葉、神奈川、大阪、愛知、福岡、滋賀、沖縄の9都府県は増加している。一方で38道府県は減少となった。

　日本の合計特殊出生率は低減し、定住外国人は期待通りには多く移入していない。その結果、日本の人口は減少基調にある。自治体は地域活性化を実現することで、地方創生の活路を見出そうとしている。

　前章（第1章）では、地方創生の目的は「人口減少の克服」と「地域活性化」の2点に集約されると言及した。前回（第1章）は「人口減少の克服」の視点を紹介した。今回は「地域活性化」を取り上げる[1]。

　今回は、次の5点を言及する。それは、①地域活性化の意味を検討する、②地域活性化の事例を例示する、③地域活性化につながる地域ブランドの意義を説明する、④大学生の地域創生の取組みを紹介する、そして⑤第1章と第2章の全体のまとめ、である。

1　数年前までは、インバウンド（訪日外国人観光客）を呼び込むことにより、地域活性化を目指す自治体が多く存在した。しかし新型コロナウイルス感染症の影響により、インバウンドバブルは崩壊している。現在は「マイクロツーリズム」を推進することで、地域活性化を模索している。
　マイクロツーリズムとは「住まいから1時間程度で移動できる地元地域での観光」を意味する。コロナ禍において地域活性化の一手段として（観光産業が生き残りを図る方策として）、星野佳路氏がマイクロツーリズムを提唱したと言われている。しかし、現時点では、マイクロツーリズムは始まったばかりであるため、大きな成果は導出されていない。

2 ｜ 地域活性化の過去と未来

（1）地域活性化とは何か？

　国や自治体の文書には「地域活性化」の５文字がよく登場する。何気なく使われる「地域活性化」である。その意味は何だろうか。読者は明確に言えるだろうか。果たして「どのような状態が地域活性化している」と言えるのだろうか。

　例えば、地域に大勢の観光客が来ることは活性化といえるのか。多くの観光客が来ても、地域にお金が落ちないケースは活性化と言えるのか。反対に、観光客は少ないものの「爆買い」によりお金が地域に落ちることは地域活性化と言えるのか。何をもって「地域活性化をした」と言えるのだろうか。

　今日「地域活性化」を耳にすると、良い印象を持つ。しかしながら、地域活性化には負の側面がある。例えば、賑わいのある観光地で問題になるのは、大量に発生するごみや不法投棄、交通渋滞等の「観光公害」（オーバーツーリズム）がある。これは地域活性化の負の現象とも言える。大量の観光客が押し寄せることにより、地域資源が壊れる現象も少なくない。漠然と「地域活性化は良い」という風潮がある。必ずしも、そうではないことを理解する必要があるだろう（「誰」にとっての地域活性化か——。誰を考える必要がある）。

（2）曖昧な地域活性化の意味

　辞書から「地域活性化」の意味を調べる。まず「地域」の意味である。それは「一定の意味を有する空間的まとまり」と明記している。次に「活性」は「機能が出現したり、効率が向上したりすること」と書いてある。そして「化」は「向かう」や「志向する」という含意がある。

　これらの意味をつなぎ合わせると、「一定の意味を有する空間的まとまりにおいて、機能が出現したり、効率が向上したりすること」と言える。それぞれの言葉の意味をまとめると、むしろ、地域活性化の意味が不明確になってしまった。

　筆者が自治体に行き、担当職員に「地域活性化とは具体的に何ですか」と聞くと、曖昧な回答しか返ってこないことが多い。実は地域活性化の定義は曖昧である。曖昧だからこそ、定義を明確にしないと、良い成果は導出されない。

　いきなりだが、読者に質問である。下記の質問の空欄に数字を入れてほしい。平均年齢であり平均寿命ではない。注意してほしい。

[問]　1960年の日本人の平均年齢は【　①　】歳である。1970年の日本人の平均年齢は【　②　】歳である。1980年の日本人の平均年齢は【　③　】歳である。1990年の日本人の平均年齢は【　④　】歳である。2000年の日本人の平均年齢は【　⑤　】歳である。そして、2010年の日本人の平均年齢は【　⑥　】歳となっている。

　答えは、①29.1歳、②31.5歳、③33.9歳、④37.6歳、⑤41.4歳、⑥45.0歳である（資料は国立社会保障・人口問題研究所による）。

　1960年代から1980年代にかけて、日本人の平均年齢は20歳代後半から30歳代前半であった。議論を単純化すると、当時の日本人は若くて元気であり、何もしなくても勝手に活性化する状態だったと言える。

　20歳代や30歳代前半は、多少の徹夜は大丈夫ではなかろうか。「若い」だけで、希望（未来）に溢れている。その後、年齢を重ねるとともに、多くの現実にぶつかり、なかなか希望（未来）が見えなくなる傾向がある（筆者は40歳代半ばである。40歳代半ばの多くは「夢」を語らなくなる。それ以前に「夢」を持たなくなってしまう。しかし、筆者は依然として夢がある。そのためやや社会性が欠如しているのかもしれない）。

　筆者が自治体職員（部長や課長）に「地域活性化のイメージは何年代か」と尋ねると、1980年代や1990年代と回答する傾向が強い。繰り返すが、1980年は日本人の平均年齢が30代前半である。日本人が若くて元気であった。国や自治体の地域振興策は関係なく、放っておいても活性化できたと言える。筆者の20歳代は、民間企業で働いていた。徹夜で仕事をしていても

平気だった（今でいうブラック企業であった）。しかし、40歳代半ばを超えた現在の筆者は、徹夜ができる状態ではない（徹夜をしたら死んでしまう）。

2010年時点の日本人の平均年齢は45.0歳である。45.0歳の大人が「今夜もオール（徹夜）だぜ！」と活性化していたら、それは「おかしい」だろう。おかしいを通り越して「ヤバイ」かもしれない。辞書で初老を調べると「①老境に入りかけの人。老化を自覚するようになる年頃。②40歳の異称」とある。すなわち40歳は初老である。

40歳半ばは更年期前世代と言われ、体調不調が顕著にあらわれてくる。筆者自身、40歳に入ってから飛蚊症がはじまり、石灰沈着性腱板炎による四十肩の激痛、十二指腸潰瘍による吐血、大腸ポリープの切除など、身体の不調が明確に出るようになった（だから徹夜したら死んでしまう）。

（3）主観の地域活性化へ

読者への問題提起として「主観の地域活性化」を言及する。

日本人が全体的に老いている。そのため従前の地域活性化は、現実的には難しいだろう。その意味で、過去を参考とした地域活性化を追い求めるのではなく、これからの時代（老いる日本）に合致した新しい地域活性化像が必要である。ちなみに、国立社会保障・人口問題研究所は、2020年の平均年齢を47.8歳とし、2030年は50.0歳と予測している（予測は、出生中位、死亡中位を仮定としている）。

個人的には、「客観の地域活性化」から「主観の地域活性化」に移行する必要があると考えている。客観の地域活性化とは量的志向が基本となっている。それは「客観的に数字等で判断できる地域活性化」である。具体的には、経済成長「率」や定住人口「数」など数字を把握する内容である。従来の地域活性化は、ほぼ客観の地域活性化であった。少しでも数字を良くしようと、多くが地域活性化に取り組んできた。

確かに、客観の地域活性は悪くはない。しかし、現在は縮小時代である。こういう状況下では、客観の地域活性化は画餅となってしまう可能性がある。実際、多くの自治体において数値目標が未達に終わっている。

　客観の地域活性化に加え、同時にこれからの時代は「主観の地域活性化」への思考の転換が必要だろう。主観の地域活性化とは「個人の主観に依存した地域活性化」である。数字では明確に把握できないが、その地域の住民が得る幸福感とも言える。幸福感は一人一人異なる。それは数字では把握することはできない。すなわち「自分が満足すればそれでいい」というのが、主観の地域活性化である。

　主観の活性化を打ち出している自治体としては海士町（島根県）が有名である。同町のキャッチコピーは「ないものはない」である。このキャッチコピーに惹かれ、多くの人が移住してあり、自己実現を達成している。

3　地域活性化の事例

　ここでは地域活性化を実現した事例を紹介する。多くが客観の地域活性化と主観の地域活性の双方を実現している。何れも有名な事例である。

（1）境港市「水木しげるロード」の事例

　境港市（鳥取県）の事例を紹介する。1980年代後半に同市の地域が停滞し、新しい方向性を模索していた。その現状を打破するために、商店街の活性化の一つとして「鬼太郎」や「妖怪」をキーワードとした「水木しげるロード」が登場してきた。

　当初の計画は、観光客を対象としていなかった。あくまでも住民を商店街へ誘い込む事業として展開していた。しかし、結果的には観光振興につながり、地域活性化を実現させた事例である。

　水木しげるロードは、約800mの商店街の道筋に、鬼太郎をはじめ170体以上の妖怪たちのブロンズ像が設置されている。同市が鬼太郎たち妖怪を採用したのは、漫画家の水木しげる氏の出身地だからである。

　水木しげるロードの観光入込客数を確認すると、1993年にオープンし、1998年に約40万人となり、2010年には約370万人にまで増えている。2010

年に増えた理由は、NHK連続テレビ小説で「ゲゲゲの女房」が放送された
からである。年間380万人近くの観光客が訪問する事実は、1日約1万人の
定住人口が増加したとも言える。人口3万人強の境港市に、約1万人の観光
客が加わることは、地域活性化に関して大きな良い影響がある。

水木しげるロードには、目玉おやじの街灯や、妖怪のブロンズ像が多く設
置されている。ブロンズ像は毎年増加している。ブロンズ像が増えることに
より、リピーターを呼び込んでいる。

水木しげるロードの成功要因は、「自治体」によるブロンズ像の整備から
はじまり、その後「事業者」による多様な事業活動に展開していった。また
「地元住民」が中心となり多くのイベントを行っていることがある。地域を
構成する、①自治体、②事業者、③地元住民、が境港市のポテンシャルを再
発見し、協働して「水木しげるロード」を盛り上げた点が成功の一要因と指
摘できる。その背景には、疲労する境港市を再活性化したいという共通の目
標があった。

水木しげるロードの事例から、地域活性化を成功させるための視点は3点
ある（これらの3点は他自治体にも移転可能と考える）。第1に「あれもこ
れも」ではなく、鬼太郎という妖怪の「一点突破」（あれかこれか）がある。

第2に商店街全体が「テーマパーク化」している点も挙げられる。「商店
街をつくろう」という発想ではなく、「テーマパークをつくろう」という思
想で進められている。これは「非日常の提供」である。非日常の提供は、成
功している観光地にほぼ共通している。水木しげるロードは、巡査部長が「鬼
太郎」の着ぐるみを着てパトロールに巡回するなど、地域全体でテーマパー
クの雰囲気を壊さないようにしている。

第3に「リピーターが多い」ことも特徴である。少なくない観光客がリピ
ーターとして再訪している。中には何度も水木しげるロードに来るコアな観
光客もいる。

（2）その他の事例

境港市以外の地域活性化を実現した事例を紹介する。何れも有名な取組み

である。紙幅の関係上、端的に言及していく。

　まずは上勝町（徳島県）の「葉っぱビジネス」である。同取組みは地域活性化の事例としてよく登場する。高級料亭に行くと、料理の見栄えをよくするために葉っぱが飾ってある。この葉っぱに着目したのが「葉っぱビジネス」である。1980年代に上勝町は停滞基調にあった。この状況を打破しようと「葉っぱビジネス」がスタートした。

　次に川崎市の取組みである。同市は京浜工業地帯を抱えている。京浜工場地帯は多くの工場が立地している。夜間の工業地帯の夜景は「幻想的」であると話題になった。そこに目をつけて、2008年に川崎産業観光モニターツアーの一貫として「ドラマチック工場夜景ツアー」を試験的に実施した。この取組みは産業観光や工場夜景と称される。

　その反響は大きく、2010年4月から民間会社の協力を得てバスツアーの定期運行を開始している。2011年2月には、川崎市において全国初となる「第1回全国工場夜景サミット」が開催されている。

　川崎市の地域活性化は、産業観光や工場夜景だけではない。そのほか市内にある産業遺産や先端技術を体験できる観光を展開している。これらの観光は「スタディー・ツーリズム」（Study Tourism）と称されている。スタディー・ツーリズムを直訳すると「教育旅行」となる。しかし、一般的な教育旅行とはニュアンスが異なる。本来、教育旅行とは、学校などで行われる旅行（例えば修学旅行など）を意味している。川崎市の実施するスタディー・ツーリズムは、教育旅行よりも広い概念を持つ。その意味は「観光を通して学習活動を経験することで、知見を豊かにするツアー（催し物）」と定義できる。

　続いて、阿智村（長野県）の星空観賞ツアーも有名である。同ツアーは阿智村を全国的に有名にした。阿智村の人口は約6000人という小規模の自治体である。阿智村の夜景は神秘的であり、「日本一の星空の村」として売り出している。その結果、地域活性化に大きく寄与した。

　また、五所川原市（青森県）の事例も紹介したい。同市は冬になると地吹雪が起きる。地吹雪とは、降り積もった雪が強風によって上空に吹き上げら

れる現象である。この自然現象を観光商品としたのが「地吹雪体験ツアー」である。同ツアーは上半身を覆う大型の肩掛け角巻きと、かんじきを身に着けて厳寒の雪原を歩く体験型観光になる。地吹雪ツアーは1980年代半ばから登場し、現在では同市のブランドの一つとなっている。地域を活性化させた観光商品である。現在では、人気のある観光商品として定着しつつある。外国人を中心に人気となっており、リピーターも多いと聞く（ただし、現在はコロナ禍のため外国人は少ないと思われる）。

　宇都宮市（栃木県）と聞けば、読者は何を思い浮かべるだろうか。今では「宇都宮＝餃子」のイメージが定着している。バブル経済が崩壊後、地域が停滞する中で、街をあげて餃子を使った活性化に取り組んできた。ちなみに、駅前には餃子のビーナス像がある。朝モーニングビールを注文するとビールと餃子が出てくる。

（3）地域活性化の共通点

　境港市の「水木しげるロード」、上勝町の「葉っぱビジネス」、川崎市の「産業観光・工場夜景」、阿智村の「星空観賞ツアー」、五所川原市の「地吹雪体験ツアー」、宇都宮市の「餃子」を紹介した。これらの共通点は何だろうか。共通することは「ないものねだりではなく、あるもの探し」である。香川県の「うどん県」も「あるもの探し」である。多くの成功している地域活性化の共通点を抽出すると「ないものねだりではなく、あるもの探し」がある。もちろん、成功している事例のすべてがそうだとは言わない。しかし、おおよそに共通している事実である。「あるもの探し」は客観と主観の地域活性化を実現することができる。

　地域活性化を成功の軌道に乗せたいのならば、今ある地域資源に注目する必要があるだろう。格言に「足下を掘れ、そこに泉あり」がある。諺に「灯台もと暗し」がある。往々にして重要な要素は身近にあるものだ。しかし、筆者をはじめ多くの人は「隣の芝生は青く見える」と言われるように、他事例がよく見えてしまうことがある。

　しかし、他事例を模倣しても、それは二番煎じである。模倣した他事例を

超えることはできない。その地域ならではの地域活性化を求めるのならば、まずは「あるもの探し」からスタートする必要があるだろう。

　既存の地域資源を「あるもの探し」という視点から発見し、磨いていくと「地域ブランド」に変わっていく。次では地域ブランドの話をしたい。

4 地域ブランドとは何か

（1）ブランドの意味

　読者は「ブランド」の意味を言えるだろうか。ブランドの語源は、牛を放牧する際に自分の所有する牛と、他者が所有する牛を区別するために押す「焼印」（burned）と言われている。すなわち自分の牛と他者の牛に「違いをつくる」（差別化）を意味する。これが、時間が経つにつれ商品や商標を示す意味になった。現在では、受け手が連想する価値や世界観など価値を感じるあらゆるものと考えられている。

　経営学（経営戦略）で「ブランド戦略」というと「差別化戦略」となる。民間企業は差別化することで、競争企業に勝っていく行動をとる。ところが、自治体は差別化戦略が苦手である。むしろ「踏襲戦略」であり「模倣戦略」を採用している。だから自治体間競争に勝てない現実がある。

　筆者は自治体職員に「皆さんの自治体では何で差別化をしますか」と尋ねている。また「差別化に取組む前に、皆さんの自治体の特徴を言えますか」とも聞いている。これらの問いに明快に回答できる職員は少ない。

　読者は自分が住んでいる自治体の特徴が言えるだろうか。きっと普段は意識していないと思われる。そのため特徴を言うことは難しいと思う。さらに言うと、特徴は他の地域との比較で成り立つ。例えば、横浜市金沢区のライバルを新宿区に設定した場合は、自然が多いという点で勝てる。しかしながら、富良野（北海道）をライバルにすると、金沢区の自然は負けてしまう。なぜならば、富良野のほうが良質な自然が多いからである。すなわち、ライバルの設定により、強みも弱みも変化してくる。

　ちなみに、近隣自治体は地域性が似ている。そこで近隣自治体をライバル視すると、お互いが刺し合う関係になってしまう。近隣自治体はライバル視するのではなく、連携・協力したほうが賢明だろう。

　話はややそれるが、地域ブランドの構築に関連して、SWOT分析を活用する自治体が一定数存在する。SWOT分析とは、民間企業が経営戦略を構築する上で活用するフレームワークである。自社の経営資源（内部要因：強みと弱み）と、自社をとりまく外部要因（機会と脅威）を組み合わせて検討することで、経営戦略を検討していく。

　自治体がSWOT分析を活用する時は、ライバル自治体を設定しないと、強みと弱みが明確にならない。ところが自治体が実施する多くのSWOT分析は、ライバル自治体を用意していない。そのため自己満足（独りよがり）のSWOT分析となり、得られた成果はほとんど使えない内容となっている。

（2）地域ブランドの意義

　今日、地域ブランドを構築しようとする自治体が増えている。なぜ地域ブランドを形成しようとしているのだろうか。ブランドの効果を考える。

　読者に質問である。グッチ（GUCCI）の財布と普通の財布、同じ値段ならどちらを買うだろうか。きっと、グッチを選択する読者が多いと思う。続いて質問である。同じ値段ならば、普通の市街地と小布施町（長野県）のどちらに観光に行くだろうか。きっと小布施町が多いだろう。もう一つ尋ねると、同じ価格なら六本木と相模原市どちらの別荘を購入するだろうか。きっと六本木が多いだろう。

　すなわち、ブランド化されていると「選ばれる」ことにつながる。ブランド化されると、その商品に対して支払うことが当事者にとっての「価値」となる。つまり多くを支払うことができる層が集まるため、ブランド化に成功すると、上位層が集まることになる（上位層は、あまり良い言葉ではない）。このため自治体も民間企業も、何とか選んでもらおうとブランド化を進めている現状がある。

　自治体が取り組む地域ブランドは、大きく「広義のブランド」と「狭義の

ブランド」がある（図表1）。第1に、広義の地域ブランドである。地域（都市・自治体）そのものが持つイメージである。それは既存の地域資源を活用することにより可能となる。これは地域魅力とも換言でき、無形の資産である。この地域（都市・自治体）のイメージや魅力を変えることは中長期の期間を要する。

　例えば、「神田神保町」と聞くと読者はどういう要素を思い浮かべるだろうか。「中華街」と聞く場合はどの地域が頭に浮かぶだろうか。多くの場合は、前者は「古本街」である。後者は「横浜」になるだろう。イメージ（要素）と地域を関連させることが広義の地域ブランドになる。

　第2に、狭義の地域ブランドである。その地域（都市・自治体）から生じている財・サービスという有形の資産である。重要なのは、広義の地域ブランドと密接な関係を持たなくてはいけない。狭義のブランドは地域団体商標制度が分かりやすい。同制度は「地域名」と「商品・サービス名」とを組み合わせた商標である。例えば「大間まぐろ」とか「小田原かまぼこ」などが該当する。2021年2月末現在、699件の地域ブランドが地域団体商標として登録されている。

【図表1】地域ブランド2類型

地域ブランド ── **広義の地域ブランド**

　地域（都市・自治体）そのものが持つイメージであり、それは既存の地域資源を活用することにより可能となる。これは地域魅力とも換言でき、無形の資産である。

　この地域（都市・自治体）のイメージや魅力を変えることは中長期の期間を要する。

　　　　　　　　└── **狭義の地域ブランド**

　その地域（都市・自治体）から生じている財・サービスという有形の資産である。重要なのは、広義の地域ブランドと密接な関係を持たなくてはいけない。

　地域団体商標制度による「地域名」と「商品・サービス名」とを組み合わせた商標は、この範疇に入る。

5 大学生の地域創生

　第1章で人口減少の克服の視点を紹介した。本章（第2章）では地域活性化のポイントを言及した。人口減少を克服し、地域活性化することが、筆者の考える地方創生である。

　筆者はゼミナール活動をとおして、地域創生に取り組んでいる。ここでは大学生の地域創生を紹介する。

　今まで、ゼミナール活動としては、北上市（岩手県）、ひたちなか市（茨城県）、伊那地域1市1町1村等（長野県）、美郷町（島根県）、藤沢市議会などで地域創生を進めてきた。具体的には、首長（議会は議長）から地域課題のテーマが提示される。その地域課題を解決するために、大学生目線で政策提言してきた。参加する学生にとって、よい経験となり自信となっているようだ（それが就職活動にも大きく貢献している）。

　写真1・2は北上市で政策提言をした様子である。写真1は、市長、副市長をはじめ全部長の前で政策提言をしている様子である。写真2は副市長（写真2左）から参加した学生全員に感謝状をいただいている（写真2右はゼミ長である）。地元紙の一面に掲載され、地元テレビでも放送された。また提言した内容が北上市において事業化されている。事業化は地域活性化につながっていく。

【写真1】プレゼンの様子

【写真2】感謝状の贈呈

　また、自治体だけではなく、民間企業（例えば読売広告社やJTBコミュニケーション・デザインなど）とゼミナールの連携を進めている。地域活性化（あるいは地方創生）は、自治体だけ単独では実現できない。多様な主体との共創が求められる。

　藤沢市議会では議会報告会「カフェトークふじさわ」に取り組んできた（写真3）。議会報告会とは、市民と議員が意見交換をする場である。この意見交換に大学生が入り、ファシリテーターを担当している。市民や議員の意見交換を大学生がまとめ、最終的に議長、副議長をはじめ議員に対して「このような事業を行ってはどうか」という観点から政策提言を行った。

【写真3】議場での全体集合写真

出典：藤沢市議会提供

　同様の活動は、「地域リーダー育成演習2」（現・地域実践演習2）という科目でも実施している。地域リーダー育成演習2は、日光市（栃木県）をフィールドにして、市長から与えられたテーマ（地域課題）に関して政策提言を実施している。

　地域活性化を含む地域創生を成功させる一視点は「よそ者　わか者　ばか者」がある。よそ者は、その地域の人ではない人の客観的な視点という意味がある。わか者は、柔軟性のある元気な観点となる。ばか者は、本当の馬鹿という意味ではなく、斬新なアイデアを出すような着想である。筆者の経験では、この「よそ者　わか者　ばか者」は、8割程度は当たっていると思う。大学生の視点は斬新で、筆者が思いつかない面白い内容が多い。大学生はしがらみがないため、多様な提言ができる。そのため提言した事業が採用されている傾向が強い。

　特に地域創生学科に所属する大学生は、前向きに取り組んでいただき、積極的に地域活性化（地域創生）に取り組んでもらいたい。地域創生学科は現場志向が強い。地域に学び、地域を学び、地域で学ぶ――、現場で活動することは、自信の成長に必ずプラスになる。地域創生学科は多様な機会が用意されている。前向きに捉えて、大きく成長して社会人になってもらいたい。

6 おわりに

　最後に蛇足を2点記したい。1点が情報提供であり、1点が問題提起である。

　まずは情報提供である。近年、地方創生に「SDGs」という概念が加わった。簡単にSDGsを言及する。SDGsとは「Sustainable Development Goals」の頭文字をとった略称である。Sustainable Development Goalsは「持続可能な開発目標」と訳されることが多い。2030年までに全世界で達成しようという取り組みである[2]。

　SDGsの理念は「誰一人取り残さない」である。この理念の下、17のゴー

2　「Sustainable Development Goals」と説明しても理解されないため、筆者は「S＝すごい、D＝でっかい、G＝ゴール」と説明している。筆者は「SDGsの一つの目標は2030年に全世界から貧困をゼロにすることです。貧困をゼロにすることはとても大きな目標です。だから、『すごい・でかい・ゴール』なのです」と述べている。このように話すと、比較的、理解してくれるようだ。個人的に思うことは、SDGsのような行政用語を、いかに市民に分かりやすく説明できるかが地域活性化を実現するポイントと考えている。

ルと169のターゲットが用意されている。これからの地方創生はSDGsが必須である。SDGsの詳細は本書の第3章で記しているため、そちらを参照されたい。

　次に問題提起である。第1章でT市とN市の人口減少克服の事例を紹介した。T市は市長が交代し市政の方向転換があった。N市は、現在でも同じ市長のもと継続的に人口減少に取り組んでいる。

　2020年国勢調査の結果によると、T市の人口は4,749人増（3.48％）となった。2015年国勢調査と比較すると、増加率は後退した。一方でN市は25,476人増（14.61％）となった。人口減少時代に約15％も増加させるという驚異の数字となっている。どちらが良いか悪いかは読者なりに考えてもらいたい。

　筆者の私見になるが、地方創生の開始とともにはじまった自治体間競争に、多くの自治体は疲れつつある。そして新しい取り組みとして自治体間共創が実施されつつある。時代の潮流は「競争の地方創生」から「共創の地方創生」への変化しつつあるように思う。読者はどう思うだろうか。

（牧瀬　稔）

【演習】

1　何をもって「地域活性化は実現した」といえるのか。地域活性化の定義（内容）を述べてください。

2　地域を活性化するための、地方自治体の役割を具体的に述べてください。

3

第3章

SDGs と地域創生

1 SDGs は「誰一人取り残さない」という考え方のもとに、経済・社会・環境分野を包括した 17 の目標を掲げ、2030 年を目標達成の期限としている。

2 自治体は「SDGs 未来都市」を中心に、持続可能なまちづくりに取り組み始めている。

3 自分自身が SDGs にどのように関わり、取り組んでいくかを考えて、実践していくことが大切である。

1 SDGs（持続可能な開発目標）とは

（1）SDGsの概要

ア　持続可能な開発のための2030アジェンダ[1]

　従来、国連を中心に地球環境や経済成長などを踏まえた持続可能な開発に関して多くの議論が行われてきた。その中でも、大きな契機として2000年に国連で「ミレニアム開発目標（Millennium Development Goals: MDGs）」が掲げられた。このMDGsを発展させ、加盟国が全会一致で2030年に向けた国際社会全体の普遍的な目標として、SDGs（Sustainable Development Goals：SDGs）を核とする「我々の世界を変革する：持続可能な開発のための2030アジェンダ」が2015年9月にニューヨークの国連サミットにおいて採択された。アジェンダは「前文」「宣言」「持続可能な開発目標とターゲット」「実施手段とグローバル・パートナーシップ」「フォローアップとレビュー」で構成されている。前文では理念や目的、宣言では世界の課題やこれからの社会のあるべき姿、地球規模で目指していく17の目標と、より具体的な到達点である169のターゲットが示されており、最後にSDGsを達成するための実施方法と進捗状況のモニタリングについて記述されている。

イ　理念と原則

　アジェンダには2つの理念があり、1つは「世界の変革」である。アジェンダのタイトルにも同様の文言が入っており、貧困の解決や平和の強化、地球の安全などを持続可能にするための大胆な変革を唱えている。もう1つは、「誰一人取り残さない（No one will be left behind）」という考え方である。SDGsは立場を越えてすべての人々が、どのような場面でも取り残されないことを最も重視している。

1　外務省仮訳「我々の世界を変革する：持続可能な開発のための2030アジェンダ」
　（https://www.mofa.go.jp/mofaj/files/000101402.pdf）（閲覧日：2021年3月14日）

　さらにSDGsは「人間（People）」「地球（Planet）」「繁栄（Prosperity）」「平和（Peace）」「パートナーシップ（Partnership）」という5つの原則から成るが、それらの英語の頭文字を総称し「5つのP」と呼ぶ。具体的には、人間の生きる権利や尊厳を保つこと、気候変動などから地球を破壊から守ること、豊かで満たされた生活を送ること、平和かつ公正な社会を築くこと、あらゆる立場の人々とのパートナーシップによりアジェンダを実現していくことである。

ウ　期限

　目標の期限は2030年に設定されている。短期ではなく中長期で達成することを目指している。

（2）SDGsの17の目標

　図1と表1にSDGsの17の目標（GOALS）をまとめた[2]。MDGsと異なりSDGsは発展途上国だけでなく先進国もともに取り組む普遍的な目標にしたこと、また対象を社会開発分野だけでなく、持続可能に必要な経済、社会、環境分野の目標を包括したことが特徴としてあげられる（弓削2018）。また、SDGsにつながる考え方として、John Elkington（1998）が提唱した、企業や組織を経済的側面、環境的側面、社会的側面の3つの軸で評価する「トリプルボトムライン」という概念があげられる。さらに、SDGsの目標は各々が独立したものではなく、17の目標が全体として1つの目標体系となっており、相互が関連している（蟹江2020）。

　地域創生に密接に関連する、目標11「包摂的で安全かつ強靱レジリエントで持続可能な都市及び人間居住を実現する【住み続けられるまちづくりを】[3]」では「包括的」、英語では「インクルーシブ（Inclusive）」という言葉を用いて、すべての人を含むことを意味しており、障がい者、子ども、貧困

層など弱者を重視した対策を明記している。

【図1】SDGsの17の目標（日本語ロゴ）[4]

出典：国際連合広報センター「SDGsポスター（17のアイコン　日本語版）」
（https://www.unic.or.jp/files/sdg_poster_ja_2021.pdf）

【表1】SDGsの17の目標

目標1	【貧困をなくそう】あらゆる場所のあらゆる形態の貧困を終わらせる	目標2	【飢餓をゼロに】飢餓を終わらせ、食料安全保障及び栄養改善を実現し、持続可能な農業を促進する
目標3	【すべての人に健康と福祉を】あらゆる年齢のすべての人々の健康的な生活を確保し、福祉を促進する	目標4	【質の高い教育をみんなに】すべての人々への包摂的かつ公正な質の高い教育を提供し、生涯学習の機会を促進する
目標5	【ジェンダー平等を実現しよう】ジェンダー平等を達成し、すべての女性及び女児の能力強化を行う	目標6	【安全な水とトイレを世界中に】すべての人々の水と衛生の利用可能性と持続可能な管理を確保する

4　https://www.un.org/sustainabledevelopment/
　"The content of this publication has not been approved by the United Nations and does not reflect the views of the United Nations or its officials or Member States"（図4、5に同じ）

目標7	【エネルギーをみんなに そしてクリーンに】すべての人々の、安価かつ信頼できる持続可能な近代的エネルギーへのアクセスを確保する	目標8	【働きがいも経済成長も】包摂的かつ持続可能な経済成長及びすべての人々の完全かつ生産的な雇用と 働きがいのある人間らしい雇用ディーセント・ワークを促進する
目標9	【産業と技術革新の基盤をつくろう】強靱（レジリエント）なインフラ構築、包摂的かつ持続可能な産業化の促進及びイノベーションの推進を図る	目標10	【人や国の不平等をなくそう】各国内及び各国間の不平等を是正する
目標11	【住み続けられるまちづくりを】包摂的で安全かつ強靱（レジリエント）で持続可能な都市及び人間居住を実現する	目標12	【つくる責任 つかう責任】持続可能な生産消費形態を確保する
目標13	【気候変動に具体的な対策を】気候変動及びその影響を軽減するための緊急対策を講じる	目標14	【海の豊かさを守ろう】持続可能な開発のために海洋・海洋資源を保全し、持続可能な形で利用する
目標15	【陸の豊かさも守ろう】陸域生態系の保護、回復、持続可能な利用の推進、持続可能な 森林の経営、砂漠化への対処、ならびに土地の劣化の阻止・回復及び生物多様性の損失を阻止する	目標16	【平和と公正をすべての人に】持続可能な開発のための平和で包摂的な社会を促進し、すべての人々に司法へのアクセスを提供し、あらゆるレベルにおいて効果的で説明責任のある包摂的な制度を構築する
目標17	【パートナーシップで目標を達成しよう】持続可能な開発のための実施手段を強化し、グローバル・パートナーシップを活性化する		

出典：総務省「SDGs17 ゴール・169 ターゲット・232 指標（仮訳）」
（https://www.soumu.go.jp/main_content/000562264.pdf）より筆者作成

（3）169のターゲット

　目標の下には、具体的な達成目標や数値、期限を示した「169のターゲット（Target）」がある。目標11【住み続けられるまちづくりを】のターゲッ

トでは、11.1「安全、安価な住宅の提供」、11.2「弱者に配慮した公共交通機関のアクセス拡大」、11.4「文化遺産、自然遺産の保護」、11.5「災害による死者や被災者数の減少」、11.6「大気や廃棄物など環境への配慮」、11.7「弱者を含めた公共スペースへの普遍的なアクセス」が掲げられている[5]。

（4）232の指標（インディケーター）

SDGsでは目標やターゲットの達成度を232の指標（インディケーター：Indicators）で評価している。この指標は、国連統計委員会で作成され、現在も更新されている。一例として、目標11の指標では、「11.1.1 スラム、インフォーマルな居住地及び不適切な住宅に居住する都市人口の割合」「11.2.1 公共交通機関へ容易にアクセスできる人口の割合（性別、年齢、障害者別）」などが設定されている。また、指標の活用報告は「持続可能な開発目標（SDGs）報告」[6]として毎年国連において公開されている。

SDGsは目標やターゲットがあるのみで、法的な拘束力があるわけではない。それゆえ、各々の立場で持続可能な社会をつくりあげるために取組むことが求められている。これらの指標で進捗度合いを測り、自発的に社会を良くしていく姿勢と実践が大切である。

2 ┃ 政府のSDGsに関する政策

（1）政府のSDGsへの主な取り組み

政府においてもSDGsに対する取組みが検討されている。2016年12月には、内閣総理大臣を本部長とする持続可能な開発目標（SDGs）推進本部[7]がSDGs実施指針を決定、2017年12月には「SDGsアクションプラン2018」

5　本文でのターゲットは2030アジェンダ本文より筆者が略文した。
6　国際連合広報センター「持続可能な開発目標（SDGs）報告 2021」
　（https://www.unic.or.jp/activities/economic_social_development/sustainable_development/2030agenda/SDGs_report/）（閲覧日：2021年10月11日）
7　首相官邸「持続可能な開発目標（SDGs）推進本部」
　（https://www.kantei.go.jp/jp/singi/sdgs/index.html）（閲覧日：2021年3月16日）

を策定した。また、2018年8月には、「STI for SDGs 文部科学省施策パッケージ」[8]にて、科学技術イノベーション（STI）施策を通じたSDGs達成への文部科学省の貢献のあり方を整理し、その実現のために必要となる施策を体系的に示した。

（2）SDGsアクションプラン2021

　政府は2021年のSDGs推進のための具体的施策を「SDGsアクションプラン2021」[9]でとりまとめた。コロナ禍からのより良い復興と社会変革を唱え、4つの重点項目を定めている。

【表2】「SDGsアクションプラン2021」における4つの重点項目

> 「Ⅰ．感染症対策と次なる危機への備え」
> ⇒感染症対応能力を強化（ワクチンなど）、強靭かつ包摂的な保健システムを構築
> 「Ⅱ．よりよい復興に向けたビジネスとイノベーションを通じた成長戦略」
> ⇒デジタルトランスフォーメーションの推進、企業経営へのSDGs取り込みの促進、科学技術イノベーション（STI）の加速化
> 「Ⅲ．SDGsを原動力とした地方創生、経済と環境の好循環の創出」
> ⇒2050年までに温室効果ガス排出を実質ゼロとする「カーボンニュートラル」の実現、海洋プラスチックごみ対策、SDGsを原動力とした地方創生
> 「Ⅳ．一人ひとりの可能性の発揮と絆の強化を通じた行動の加速」
> ⇒あらゆる分野における女性参画やダイバーシティ及びバリアフリーの推進、持続可能な開発のための教育（ESD）の推進、地球規模の課題に関して国際協調の構築や強化

出典：外務省「SDGs アクションプラン2021 ～コロナ禍からの「よりよい復興」と新たな時代への社会変革～」
（https://www.mofa.go.jp/mofaj/gaiko/oda/SDGs/pdf/SDGs_Action_Plan_2021.pdf）より筆者作成

8　文部科学省「STI for SDGs 文部科学省施策パッケージ」（http://www.mext.go.jp/a_menu/kagaku/kokusai/sdgs/1408738.htm）（閲覧日：2021年3月16日）
9　外務省「SDGs アクションプラン2021 ～コロナ禍からの「よりよい復興」と新たな時代への社会変革～」（https://www.mofa.go.jp/mofaj/gaiko/oda/SDGs/pdf/SDGs_Action_Plan_2021.pdf）（閲覧日：2021年3月16日）

（3）ジャパンSDGsアワード

「ジャパンSDGsアワード」[10]では、日本に拠点があり、SDGs達成に資する優れた国内外の取組みを行っている企業や団体を表彰している。一例として、第4回ではSDGs推進本部長（内閣総理大臣）賞として、再生可能エネルギーを供給する小売り事業に取り組んだ、みんな電力株式会社（東京都世田谷区）が受賞している。

（4）日本のSDGs達成度

SDSN（Sustainable Development Solutions Network）などが作成した「Sustainable Development Report 2020」[11]では、日本のSDGs達成度は17位で、上位はスウェーデン（1位）、デンマーク（2位）、フィンランド（3位）など欧州各国が占めている。ちなみにアメリカは31位ではあるが、バイデン政権で地球温暖化対策の国際的な枠組みであるパリ協定に復帰する[12]など、今後の動きが注目される。

3　持続可能な地域づくり

（1）SDGs未来都市

内閣府は2018年6月に、地方創生分野における日本のSDGsモデルを形成するために、「SDGs未来都市」として神奈川県や横浜市などの29都市を選定し、その中から「自治体SDGsモデル事業」として先導的な取組みを行っている10事業を選定した[13]。一例として、神奈川県では『いのち輝く神奈川

10　外務省「ジャパンSDGsアワード」（https://www.mofa.go.jp/mofaj/gaiko/oda/SDGs/award/index.html）（閲覧日：2021年3月16日）

11　Sustainable Development Report 2020（https://dashboards.sdgindex.org）（閲覧日：2021年3月20日）

12　日本経済新聞電子版2021年1月21日「米、パリ協定に復帰へ　バイデン氏が大統領令署名」（https://www.nikkei.com/article/DGXZQOGN210N10R20C21A1000000/）（閲覧日：2021年3月31日）

13　地方創生サイト「2018年度SDGs未来都市及び自治体SDGsモデル事業の選定について」（https://www.chisou.go.jp/tiiki/kankyo/teian/sdgs_sentei.html）（閲覧日：2021年4月17日）

【図2】2020年度SDGs未来都市・自治体SDGsモデル事業選定都市一覧

出典：地方創生サイト「令和2年度SDGs未来都市・自治体SDGsモデル事業選定都市一覧」
（https://www.chisou.go.jp/tiiki/kankyo/teian/2020sdgs_pdf/sdgs_r2futurecity_press0701.pdf）を
加工して作成

持続可能な「スマイル100歳社会」の実現』をテーマに、健康寿命の延伸の
ためデータヘルスなどの取組みや、太陽光発電設備拡大など新たなエネルギ
ー体系の構築、これら取組みの民間投資促進を促す「SDGs社会的インパク
ト評価[14]システム」の構築と実証を行っている。

　選定は毎年度行われ、20年度は、神奈川県相模原市など33都市が選定さ
れた[15]（図2）。さらに、2019年1月に「SDGs全国フォーラム2019」で、自

14　Epstein and Yuthas（2014）は、社会的インパクトを「活動や投資によって生み出される社会
　　的環境の変化」と定義している。ここではSDGsの観点から事業の社会的な効果、影響を定量
　　的、定性的に把握することを指している。
15　地方創生サイト「令和2年度「SDGs未来都市」等の選定について」
　　（https://www.chisou.go.jp/tiiki/kankyo/teian/2020sdgs_pdf/sdgs_r2futurecity_press0701.pdf）
　　（閲覧日：2021年8月18日）

治体が人口減少などの社会的課題の解決と持続可能な地域づくりに向けて、企業や教育機関、住民などとの官民連携を推進していく「SDGs日本モデル」宣言が発表された。

（2）第2期「まち・ひと・しごと創生総合戦略」への反映

　政府の地方創生の根拠法の1つとして、2014年に「まち・ひと・しごと創生法」[16]が施行された。この法律に基づいて、政府は「まち・ひと・しごと創生総合戦略」を定めることとなった。このうえで、各自治体は法の理念と戦略に倣って、地域の実情に適合した総合戦略を策定することとなった。

　政府は、2020年12月に第2期「まち・ひと・しごと創生総合戦略」（2020改訂版）[17]を策定し、大きな柱として「地方創生SDGsの実現」を掲げている。自治体でも、神奈川県横浜市は、2020年3月に策定した、第2期「横浜市まち・ひと・しごと創生総合戦略」[18]で、基本姿勢として、あらゆる施策においてSDGsを意識して取り組むと宣言し、6つの基本目標とSDGsの17の目標との関連づけなどを行っている。

（3）自治体によるSDGsの実践に向けて

　SDGsの実践に向けた1つの目安として、一般財団法人建築環境・省エネルギー機構内に設置された自治体SDGsガイドライン検討委員会では、自治体がSDGsを導入するためのガイドラインを作成している[19]。ガイドラインでは自治体がSDGsに取り組むメリットとして、「ローカルアイデンティティ

16　まち・ひと・しごと創生法（https://elaws.e-gov.go.jp/document?lawid=426AC0000000136）（閲覧日：2021年3月22日）

17　地方創生サイト「第2期「まち・ひと・しごと創生総合戦略」（2020改訂版）」（https://www.chisou.go.jp/sousei/info/pdf/r02-12-21-senryaku2020.pdf）（閲覧日：2021年3月22日）

18　横浜市ホームページ「第2期「横浜市まち・ひと・しごと創生総合戦略」」（https://www.city.yokohama.lg.jp/city-info/seisaku/torikumi/sousei/senryaku/sousei_2.files/sousei_2.pdf）（閲覧日：2021年3月22日）

19　IBEC建設省エネルギー機構（一般財団法人建築環境・省エネルギー機構）「私たちのまちにとってのSDGs（持続可能な開発目標）－導入のためのガイドライン－2018年3月版（第2版）」（https://www.ibec.or.jp/sdgs/）（閲覧日：2021年3月20日）

の開拓と地域活性化」、「住民のQOL（クオリティオブライフ）の向上」、「国際動向の把握と国際協力の主流化」、「多様なステークホルダーとの連携によるパートナーシップの推進」、「経済・社会・環境政策の統合と新しい価値の創出」を挙げている。また、自治体でSDGsに取り組むために必要な事項を次の5つのステップで示している（表3）。一連のステップで、世界の共通言語のSDGsを自治体に落とし込むことが重要である。

【表3】自治体でSDGsを推進するための5つのステップ

「1.SDGsの理解」…SDGsの概要や自治体との関連についての理解
「2.取組体制」…自治体行政におけるSDGs推進体制の構築
「3.目標と指標」…自治体での取組の整理、政策目標と達成目標の整理、進捗を計測する指標の設定
「4.アクションプログラム」…自治体版SDGsアクションプログラムの策定と実施（総合計画や個別戦略などへの盛り込み）
「5.フォローアップ」…フォローアップの仕組みの確立

出典：IBEC建築省エネルギー機構（一般財団法人建築環境・省エネルギー機構）
「私たちのまちにとってのSDGs（持続可能な開発目標）導入のためのガイドライン 2018年3月版（第2版）」（https://www.ibec.or.jp/sdgs/）より筆者作成

（4）自治体SDGsの進捗把握（ローカル指標化）

　2019年8月に、内閣府の自治体SDGs推進評価・調査検討会は「地方創生SDGsローカル指標リスト」[20]を公開した。国連は232のインディケーター（指標）を提示しているが、この指標はグローバルな視点に基づくものであり、日本の国や自治体でそのまま適応できない場合も多い。そのため、グローバルなインディケーターを、自治体の実情に即した形で指標化し、SDGsの進捗を把握することが可能な「地方創生SDGsローカル指標」を作成した。また、このローカル指標を検証するためのデータ入手先（関連府省庁の統計など）も示している。

20　地方創生サイト「地方創生SDGsローカル指標リスト 2019年8月版（第一版）」（https://www.chisou.go.jp/tiiki/kankyo/kaigi/dai18/sdgs_hyoka18_shiryo5.pdf）（閲覧日：2021年8月18日）

　事例として、目標11【住み続けられるまちづくりを】のターゲット11.1「安全、安価な住宅の提供」のケースが表4で示されている。グローバルインディケーターは「スラム、非正規の居住や不適切な住宅に居住する都市人口の割合」であるが、これをローカライズ指標にした場合「ホームレス割合（ホームレスの数／総人口）」となる。この場合のデータ入手先は都道府県が想定され、検証にあたっての参考データとしては厚生労働省のホームレスに関する全国調査が示されている。ただし、このローカル指標は一律で実施するべきものではなく、各自治体は実情に応じて取捨選択して柔軟に活用していく必要がある。

【表4】目標11【住み続けられるまちづくりを】のターゲット11.1「安全、安価な住宅の提供」

ターゲット	グローバルインディケーター	ローカライズ指標	データ入手可能性	データソース
2030年までに、全ての人々の、適切、安全かつ安価な住宅及び基本的サービスへのアクセスを確保し、スラムを改善する。	スラム、非正規の居住や不適切な住宅に居住する都市人口の割合	ホームレス割合（ホームレスの数／総人口）	都道府県	厚生労働省「ホームレスの実態に関する全国調査結果について」http://www.mhlw.go.jp/stf/houdou/0000122778.html

出典：地方創生サイト「地方創生SDGsローカル指標リスト2019年8月版（第一版）」（https://www.chisou.go.jp/tiiki/kankyo/kaigi/dai18/sdgs_hyoka18_shiryo5.pdf）より筆者作成

（5）地方創生SDGs官民連携プラットフォーム

　内閣府では、官民連携のパートナーシップを通じて、国内でのSDGsの推進と地方創生につなげるために、2018年に「地方創生SDGs官民連携プラットフォーム」[21]を設置し、次の3つの活動を中心としている（表5）。会員数は2021年2月末段階で4,896団体、内訳として都道府県、市区町村で889団体、

21　地方創生SDGs官民連携プラットフォーム
　　（https://future-city.go.jp/platform/）（閲覧日：2021年3月21日）

関係省庁で13省庁、民間団体などで3,994団体である。

　2020年度の地方創生SDGs官民連携優良事例の1つとして、一般社団法人こども食堂支援機構が製造企画した寄付つきの非常食を、埼玉県が一般企業にPRを行ったことが挙げられる。企業が非常食を買うことで売り上げの一部をこども食堂に寄付する仕組みで、結果としてフードロスやプラごみ削減にもつながっている。

【表5】地方創生SDGs官民連携プラットフォームの3つの活動

「1.マッチング支援」…官民の会員のSDGs実施や推進に関するノウハウや課題の共有や、課題解決や実現のために会員同士のマッチングをサポート。
「2.分科会活動」…会員提案の分科会を設置。課題の共有やプロジェクトを創出。
「3.普及促進活動」…会員が主催するイベントをメールなどで共有。国際フォーラムなどの開催。

出典：地方創生SDGs 官民連携プラットフォーム（https://future-city.go.jp/platform/）より筆者作成

（6）SDGsに関する全国アンケート

　内閣府の自治体SDGs推進評価・調査検討会は2018年度から「SDGsに関する全国アンケート調査」[22]を実施している。2020年度（令和2年度）は1,303自治体（内訳：45都道府県、1,258市区町村）がアンケートに回答した。主な結果として、SDGsに関しては、90％以上の自治体が認知し、関心があることから、全国的にSDGs推進が重要とされ共通認識となっていることが伺える。次に、SDGs達成に向けての取組みの推進（図3）について見ると、「4.各種計画への反映」は推進及び推進予定の自治体が90％以上であった。また、「1.自治体内部における普及啓発活動」「2.将来のビジョンづくり」「5.関係者（ステークホルダー）との連携」に対し推進及び推進予定の自治体は65％程度で、「6.情報発信による学習と成果の共有」は56.9％、「3.体

22　地方創生サイト「SDGsに関する全国アンケート調査」
　　（https://www.chisou.go.jp/tiiki/kankyo/kaigi/sdgs_enquete_chousa.html）
　　（閲覧日：2021年3月21日）

制づくり」「7.ローカル指標の策定」は50％程度であった。

　さらに、自治体内部におけるバリアー（障害）については、「行政内部での理解、経験や専門性が不足している（38.3％）」、「行政内部での予算や資源に余裕がない（24.0％）」、「行政内部署間の職務分掌の問題や優先度をめぐる認識に差がある（20.2％）」であった。また、国や他の自治体に関連するバリアーとしては、「先行事例や成功事例がないためどのように推進すればいいのかわからない（28.0％）」がトップであった。

　これらからSDGs推進に一歩踏み出すために成功事例や、それを実現するための自治体内でのプロセスの共有が必要であることがわかる[23]。

【図3】SDGs達成に向けた取り組みの推進について

SDGs達成に向けて取り組みを推進されていますか？

	推進していない	推進していく予定である	推進している
1）自治体内部における普及啓発活動 例）自治体内部における勉強会の開催、地域住民向けのセミナーの開催　など	32.0% (417)	37.5% (489)	30.5% (397)
2）将来のビジョンづくり 例）地域の実態の正確な把握、バックキャスティングのアプローチを採用した2030年のあるべき姿の設定、ゴール・ターゲット等を参考とした政策目標の策定　など	33.2% (432)	43.9% (572)	22.9% (299)
3）体制づくり 例）部局を横断する推進組織の設置、執行体制（人材、予算、権限、進捗管理等）の整備　など	51.7% (673)	32.2% (419)	16.2% (211)
4）各種計画への反映 例）総合計画、地方版総合戦略、環境基本計画　など	9.1% (118)	44.5% (580)	46.4% (605)
5）関係者（ステークホルダー）との連携 例）域内の連携（住民、企業・金融機関、教育・研究機関、NPO等）、自治体間の連携（国内）、国際的な連携　など	36.5% (475)	40.7% (530)	22.9% (298)
6）情報発信による学習と成果の共有 例）自治体内部における勉強会の開催、セミナー・シンポジウムの開催（主催、共催）、共有すべき成功事例の国内外への発信　など	43.1% (562)	37.7% (491)	19.2% (250)
7）ローカル指標の設定 例）自身の取組を的確に測定することができるローカル指標の設定　など	49.7% (647)	35.9% (468)	14.4% (188)

凡例：　□ 推進していない　□ 推進していく予定である　□ 推進している　（総回答数 N=1,303）

出典：地方創生サイト「令和2年度 SDGsに関する全国アンケート調査結果」
（https://www.chisou.go.jp/tiiki/kankyo/kaigi/pdf/sdgs_enquete_chousa_r02_kekka.pdf）

23　牧瀬（2020）は、地方自治体が取り組むSDGsの経緯と現状を事例を示しながら整理しており、SDGsが掲げる17の目標は、地方自治体の政策と親和性が高いと示唆している。

（7）気候変動や脱炭素への取り組み

2015年にパリで開催された第21回国連気候変動枠組条約締約国会議（COP21）で、SDGsにも大きく関連する気候変動に関し、2020年以降の温室効果ガス排出削減等のための新たな国際枠組みとして「パリ協定」が採択された[24]。日本政府もパリ協定に署名し、気候変動への対応に取り組んでいる。

政府も、2020年10月、臨時国会の所信表明演説において、菅義偉内閣総理大臣（当時）が「2050年までに、温室効果ガスの排出を全体としてゼロにする、すなわち2050年カーボンニュートラル、脱炭素社会の実現を目指す」と宣言した[25]。また、2021年2月より定期的に、環境省は脱炭素に関して先進的な取り組みをしている自治体や企業などの事例を紹介する「国地方脱炭素実現会議ヒアリング」を開催している[26]。自治体の動きとして、「ゼロカーボンシティ」を宣言している全国130市区町村が新たな協議会を発足させる動きも出始めており[27]、今後の動きにより注視する必要がある。

自治体の事例として、京都府亀岡市が2021年1月1日に施行した「プラスチック製レジ袋の提供禁止に関する条例」がある[28]。この条例により事業者はプラスチック製レジ袋を有料であっても配布不可となり、紙袋の使用やマイバックへの転換の呼びかけなどを行っている[29]。また、横浜市では議員提案により「横浜市脱炭素社会の形成の推進に関する条例」（2021年6月8

24　外務省「2020年以降の枠組み：パリ協定」
　　（https://www.mofa.go.jp/mofaj/ic/ch/page1w_000119.html）（閲覧日：2021年3月21日）
25　環境庁「2050年カーボンニュートラルの実現に向けて」
　　（http://www.env.go.jp/earth/2050carbon_neutral.html）（閲覧日：2021年3月21日）
26　環境庁「国地方脱炭素実現会議ヒアリングについて」
　　（http://www.env.go.jp/policy/post_94.html）（閲覧日：2021年3月21日）
27　神奈川新聞カナロコ2021年2月5日「ゼロカーボン目指し全国協議会発足へ　横浜市など130市区町村」
　　（https://www.kanaloco.jp/news/government/article-389515.html）（閲覧日：2021年3月21日）
28　亀岡市プラスチック製レジ袋の提供禁止に関する条例
　　（http://www.city.kameoka.kyoto.jp/reiki_int/reiki_honbun/k108RG00001366.html#joubun-toc-span）（閲覧日：2021年3月21日）
29　京都新聞2021年1月1日「プラ製レジ袋全面禁止、全国初の条例が施行京都・亀岡、有料でも不可」
　　（https://www.kyoto-np.co.jp/articles/-/459836）（閲覧日：2021年3月21日）

日公布）が制定され、再生可能エネルギーの促進など脱炭素社会に向けたまちづくりを目指している。

4 　ESD（持続可能な開発のための教育）の展開

（1）ESD（Education for Sustainable Development）の展開

　2002年の国連総会において、2005年から2014年までを「持続可能な開発のための教育の10年」と宣言し、世界的に展開することが採択された[30]。ESDは持続可能な社会づくりの担い手を育む教育であり、初等中等教育における学習指導要領においても持続可能な社会づくりとして、ESDの推進が明記されている[31]。国立教育政策研究所（2012）は、教員や生徒が持続可能な社会づくりに関わる課題を見出せるよう、「持続可能な社会づくり」の構成概念として次の6つを示している（表6）。

【表6】「持続可能な社会づくり」の構成概念

・人を取り巻く環境（自然・文化・社会・経済など）に関する概念   「Ⅰ 多様性（いろいろある）」「Ⅱ 相互性（関わりあっている）」「Ⅲ 有限性（限りがある）」   ・人（集団・地域・社会・国など）の意思や行動に関する概念   「Ⅳ 公平性（一人一人大切に）」「Ⅴ 連携性（力を合わせて）」「Ⅵ 責任性（責任を持って）」

出典：国立教育政策研究所「学校における持続可能な発展のための教育（ESD）に関する研究〔最終報告書〕」から筆者がまとめた

　さらに、ESDの視点に立った学習指導で重視する能力・態度として、「1.批判的に考える力」「2.未来像を予測して計画を立てる力」「3.多面的，総合

30　外務省「持続可能な開発のための教育の10年」決議（案）」（仮訳）
　　（https://www.mofa.go.jp/mofaj/press/release/14/rls_1106a_2.html）（閲覧日：2021年3月25日）
31　文部科学省「持続可能な開発のための教育（ESD：Education for Sustainable Development）」
　　（https://www.mext.go.jp/unesco/004/1339970.htm）（閲覧日：2021年3月25日）

的に考える力」「4.コミュニケーションを行う力」「5.他者と協力する態度」
「6.つながりを尊重する態度」「7.進んで参加する態度」の7つをあげている。

　また、日本ユネスコでは、学校現場におけるESD推進を目的としたガイ
ドライン[32] を作成しており、ESDを実施するにあたって留意すべきポイン
トとして、次の5つをあげている（表7）。自治体での取組みと同様に、目
標設定と計画、そのうえでの実践と検証が重要であることが伺える。

【表7】各学校におけるESDの取組に対する指導助言上のポイント

STEP 1　校長の学校経営方針とESDの目標
STEP 2　学習計画（及び指導案）の作成と実践
STEP 3　学校運営（ホールスクール（機関包括型）アプローチの展開）
STEP 4　地域や大学・企業との連携
STEP 5　発信と振り返り

出典：文部科学省「ESD（持続可能な開発のための教育）推進の手引（改訂版）」
(https://www.mext.go.jp/unesco/004/__icsFiles/afieldfile/2018/07/05/1405507_01_2.pdf)より筆者作成

（2）SDGs達成へ向けた地域創生に関する教育プログラム（事例）

　筆者らの取組みとして、関東学院六浦中学校・高等学校の中学3年生の総
合学習で2019年度1学期に行った、SDGs達成へ向けた地域創生に関する教
育プログラムの実践について紹介する。受講生はSDGsの基礎、地域創生の
現状、ごみ屋敷や空き家の問題について、グループワークやフィールドワー
クを通じて学習し、最後に「自分ごと」としてどのように地域課題に取り組
むかについて考え、プレゼンを行った（杉原ほか2019a）。

　SDGsを取り扱った授業回では、杉原ほか（2019b）が開発した2つのワ
ークを行った。最初のワークでは、受講生個々の活動としてA3用紙サイ
ズの「SDGs興味関心マップ」に記載されたSDGsに関する17の目標のアイ
コンに対し、3段階の関心の度合い（かなり関心ある・まあ関心ある・あま

32　文部科学省「ESD（持続可能な開発のための教育）推進の手引（改訂版）」
(https://www.mext.go.jp/unesco/004/__icsFiles/afieldfile/2018/07/05/1405507_01_2.pdf)
（閲覧日：2021年3月25日）

り関心ない）で分類させた（図4）。次のワークでは、受講生にSDGsが達成された2030年の社会をイメージさせ、理想的な暮らし方・働き方を考えさせるために、A 3 用紙の「SDGs未来マップ」を用いた。（1）先のワークで使用した「SDGs興味関心マップ」で最も関心がある目標を 3 つ選択し、（2）「SDGs未来マップ」に 3 つの目標を貼り、（3）選択した 3 つの目標が2030年に全て達成されたと仮定して、どのような社会になっているか自由に想像を膨らませ、黒色の文字や絵などで表現させた。さらに、実現したい理想の社会が書かれた文字・絵の近くに、実現に向けて自分が現実的に一歩踏み出せることを赤字で記述させた（図5）。個人ワークの後、4人程度のグループでお互いのマップについて話し合いを行わせた。

【図4】SDGs17の目標に関する興味関心マップ（参考例）

個人ワーク①：SDGs関心マップをつくろう！
□配布したA3用紙の「興味関心マップ」上に「17の目標」に関するカードを置いてみよう！（資料も参照に：7分）

【図5】SDGs未来マップ（事例）

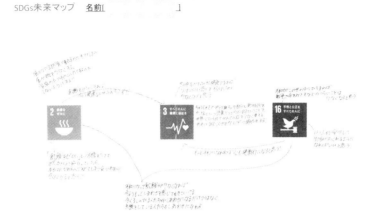

（3）高等教育におけるSDGs推進

　このような状況を踏まえて、従来ESDの中心的役割を担ってきた初等中等教育だけでなく、高等教育でもSDGsと関連させた動きが活性化している。中央教育審議会（2018）では「2040年に向けた高等教育のグランドデザイン（答申）」にて、SDGsを達成するためのESD推進を提言している。また、SDSN（2017）は、オーストラリア、ニュージーランド及び太平洋地域の大学向けにSDGsの実践ガイドブックを制作しており、狩野ほか（2017）はこのガイドブックの日本語訳バージョンを作成した。

　さらに文部科学省と環境省、経済産業省は、2021年3月に地域の脱炭素化に向け全国120の大学や研究機関が参加した「学長等サミット」を開催し、2021年夏にも各大学による連合を設立し、脱炭素の取組みを強化していくことを決定した[33]。

　このように日本の大学においてもSDGsに関する取組みは広がっている。

33　経済産業省「カーボン・ニュートラル達成に向けた大学等の貢献に係る学長等サミットを開催します」
　　（https://www.meti.go.jp/press/2020/03/20210322008/20210322008.html）
　　（閲覧日：2021年3月28日）

5 企業でのSDGsの取り組み

　企業におけるSDGsの取組みについては多数の専門書で解説されている。ここでは要点のみ触れたい。

（1）経団連によるSDGs推進

　日本を代表する企業が加盟している日本経済団体連合会（略称：経団連）では、技術革新を最大限活用することによりSDGsを達成する「Society 5.0 for SDGs」を提唱しており、公式WEBサイト（KeidanrenSDGs.com）[34]で企業のSDGsの取組みなどを紹介している。

（2）SDGsに関する企業行動指針

　2016年にSDGsに関する企業行動指針「SDGs Compass」（日本語訳）[35]が公開されたのに伴い、企業はSDGs達成のために様々な方策を考え、実行することにより、新たな事業成長の機会を見出し、リスク全体を下げることができるとしている。さらに企業は、その戦略、目標、活動などを立案し、運用し、周知し、報告するうえで、それら全体を包括するフレームワークとして、SDGs を利用することができ、以下のような多様な効果が得られることを示している（表8）。

34　KeidanrenSDGs.com（https://www.keidanrensdgs.com/home-jp）（閲覧日：2021 年 3 月 28 日）

35　GRI, UNGC and WBCSD,2015「SDG Compass: A Guide for Business Action to Advance the SDGs.」（公益財団法人地球環境戦略研究機関・Global Compact Network Japan 訳 ,2016,SDG Compass：SDGs の企業行動指針 − SDGs を企業はどう活用するか−）（https://www.iges.or.jp/jp/publication_documents/pub/policyreport/jp/5102/SDC_COMPASS_Jpn_0318_30P.pdf）（閲覧日：2021 年 3 月 28 日）

【表8】企業がSDGsを推進するメリット

> ・将来のビジネスチャンスの見極め
> ・企業の持続可能性に関わる価値の増強
> ・ステークホルダーとの関係の強化、新たな政策展開との歩調合せ
> ・社会と市場の安定化
> ・共通言語の使用と目的の共有

出典：公益財団法人地球環境戦略研究機関「SDG Compass：SDGsの企業行動指針－SDGsを企業はどう活用するか－」
（https://www.iges.or.jp/jp/publication_documents/pub/policyreport/jp/5102/SDC_COMPASS_Jpn_0318_30P.pdf）より筆者作成

　また、SDGsの企業行動指針として「1.SDGsの理解」、「2.優先課題の設定」、「3.目標設定」、「4.経営へ統合する」、「5.報告とコミュニケーションを行う」の5つのステップを示しており、組織の実情に応じて手法を変更して活用することを推奨している。

（3）SDGs経営ガイド

　経済産業省は、2019年に有識者の研究会を踏まえてSDGsを企業の経営に落とし込む方法を具体的な事例と共に紹介した「SDGs経営ガイド」[36]を作成した。このガイドは、世界中の企業が「SDGs経営」に取り組む際の羅針盤を提示するとともに、投資家が「SDGs経営」を評価する際の視座を提供すること、及び日本企業における「SDGs経営」の優れた取組みを世界にPRすることで、海外から日本企業への投資を促すことを主目的としている。

（4）中小企業でのSDGs推進

　大企業においてのSDGsの取組み事例は、頻繁にメディアで取り上げられているが、中小企業でのSDGs推進は発展途上である。一例として、中小企業のSDGs推進を支援するために、神奈川県政策局SDGs推進課は「中小企

36　経済産業省「SDGs経営ガイド」
　　（https://www.meti.go.jp/press/2019/05/20190531003/20190531003-1.pdf）
　　（閲覧日：2021年3月28日）

業のためのかながわSDGsガイドブック」[37]を発刊した。中小企業がSDGsを推進する意義やメリットの解説、神奈川県下の中小企業の実践事例紹介などが記載されている。

(5) ESGについて

ESGは、環境（Environment）・社会（Social）・ガバナンス（Governance）の頭文字を合わせた名称で、収益だけでなく環境や社会問題にも配慮した企業活動を指す。これに関連して、財務情報だけでなく、上記3つの観点から投資の意思決定を行うことを一般的にESG投資と称している。近年、ESG投資は拡大しており、今後も注視していく必要がある。

6 SDGs推進に向けて

(1) バックキャスティング思考によるアプローチ

SDGs推進のための重要な考え方として、「バックキャスティング（Backcasting）思考」が挙げられる。Robinson（1990）は、理想的な未来を実現するために、現在までの道筋を描くシナリオ作成手法として、バックキャスティングの考え方を示した。現在を始点として未来を予測するフォアキャスティング（Forecasting）は異なるアプローチである。図6は、Robinsonの考えを基に、木下ほか（2018）がバックキャスティングによるシナリオ作成アプローチを図解したものである。この考え方を基に、木下らは、持続可能な都市の在り方を探るための将来へのビジョンづくりにおいて、バックキャスティングの考え方に基づいた市民参加型のワークショップを実践した。

37　公益財団法人地球環境戦略研究機関「事例から学ぶ中小企業のためのかながわSDGsガイドブック」（https://www.iges.or.jp/sites/default/files/inline-files/SDGs_Guide.pdf）（閲覧日：2021年3月28日）

【図6】バックキャスティングによるシナリオ作成のアプローチ

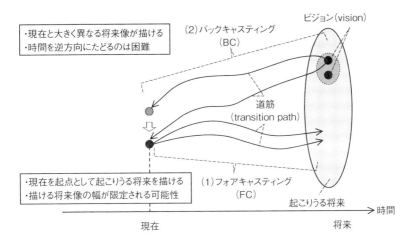

出典：木下ほか（2018）131頁・図1

（2）SDGsを「自分ごと」にして実践する

　SDGsはこれからの社会で中心となっていく考え方であり、社会全体での取組みが進んでいる。不確実性が高まっている社会で、SDGs達成への道筋は、社会全体で取り組む必要がある。そのような状況で個人ができることを改めて考え、自分に問い直していくことが、「自分ごと」への第一歩となるであろう。それを踏まえて、自分が所属するグループや組織に視野を広げていくことが社会への関わりにつながり、SDGsが目指す社会への実現に一歩近づくことができるだろう。

（杉原　亨）

【演習】
1　SDGsの特徴について3点でまとめてみよう。
2　社会でのSDGsの取り組みについて調べて、関心がある取り組みを挙げてみよう。
3　持続可能な社会のために「自分ごと」として取り組みたいことを書いてみよう。

【参考文献】

蟹江憲史（2020）『SDGs（持続可能な開発目標)』中央公論新社

狩野光伸（岡山大学・日本学術会議）翻訳, SDSN Japan ／蟹江憲史（慶応大学・SDSN Japan）監修（2017）「大学でSDGsに取り組む　大学、高等教育機関、アカデミアセクターへのガイド －オーストラリア、ニュージーランド、太平洋版－」

木下裕介・増田拓真・中村秀規・青木一益（2018）「バックキャスティング手法を用いた富山市における市民参加型シナリオ作成: 持続可能な都市のあり方を探る将来ビジョンとパスづくりの試み」『富山大学紀要,富大経済論集』64巻1号、127-152頁

国立教育政策研究所（2012）「学校における持続可能な発展のための教育（ESD）に関する研究〔最終報告書〕」

杉原亨・出石稔・木村乃・牧瀬稔（2019a）「SDGs達成へ向けた地域創生に関する教育プログラムの実践 －関東学院六浦中学校・高等学校における総合学習の事例－」『関東学院大学高等教育・研究開発センター年報』第5号、14-24頁

杉原亨・本田卓也・望月翔太（2019b）「SDGsに関する高校生向け教育プログラムの開発」日本アクティブ・ラーニング学会第3回全国大会

牧瀬稔（2020）「地方自治体におけるSDGsの現状と展望」『社会情報研究』第1号、23-36頁

中央教育審議会（2018）「2040年に向けた高等教育のグランドデザイン（答

申）」

弓削昭子（2018）「持続可能な開発目標（SDGs）達成に向けた国連と日本の
　役割」勝間康編『持続可能な地球社会をめざして：わたしのSDGsへの取
　組み』国際書院、17-38頁

Epstein,M.J and Yuthas,K.（2014）Measuring and Improving Social
　Impacts:A Guide for Nonprofits, Companies, and Impact Investors,
　Berrett-Koehler Publishers（鵜尾雅隆・鴨崎貴泰監訳;松本裕訳（2015）「社
　会的インパクトとは何か-社会変革のための投資・評価・事業戦略ガイド」
　英治出版）

John Elkington（1998）Cannibals with Forks: The Triple Bottom Line of
　21st Century Business, New Society Publishers

Robinson,J.（1990）Futures under Glass: A Recipe for People Who Hate to
　Predict, Futures.Vol.22.No.8,pp.820-842.

Sustainable Development Solutions Network（SDSN）– Australia/Pacific
　（2017）GETTING STARTED WITH THE SDGs IN UNIVERSITIES

地方自治制度①

地方自治はなぜ必要か?

1 憲法は、地方自治を制度的に保障している。憲法は、住民の意思により、地域の実情にあった行政を、国から独立した主体として自主的に自治体が行うべきことを定めている。

2 地方自治の仕組みは、国と異なり、二元代表制であり、それぞれ、住民から、直接選挙でえらばれる首長と議員により、自治体の意思決定、政策実施が行われる。直接請求や住民投票など、住民自治を反映した仕組みも設けられている。

3 地域の自主性のもとに、より地域の実情にあった行政を行うために「地方分権」が行われ、機関委任事務の廃止等、様々な改革が行われた。

1 地方自治の必要性

（1）地方自治はなぜ必要か

　そもそも「地方自治」とは何か？　広辞苑[1]によると、「地方団体が独立の団体として独立して自己に属する事務を自己の責任において自己の機関によって行うこと。地方住民の意思に基づいて施政を行おうとするもの。」と記述されている。

　つまり、「地域のことは、地域に住む住民の意思に従って、自治体が、国から独立して、自ら決定し、責任をもって実行する」ということである。では、なぜそのようなシステムをとる必要があるのだろうか。地方自治を認めず、中央政府が、すべてのことを中央で決めるシステムを「中央集権」というが、なぜ、中央集権ではいけないのか。

　原田尚彦（2005）によると、「（地方自治）の沿革やその理念には、国によりかなりの違いがある。だが、その保障する自治の程度や内容はさまざまであっても、近代国家はそのほとんどが地方自治制度を認めている。」[2]ということである。

　原田氏によると、大まかに３つの観点から、地方自治制度を認める理由があるとされる。

　１点目は「地方的役務の自己決定は人間性の発露」ということである。自分が住む地域のことを自分で決めていくということは人間として当然のことなので認められるべきだということである。

　２点目は「地域の要望と実情に沿う行政の展開」である。住民の視点でみた場合、最もわかりやすい地方自治のメリットは、この点であろう。自治体が行政を行うに当たっても、この点が最も重視される。

　さらに、３点目として、「地方自治は民主主義の学校としての機能を有している」ということである。地方自治というのは民主政治の基礎であるとい

1　新村出・編（2018）『広辞苑（第7版）』岩波書店
2　原田尚彦（2005）『新版 地方自治の法としくみ』学陽書房

う考え方である。自分達で決めて、自分達で運営していく。そうすることが民主的な国家になるための基礎になる。特に3番目の考え方は、現行の日本国憲法を制定する際に、アメリカ合衆国から導入された考え方である。そもそも、太平洋戦争前の旧大日本帝国憲法には、地方自治に関する規定はなかった。占領軍は、日本に民主主義を根付かせるために、「地方自治」の規定を憲法に盛り込むことを求めたのである。

2 日本における地方自治の歴史

（1）「ムラの自治」の原型

　現代のわが国の地方自治への影響を歴史的な側面からみると、近世以降の地方行政が、どのように行われてきたのかということからみてみよう。日本史における近世とは、一般的に安土桃山時代と江戸時代を指すが、地方行政に着目すると、世の中が平和になり、人々が地域に定住し、農業を中心とした生産が安定して行われるようになった江戸時代以降が重要である。

　江戸時代には、江戸に幕府がおかれ、地方行政は、各地域を統治する大名が「藩」組織を形成して行われていた。江戸時代には、一般的に「日本六十余州」といわれるが、全国に一時期260家前後の大名が存在し、それぞれのエリアに地方行政組織としての「藩」が置かれていた。「藩」は、イメージ的には現在の都道府県に近い印象を受けるが、司法・立法・行政の三権が藩の中で完結していたので、現在の自治体というよりは国家に近い。封建制度のもとではあったが、「中央政府」と「地方政府」の関係という視点からみると江戸時代は、現代よりも分権的な世の中だったのかもしれない。

　江戸時代の、藩の中の地域は、どのようになっていたのか。最小の地域単位として「ムラ」が存在した。「ムラ」は現在の自治体としての「村」というよりは、自然に形成された地縁共同体的組織（ゲマインシャフト）であり、「ムラ＝自然村」の性格があり、この時代が近世以前からずっと続いていた。日本は農耕文化なので、農耕を営むために水路をつくり、農作業をするため

に地域住民が共同作業をする必要があった。そのために、ムラをまとめる「むらおさ（村長）、きもいり（肝煎、肝入り）」が「村役人」として存在し、様々な共同作業を行うために地域での話し合いが行われた。そういう意味では、江戸時代には地方自治の原点がわが国の各ムラに見出すことができる。

　西尾勝（2013）[3]によると、藩は、当初、治安の維持と税金には関与するが、村の中の決め事には直接的関与はしなかったという。その意味で「ムラの自治」は保たれていた。

　しかし、しだいに、年貢を取り立てるために村請制度や郡奉行所などの、公権力支配、官僚組織ができてきた。特に、江戸中期以降は、厳しい藩財政立て直しのため、年貢の取り立てを厳しくやらざるをえない状況となった。そういう意味で、公権力支配が少しずつ進んではきたが、全般的には、江戸時代の幕藩体制の中で地域の自治的体制がある程度認められていたとされる。

（2）中央集権型の地方行政の成立

　明治時代になり状況は一変した。アジアに進出してきたヨーロッパの列強に対して、国を守るために軍隊を強くしていくことを迫られた明治政府は、「富国強兵」政策を展開した。同時に、明治政府は、急速な近代化政策を行う必要があった。これらのことを背景に、江戸期における村落共同体をベースにした「ムラの自治」は崩壊し、効率的に地域を支配する仕組みとして、「中央集権」の体制が形成されていった。

　中央集権体制では、それまでムラでの仕事を担ってきた男性たちが軍隊に徴兵されるようになったため、ムラの仕事は専門の役所が行う仕組みとなった。

　国土は、県・郡・市町村の行政区画に分かれ、そのトップである県知事、郡長等は、中央政府の役人が任命された。また、徴兵徴税の基礎となる戸籍が編成され、土地調査も始まった。全国に小学校が設置され、義務教育制も施行された。

3　西尾勝（2013）『自治・分権再考　地方自治を志す人たちへ』ぎょうせい、18頁参照。

　これらの近代化政策を行うため、市町村は「明治の大合併」により、当初、全国に7万以上あったものが、1万5千程度に集約され、近世以来の自然村は合併により「行政村」へと変貌し、中央政府の政策を効率的に行うための中央集権的な地方行政体制が作られていった。この体制は、第二次世界大戦終結まで基本的に維持された。

（3）戦後の地方行政

　第二次世界大戦後、地方行政の仕組みとして、現行の「地方自治」の仕組みが導入されたが、戦争で疲弊した国内経済を自立させるため、中央政府は、経済成長政策を推進し、工業化社会が形成されていった。

　工業化社会では、効率的に工業化を進めるため、中央政府の企業への行政指導による介入、地方自治体への機関委任事務や自治体の幹部職員の天下り人事などを通じた介入が行われた。これらの中央政府による政策や介入を容易にするためには、戦前からの上意下達の中央集権的な仕組みの方が効率的であり、業界や自治体を一律に扱う「護送船団方式」として、戦後の地方行政においても長期に温存された。

　その意味では、日本国憲法が地方自治の基本理念として掲げる「団体自治」と「住民自治」のうち、「団体自治」を担う自治体としての意思決定はある程度認められてはいたが、「住民自治」の部分は希薄化していたといえる。

（4）分権時代の到来

　その後、わが国は「東アジアの奇跡」ともいわれる経済成長を遂げ、一時、アメリカ合衆国に次ぐ世界第2位の「経済大国」となり、いわゆるバブル経済の時代を迎える。しかし、1990年代になって、そのバブルが崩壊し、一気に不況になってしまった。そのような状況下でも大都市への人口集中は止まらず、地方は結果的に過疎や高齢化が進み疲弊してしまった。そのような中、中央政府だけでは、国家が維持できないということで、時代の要請として、地域の自主的な政策決定を可能とする地方分権化が求められた。同時に、住民ニーズも多様化し、住民意識も高まりの中で、「ものをいう住民」が増

えるにつれ、地域の政策決定への住民参画も進んでいった。

　こうして、わが国における分権型地域社会が徐々にではあるが形成されてきており、現在に至っている。

3　日本国憲法における地方自治

（1）日本国憲法への「地方自治」の導入経緯

　日本国憲法第8章で地方自治が定められ、92条から95条まで規定がある。この中で、基本となるのは92条である。「地方公共団体の組織及び運営に関する事項は、地方自治の本旨に基づいて、法律でこれを定める」とある。この「地方自治の本旨」というのは、大事なキーワードである。その他、議会の設置、首長の直接選挙、条例の制定などについて規定されている。

　なお、「地方公共団体」と「自治体」は一般的に同義に使用されているが、第4章から第6章までには、法律上の用語としては「地方公共団体」、その他の場合は「自治体」という使い分けを一応することにしたい。

　前述のように、大日本帝国憲法（明治憲法）には地方自治に関する規定はなかった。天皇が憲法を国民に対して制定する（欽定憲法）という形であった。市制・町村制、府県制・郡制などは、憲法ではなく、法律・勅令レベルで仕組みが決められていた。明治憲法下では、知事は選挙ではなく、国が決めており、内務省（現代の総務省と厚生労働省、警察庁などの機能を有していた中央官庁）の官僚が地方に派遣されていた（官選知事）。中央からのコントロールが強く、地方の自治権はないに等しかった。日本が民主国家になるに当たって、明治憲法下のような中央集権体制ではいけないということで、戦後、日本国憲法では地方自治について規定されたのである。

　「地方自治は民主主義の学校である」といわれるが、憲法の中で地方自治を位置づけることによって、日本に民主主義を国家体制として定着させようという、アメリカ統治下での考え方から、新しい憲法に取り入れられたのである。

（2）「地方自治」の法的な根拠

　憲法の中で、地方自治を規定しているのはなぜか。憲法に地方自治に関する規定を置くことについて主に3つの考え方がある。

ア　国法伝来説（承認説）

　1つ目は、自治権が国法に由来するものとする「国法伝来説（承認説）」である。法律により地方自治が規定されている、ということである。この説では憲法以外の法律で定めてもよいという反論も可能である。

イ　固有権説

　2つ目は、憲法以前に自然に認められた権利だとする「固有権説」である。この説だと、そもそも憲法に書く必要はないのではないかという反論がある。

ウ　制度的保障説

　3つ目は「制度的保障説」である。これが現時点の通説である。憲法によって地方自治を歴史的・伝統的制度として保障する、ということである。憲法があるからこそ地方自治が保障されているという考え方である。この説では、地方自治は憲法に反したことはできない、ということになる。日本では清宮四郎らが唱えたが、もともとはドイツのカール・シュミットが唱えた説だといわれている。ドイツは第一次世界大戦に敗戦し、ワイマール憲法という極めて民主的な法律を制定した。その時の理論的な根拠を形成したのがカール・シュミットといわれている。

（3）「地方自治」の法的な意義

　では、憲法92条の「地方自治の本旨」とは何か。「地方自治の本旨」には2つ意味が含まれているとされる。第1は「団体自治」と呼ばれている。地方公共団体が国から独立した団体として、団体自らの意思と責任の下で地方自治がなされる、ということである。要するに、地方自治体は、国から独立

して、地域のことを決めることができる、ということである。このため、議会の設置について憲法93条1項で、条例制定について94条で定められているのである。

　第2は「住民自治」である。地方自治が住民の意思に基づいて行われる、ということである。つまり、民主的な手続きによって、地域のことは住民の意思に基づき行われるということである。憲法93条2項では、首長や議員の直接選挙などが定められている。

（4）「住民自治」の具体的なイメージ

　「団体自治」は国から独立した主体として首長や議会が地方公共団体に置かれ、都道府県や市町村の役所で実際の地方行政が行われているという点で、イメージしやすい。

　これに対して「住民自治」は具体的にイメージしにくいところがある。住民自治を具体化している制度として、憲法93条2項では首長や議員などの直接選挙が定められている。また地方自治法（以下「自治法」という。）では、住民の直接請求について規定されている。首長等の適格性が疑われるときはリコール、つまり解職請求ができる。また住民訴訟という仕組みもある。これらの仕組みは、「住民が自治体を信用して任せている（信託）」ということが基礎になっている。

　住民自治の最たるものは、有名なスイスの直接民主制による仕組みである。スイスでは「国民発議（イニシアティブ）」という制度があり、18か月以内に10万人以上の署名を集めると、法律を発案することができ、それを国会で審議するというものである。国会が審議した上で、可決すると法律として成立する。

　また、「住民集会」も有名である。住民が広場に集まって、地域のことを決めるものである。住民集会は、現在はスイスの一部の州にしか残っていない。歴史的にみると、ヨーロッパの古い時代には、住民が集まって物事を決めるということが伝統的に行われており、それがスイスに残っているということである。

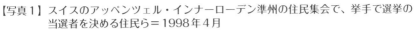

【写真1】　スイスのアッペンツェル・インナーローデン準州の住民集会で、挙手で選挙の
　　　　　当選者を決める住民ら＝1998年4月

出典：毎日新聞 2017年5月1日付け　東京朝刊「人口400人　高知・大川（その2止）　村議平均
70歳　成り手不足「地方の縮図」より

　実は、スイスの「住民集会」に似たものとして、日本にも「町村総会」と
いう制度がある（自治法94、95条）。議会を設置せず、町民、村民が集まっ
て決める制度である。1951年から1955年に八丈島の一部（旧・東京都宇津
木村）にあった。現在、人口減少が顕著な町村では、議会の議員のなり手が
不足し、選挙をしても定員割れしそうなところもあり、町村総会の制度の導
入を検討した地域もあった。高知県の山間部の人口約400人の大川村である。
この村では議員のなり手を養成し、議会を維持しているということである。
しかし、遠くない将来、この町村総会が復活するかもしれない。ところが、
自治法には定足数や議決方法等の規定がなく、制度を整備する必要がある。
　また、住民自治に関しては、住民投票の結果が訴訟になったこともある（那
覇地判平12.5.9判タ1058号124頁）。沖縄県の名護市辺野古に米軍基地をつ
くるために埋め立て工事をしているが、この可否について、名護市では住民
投票条例を制定し、住民投票を行った。この住民投票の効力について裁判で
争われたものである。
　住民投票では「埋め立て反対」が多数を占め、当時の名護市長が、その結

果を伝えるために総理大臣に面会したが、翌日市長が突然「埋め立て受け入れ」を表明した。反対派住民たちは、住民投票条例に反するとして住民訴訟を提起したが、判決では、「住民投票の法的拘束力はない」とされた。裁判の根拠になった名護市住民投票条例をみると、「市長は尊重しなければならない」（3条2項）と規定されているだけで「尊重義務」に留まり、明確に投票結果の法的拘束力が規定されているわけではないので、このような判決となったとも考えられる。

（5）国の統治機構と地方自治制度のちがい

　憲法が定める「地方自治」に関する規定は、「議会の設置」、「首長、議員の公選」、「行政の執行」、法令の範囲内においてという限定はあるが、「条例や特定地域特別法の制定」などがある。現在、憲法改正についての議論が、様々な形で行われ始めているが、地方自治の規定についても議論の1つになっている。今後どのようになっていくか注目しておくべきである。改憲の可否は別として少なくとも分権的な考え方をベースにして、さらに、それを進化させる方向で議論されることが望まれる。

　憲法92条では「地方公共団体の組織及び運営に関する事項は、地方自治の本旨に基いて、法律でこれを定める」とあるが、その法律の代表的なものが、「地方自治法」である。自治法1条には「地方公共団体の区分」、「組織及び運営」、「国と地方公共団体との関係」、「民主的、能率的な行政の確保」などの文言が規定されているが、自治法は、これら地方公共団体に関わる手続きや組織などのルールを定めた法律である。

　国の中央政府の仕組みとの比較において、国にはない、自治法に定められた地方自治制度の特徴的な制度として、まず、直接請求制度がある。直接請求とは、一定数以上の住民の署名等による、首長等の解職請求（リコール）や、条例制定の請求など、住民の意向を地方公共団体の意思決定に反映させる制度であり、いわば直接民主制的な仕組みである。国には、直接請求のような直接民主制的な制度はない。憲法上、国の統治機構においては、国会が唯一の国民の代表という考え方なので、直接民主制的な制度はない。一方、自治

体は、より住民に近い存在であることから、自治体議会の他にも、直接的民主制的な仕組みを持つべきだという解釈もできる。

　また、国では、行政権は、国会議員の中から指名される内閣総理大臣を首班とする閣僚で構成される内閣に属する。このように国会から行政府である内閣が形成され、内閣は連帯して国会に対して責任を負う仕組みを「議院内閣制」という。これに対して、地方の場合、「二元代表制」と呼ばれる。「二元代表制」とは、首長も、議会を構成する議員も、いずれも直接住民が選挙により選出され、首長と議会が、2つとも対等の住民代表として、適度な緊張関係を持ちながら、地域経営を行うということである。このように「国は議院内閣制、地方は二元代表制」と仕組みが異なる。

　「行政委員会制度」も地方に特徴的なものである。国でも、公正取引委員会や国家公安委員会などのように、中立性、公平性が求められる分野には、合議制の行政委員会が設置されることはあるが、地方公共団体では、教育委員会、人事委員会、農業委員会など、国に比較して行政委員会が地方行政に占めるウェイトが大きいのも特徴である。地方行政の中では、首長の権限が極めて大きいことから、中立性、公平性が求められる分野では、行政委員会に権限を認めたものとも考えられる。

4 ｜ 地方分権改革

（1）地方分権とは

　「地方分権」とは、住民の福祉や利便性の観点から、地域のことは地域で決定し、地域で行い、国は、本来、国が取り組むべきことに専念すべきであるという考え方（近接性の原理）から、従来、国の中央政府が持っていた権限や財源を、自治体に委譲することである。「地方分権」は、憲法が定める団体自治、住民自治にも沿ったものということができる。

　わが国における「地方分権」は、1990年代から始まり、2000年の「地方分権一括法」により、初めて具体的な制度改正が行われ、以後、現在に至る

まで様々な取組みが行われている。

　地方分権の社会的な背景についてであるが、その頃の時代背景をみると、1970年代から1980年代、日本は経済成長が著しく、経済が拡大していった。しかし、突然、1991年バブルが崩壊して、経済が急激に落ち込んでしまった。それ以降、日本経済は低成長であり、社会全体が閉塞感に包まれている状況である。

　そこで、政府は、経済活性化対策のひとつとして、以前からの規制緩和を一層進めることとなる。法令による様々な規制が経済成長の邪魔になっているので、規制を緩和しようという考え方である。

　これを地方行政に当てはめたのが地方分権ということもいえる。つまり「地方分権は規制緩和の一環」とみることもできる。実際、地方分権の施策の中には、経済的側面と行政的側面がある。

　例えば旅館を経営しようとすると、「旅館業法」に基づいて許可が必要になってくる。旅館業の営業許可を得るためには、消防設備や広さなどの法律に基づく基準をクリアする必要があり、資金がないと経営が難しい。そこで、これらのコストが、旅館やホテルの宿泊料金に上乗せされ、結果として安い宿泊料金を求める観光客からは敬遠されてしまう。特に海外から多くの観光客に来てもらうには、様々な規制を緩めて低廉な宿泊サービスが提供できることが望ましい。このようなことを背景として旅館業法の基準を緩和した「民泊」というものが制度として生まれた。2015年に大阪府、東京都大田区で、国家戦略特区制度を利用して、日本で最初に民泊施設ができた。自治体からの要望を受けて、自治体の権限で民泊を認める経済的な特区ということになる。この特区制度は、行政的側面からみてみると、自治体の自由度を高めて自治体独自の政策を実行しやすくすることであり、国の権限を地方に分け与える、権限委譲であり、地方分権の一例とみることができる。このように、地方分権は、法律だけの世界ではなく、国全体の経済の動きの中で出てきた現象とみることもできる。

　歴史的な経緯をみると、1993年に衆参両院で「地方分権の推進に関する

決議」が行われたことに始まる。その後、地方六団体[4]も1994年に「地方分権の推進に関する意見書」を政府に提出し、これら国会、地方団体の動きを受けて、同年、ついに政府も「地方分権の推進に関する大綱方針」を閣議決定し、翌年（1995年）に「地方分権推進法」が成立し、この法律に基づき「地方分権推進委員会」が発足した。この委員会は、経済界と自治体代表、学識経験者らで構成され、画期的な答申を次々に発表し、具体的な制度改正の基本設計が検討された。これらの様々な制度改革は、西暦2000年に施行された、いわゆる「地方分権一括法[5]」により、約500本の法律改正が行われ、地方分権のための取組みが具体化された。このような一連の制度改革が第1次地方分権改革といわれ、地方分権の始まりである。以後、分権改革の取組みが数次にわたり行われている。

4　全国知事会、全国市長会、全国町村会、全国都道府県議会議長会、全国市議会議長会、全国町村議会議長会の全国の自治体を代表する6つの団体という。
5　正式には「地方分権の推進を図るための関係法律の整備等に関する法律」という法律の通称である。この法律により地方自治法など475本の法律が一度に改正された。

【表1】　地方分権改革の主な動き

地方分権改革の経緯

H5.6	地方分権の推進に関する決議（衆参両院）
H7.5	地方分権推進法成立
7	地方分権推進委員会発足（～H13.7） ※H8.12第1次～H10.11第5次勧告
H11.7	地方分権一括法成立

【第1次地方分権改革のポイント】
- 機関委任事務制度（知事や市町村長を国の機関として国の事務を処理させる仕組み）の廃止と事務の再構成
- 国の関与の新しいルールの創設（国の関与の法定化など）
- 権限移譲（国の権限を都道府県に、都道府県の権限を市町村に移譲）
- 条例による事務処理特例制度の創設（地域の実情に応じ、都道府県の条例により、都道府県から市町村に権限を移譲することを可能とする制度）

第1次地方分権改革

| H13.7 | 地方分権改革推進会議発足 |
| H14.6
～17.6 | 骨太の方針（閣議決定）（毎年）➡三位一体改革（国庫補助負担金改革、税源移譲、交付税改革） |

| H18.12 | 地方分権改革推進法成立 |
| H19.4 | 地方分権改革推進委員会発足（～H22.3）
※H20.5第1次～H21.11第4次勧告 |

【第2次地方分権改革のポイント】
- 地方に対する規制緩和（義務付け・枠付けの見直し）
- 国から地方への事務・権限の移譲など
- 都道府県から市町村への事務・権限の移譲など
- 国と地方の協議の場の法制化

H23.4	国と地方の協議の場成立
4	第1次一括法成立（義務付け・枠付けの見直し）
8	第2次一括法成立（義務付け・枠付けの見直し、都道府県から市町村への権限移譲）
H25.3	地方分権改革推進本部発足（本部長：内閣総理大臣）
4	地方分権改革有識者会議発足
6	第3次一括法成立 （義務付け・枠付けの見直し、都道府県から市町村への権限移譲）
H26.5	第4次一括法成立 （国から地方、都道府県から指定都市への権限移譲）
6	「地方分権改革の総括と展望」取りまとめ
H27.6	第5次一括法成立 （国から地方、都道府県から指定都市などへの権限移譲、義務付け・枠付けの見直し）
H28.5	第6次一括法成立 （国から地方、都道府県から市町村への権限移譲、義務付け・枠付けの見直し）

第2次地方分権改革

提案募集方式の導入（H26～）

出典：内閣府「地方分権改革事例集（H27年版）」
（https://www.cao.go.jp/bunken-suishin/doc/jirei30_h27_hyoshi_4.pdf）　5頁

（2）機関委任事務の廃止

　地方分権改革で行われた最も大きな改革として、機関委任事務の廃止がある。西暦2000年までは、自治体の仕事は、大きく「自治事務」と「機関委任事務」の２つに分かれていた。なお、ここで「事務」という用語が多く出てくるが、これは、「役割」や「しごと」という意味である。したがって「自治体の事務」というと「自治体のしごと」という意味である。

　「自治事務」は地方自治法に根拠を有し、「機関委任事務」は各個別法で規定されていた。「自治事務」はさらに「公共事務」、「団体委任事務」、「行政事務」に分かれる。「公共事務」は保育園や公園を設置するなど、自治体固有の住民サービスを主にした事務である。「団体委任事務」は、本来、国の事務であるものが、国から自治体に委任された事務である。「行政事務」は、罰則などを伴うような規制的な事務となる。これらは、いずれも自治体の事務として行われる。

　これに対して、「機関委任事務」は、個別の法令に基づき自治体の首長が国の大臣の下部機関として行う事務であった。つまり自治体の首長が国の下部機関のような仕事をする、ということである。これは、法的構成としては、団体としての自治体に国が委任するのではなく、あくまでも自治体の首長ポストに対して委任する構成をとっており、この点が団体委任事務とは異なる。法的には、「機関」としての自治体の首長に「委任」されている事務ではあるが、自治体の職員は首長の補助機関としてサポートする立場であるから、結局のところ、自治体全体が、実質的に国の中央省庁の下部機関のような位置付けになってしまう。このように、機関委任事務が存在することにより、国と地方の関係全体をいびつなものにしていた。例えば、国から自治体の担当者に突然電話が入って「このことについて説明せよ」と言ってきたり、「国会でそちらの自治体のことについて質問が入りそうだから待機せよ」と言ってきたりしていた。

　このような状態が続くと、自治体の首長や職員が、国の顔色ばかりを気にして、本来、住民を主役としなければいけない地方自治に悪影響を及ぼす可能性がある。しかも、機関委任事務の事務量は多く、都道府県で事務全体の

7割、市町村で３〜４割といわれていた。さらに機関委任事務は、都道府県議会や市町村議会で、直接の審議対象にはならないとされてきた。議員はその内容について直接議論できないということになる。

　機関委任事務制度の問題点としては、①国と地方に上下関係ができてしまうこと、②国からの補助金交付に伴って、国のコントロールが強くなってしまうこと、③事務に関する責任の所在が不明確になること、④住民や議会の監視対象外となってしまうこと、などがある。これらの問題点を踏まえて、機関委任事務の廃止が行われた。

【図1】　地方分権改革前に自治体が行っていた事務

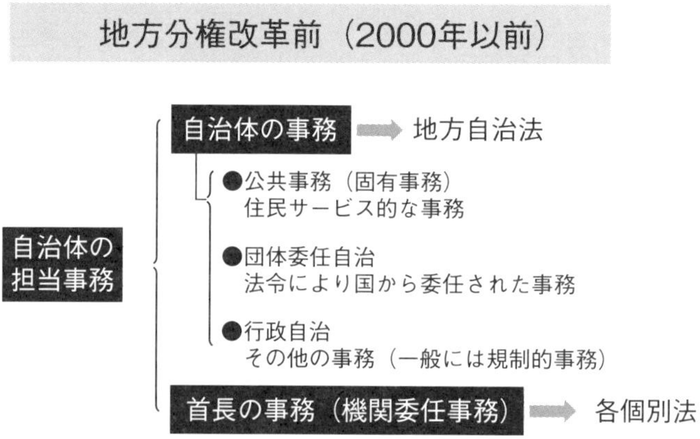

（3）機関委任事務の廃止後の自治体の事務の区分

　機関委任事務が廃止され、自治体の事務は、「自治事務」と「法定受託事務」の２区分に整理された。

　「自治事務」は、自治体の固有の事務であり、「法定受託事務」以外のものである（自治法２条８項）、公園、学校等の公共施設の設置運営や独自の政策条例などに基づく自治体固有の事務（法令の定めのない自治事務）のほか、法律等に基づく事務（法令の定めのある自治事務）もある。

　「法定受託事務」は、法律又はこれに基づく政令により都道府県又は市区

町村が処理することとされる事務のうち、国又は都道府県が本来果たすべき役割に係る事務であって、その適正な処理を特に確保する必要があるものとして法律又はこれに基づく政令により、特に定めるもの（自治法2条9項1号及び2号）として自治体に委ねられた事務である。法定受託事務は、さらに、国が本来果たすべき事務（第1号法定受託事務）と都道府県が本来果たすべき事務（第2号法定受託事務）に区分されている。

　自治事務、法定受託事務のいずれも、法令に基づくものであっても、自治体が自らの事務として、自らの責任において実施する事務とされ、責任の所在が明確となっていることが重要である。なお、法律の定めのある自治事務と法定受託事務の違いは、後述する「国による関与」の仕方が異なる点である。

【図2】　地方分権改革後の自治体の事務

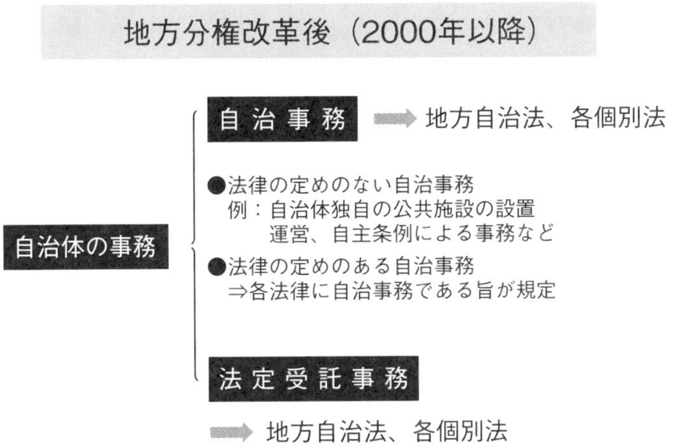

地方分権改革後（2000年以降）

自治体の事務

自治事務　➡　地方自治法、各個別法

● 法律の定めのない自治事務
　例：自治体独自の公共施設の設置
　　　運営、自主条例による事務など
● 法律の定めのある自治事務
　⇒各法律に自治事務である旨が規定

法定受託事務

➡　地方自治法、各個別法

（4）機関委任事務の廃止以外の主な制度改革

ア　国の関与の見直し

　機関委任事務廃止以外の制度改革としては、まず、国の関与の見直しがある。

　「関与」というのは、口を出すとか干渉するという意味である。地方分

権改革前は、国と地方のコミュニケーションの方法について、全くルールがなかった。国から地方に「通達」という文書がきて、「この通りやってください」と求められたり、中央省庁の職員から電話一本で様々なことを指示されるなどのことがあった。国と自治体の間で、事務処理に関して、意見の相違や紛争があっても、自治体側から不服を申し立てる窓口がなかった。そして、これが、国と地方のいびつな関係の要因にもなっていた。そこで関与のルールを決めることとなり、これらの一連の取組みが「国の関与の見直し」である。

　見直し後の国の関与の一般原則では、

①関与は法令に基づくこと（関与の法定主義原則）（自治法245条の2）

②関与の一般ルールは地方自治法に定め、自治体の必要最小限のものとし、自治体の自主性・自律性を尊重すること（関与の一般法主義原則）（自治法245条の3第1項）

③関与の手続に関しては、文書の交付、許認可の審査基準・標準処理期間などの設定、公表をすること（関与の公正・透明性の原則）（自治法250条の2～250条の4）

などの原則が定められた。これらは、行政手続の公正性・透明性を基本とする行政手続法の考え方と同じ方向性である。

　具体の国からの関与のルールは、「自治事務」と「法定受託事務」により異なる。

　自治事務に関しては、①助言・勧告、②資料提出要求、③協議、④是正要求の類型で行うことが定められている。

　法定受託事務に関しては、①助言・勧告、②資料提出要求、③協議、④同意、⑤許可・認可・承認、⑥指示、⑦代執行の類型が認められている。両者の違いは、法定受託事務が、本来、国が行うべき事務であることから起因しているものと考えられる。

【表2】　国から自治体への関与の見直しの内容

国の関与の一般原則

法定主義の原則	・関与は、法律又はこれに基づく政令の根拠を要する。
一般法主義の原則	・地方自治法に関与の一般的なルールを定める。 ・関与は、その目的を達成するために必要最小限度のものとし、かつ、地方公共団体の自主性及び自立性に配慮する。
公正・透明の原則	・関与に関する手続について、書面の交付、許可・認可等の審査基準や標準処理期間の設定、公表等を定める。

国の関与の基本類計

事務の区分	関与の基本類型
自治事務	・助言・勧告 ・資料の提出の要求 ・協議 ・是正の要求
法定受託事務	・助言・勧告 ・資料の提出の要求 ・協議 ・同意 ・許可・認可・承認 ・指示 ・代執行

出典：地方六団体地方分権改革推進本部「地方公共団体の関係についての新たなルール」
(https://www.bunken.nga.gr.jp/activity/chronology/bunken/rule/) より

イ　国地方係争処理委員会等の設置

　前述のように、地方分権改革前は、国の省庁と自治体に紛争が生じた場合、不服を申し立てる窓口がなかったが、その窓口として設置されたのが「国地方係争処理委員会」である。国地方係争処理委員会は、大学教授等の有識者により構成され、普通地方公共団体に対する国の関与に不服のある地方公共団体からの審査の申出を受け、当該国の関与について審査を行う。国の関与が違法又は不当であると認められる場合には、国の行政庁に

対して必要な措置を講ずべき旨の勧告等を行い、この勧告等に地方公共団体が不服がある場合は、高等裁判所に訴えを提起することができる。

ウ　事務・権限の移譲

　「事務・権限の移譲」とは、もともと国等の事務とされた事業や権限を、地方公共団体に移すことをいう。移譲は、国から都道府県や市町村に移譲される場合と、都道府県から市町村に移譲される場合がある。法令を改正することにより、例えば、従来は国の権限であった、農地法上の一定面積以上の農地転用の許可の権限が都道府県に移譲されるなど、地域づくりに関する権限も移譲された。その後も、自治体への権限移譲は、数次にわたり行われている。

5 ｜ まとめ

　第4章では、「そもそもなぜ地方自治が必要なのか」、「憲法と地方自治の関係はどうなっているか」、さらに「地方分権改革はどうして始まって、その内容はどうだったのか」ということについて述べた。地域創生を学ぶに当たって、制度面の基礎的な話になる。

　今の日本の状況をみると、人口が減少している中で、自治体では効率的、効果的な地域経営が求められている。そういう意味では、憲法の定める地方自治の本旨、つまり住民自治と団体自治がますます重要である。効率的、効果的な地域経営を行うに当たっては、住民の意思を無視してはいけないし、団体としての自主性が損なわれた形で行われてもいけない。つまり、憲法に基づいて地域創生が進められることが一層必要である。そのために地域の実情にあった、自主的、民主的な地域経営を行うことができるよう地方分権改革が進められているのである。

（津軽石　昭彦）

【演習】

1　日本国憲法が定める「地方自治」の意義は何か。憲法に規定され
ている理由や内容について述べよ。

2　地方分権改革は、わが国の地方自治に、どのような変化を与えた
か述べよ。

5

地方自治制度②

自治体の執行機関と議会のしくみはどうなっているか?

1 自治体には、二元代表制を反映して、それぞれ選挙で選ばれる、行政執行を担う首長と、議決機関としての議会が設置されている。

2 自治体の執行機関として、首長とその補助機関である副首長や内部組織のほかに、教育委員会、選挙管理委員会などの各種行政委員会が設置されている。

3 自治体の議会は、住民自治を体現する機関として、自治体の重要事項の意思決定、首長等の行政執行の監視、首長とは独自の立場での政策立案などの役割を担う。

1 自治体の執行機関

（1）自治体の執行機関

まず、自治体の組織について解説する。

国の三権分立とは行政、司法、立法であるが、自治体には、司法権はないが、行政権と立法権がある。ここで執行機関とは、自治体の行政権を執行している組織ということになる。

自治体の行政権は、主に自治体の長である首長が執行している（都道府県知事と市長村長の総称である。正式には「しゅちょう」と読むが、実務家や研究者ではしばしば「くびちょう」と言っている。）。この首長は、自治体にとって必須の機関である。

自治体の執行権の一部は、各種委員会等が執行している。教育委員会や選挙管理委員会などが該当するが、各種委員会は、政治的中立性や公平性が求められる分野や、慎重な手続きを必要とする分野について、首長とは独立した形で、外部委員等で構成される合議組織として設置されている。

（2）長（首長）

まず、首長（都道府県知事、市町村長）についてであるが、首長の任期は4年である。事故等の理由で任期の途中で辞任する場合などは、補欠の者の任期が在任期間ということになる。首長の役割は、自治法上は、普通地方公共団体を統括し、代表することである（自治法147条）。さらに、普通地方公共団体の事務を管理し執行することである（同法148条）。

「普通地方公共団体を統括し、代表すること」とは、例えば、自治体が色々な契約をする場合には、契約書に、自治体の代表者としての首長の名前と公印が記名押印されることなどに象徴される。しかし業務によっては、首長の部下の役職に権限が委任されている場合があり、その場合は担当する部長や課長名で契約することもある。また「普通地方公共団体の事務を管理し執行する」というのは、自治体の政策を決めて、実行するということであり、そ

れがすべて首長の責任において行われるということである。

　ところで「普通地方公共団体」とあるが、「特別地方公共団体」というものもある。普通地方公共団体とは一般的な都道府県や市町村であるが、特別地方公共団体には、例えば東京都特別区などがある。また複数の普通地方公共団体（市町村など）が共同して、地域に共通する事務を行う場合がある。例えば、ごみ処理施設や火葬場などは、どこの市町村でも必要であるが、これらの施設を共同で建設し、運営することにより、それぞれの市町村が個々に設置するよりも財政負担を軽減することができる場合がある。このように、複数の自治体が共同して事務を行うための主体が、一部事務組合や広域連合などである。この一部事務組合等は、自治法上は、特別地方公共団体に位置付けられている。これら、特別地方公共団体も、法的に独立した主体として、限られた分野ではあるが、地域の行政を執行し、議会も存在する。

　このように自治法が定める地方公共団体には、「普通地方公共団体」と「特別地方公共団体」の２種類がある。ちなみに、東京都の特別区は特別地方公共団体であるが、横浜市の区は特別地方公共団体ではない。横浜市は政令市であるが、政令市の区は、地方公共団体としての独立の権能はなく、市役所の出先機関として地域の事務を管轄しているに過ぎない。

　ところで、「地方公共団体」と「自治体」という言葉が使われているが、どこが違うのか。実態としては同じなのだが、「地方公共団体」という言葉は、地方自治法などに用いられている法律用語である。「地方自治体」「自治体」という言葉は法律用語ではなく通称である。研究者の中には、地方自治を強調するという意味で、敢えて「自治体」という言葉を使う人も多い。また「地方政府」という研究者もいる。

　首長の具体的な権限については、自治法149条に規定されているが、１つ目は議会に対して議案を出すことである。議案とは、議会で議員が審議するための案である。例えば予算案、条例案、重要な契約や負担に関する議案などがある。

　２つ目は、予算の調製、執行。この調製とは、予算案としてまとめるということである。予算を編成するという意味である。予算を編成するためには、

具体的に事業を実施するためにいつ頃、どのような手順で、どのようなことを、どの組織が行うのかという事業計画が定まっていることが必要であり、予算案は事業に係る金額を積み上げたものであるが、予算編成のプロセスでは、事業計画の中身も検討することとなる。その後、予算案が議会審議に付され、議決を経た後で、その予算を事業計画に基づき執行する、つまり実施するということである。例えば、道路をつくる予算が決まれば、事業計画に基づき、道路の設計をして、工事を発注し、入札のうえで契約し工事が始まる。契約金額が一定規模以上の大規模な工事になると、入札結果に基づく契約に先立ち、契約締結に関して別途議会の議決が必要な場合もある。着工後も、適切に工事が行われているが施工監理し、完成後は、安全に通行できるように維持管理する。これら一連の行為が予算の執行である。

　3つ目は地方税の賦課徴収、つまり税金を、納税者ごとに金額を確定し、課税して徴収するということである。そのほか施設等の使用料や、公共サービスの手数料を適正に徴収する事務もある。

　4つ目は決算を議会の認定に付することである。自治体のマネジメントは、Plan（計画）-Do（執行）-Check（評価）-Action（改善）という「PDCAサイクル」により、初めて地域経営が適正に行われることになるが、1年間の自治体の仕事の計画（Plan）が「予算」であるとすれば、予算が適正に執行（Do）されたかを、評価（Check）するためにまとめられるのが、「決算」ということになる。決算を議会にかけて、審議の過程で様々な評価検証が行われ、次年度はさらに改善（Action）を加えて、新しい予算に反映させることになる。このように「決算」は自治体の地域経営を適正に行うために重要な役割がある。ここで、仮に「認定」されない場合はどうなるか。決算が「不認定」となった場合、法的安定性の視点等から、直ちに自治体がすでに行った事業が無効になるのではなく、最終的には首長の政治責任が問われるということに留まる。

　5つ目は会計の監督である。自治体の会計には、歳入・歳出予算に定められたとおり、適正に契約や支出が行われたかを適正に管理することが求められ、そのために、首長の補助組織ではあるが、通常の組織よりも独立性が高

く、特別の権限と責任を付与された会計管理者と、会計管理者のもとに出納組織が設置され、業務を行っている。

　6つ目は財産の取得、管理、処分である。自治体の公有財産は、公金により取得される場合がほとんどであり、適正な契約等により取得され、維持管理され、使用目的が達成され、不要になったものは、適正な形で処分されることが必要である。

　7つ目は公の施設の設定、管理、廃止である。「公の施設」とは自治法上の用語で、一般的には「公共施設」といわれる概念に近い。例えば市民ホールや体育館、公園のほか、公立の学校・保育園、道路など、直接的に不特定多数の住民の利便に供する施設などが該当する。不特定多数の住民が利用する公共的な性格を有するものである以上、適正なルールに従って管理運営されることが必要であり、ハードとしての物的な管理のみならず、必要な職員の配置などソフト面も含めた内容を含む。また、公の施設には、例えば、道路であれば道路法、学校であれば学校関係の各種法令など、個別の関係法令も同時に適用される場合もある。

　8つ目は、証書及び公文書類の保管である。自治体は、行政機関である以上、透明性・公正性が求められ、すべての意思決定は文書（デジタル情報も含む。）で行われ、途中プロセスも文書として記録されることが必要である。このため、公文書等の起案、決裁、施行、保存がルールに従って行われ、一定のものについては、行政情報としてルールに基づき住民に公開される。

　9つ目は、自治体に関するその他の事務を行うことである。自治法に定められたもの以外でも、様々な法令に基づく事務（行政行為など）や、直接的に法的根拠を持たない様々な事務（事実行為）を行っている。この9つ目の事務内容は、極めて広範であり、自治体の統括・代表（同法147条）、管理執行（同法148条）などの首長の総合調整の権能に起因するものである。このようなことから、首長の権限に関する規定（同法149条）は、例示規定と解される。

（3）　長（首長）の補助機関

ア　副知事、副市長村長（副首長）

　首長が、上記のような広範な権限を一人でこなすことは物理的に無理であるので、補助機関が置かれている。補助機関のトップは、副知事・副市長村長であり、総称して「副首長」といわれている。

　副首長は、定数も条例で決めることになっており、条例で置かないこともできる。また、選任に当たっては議会の同意議決が必要である。副首長は、自治体にとっては重要なポストなので議会の同意が必要なのである。副首長の役割は、首長の職務の代理のほか、首長から指示を受けて実務的な政策の企画実施の統括をする。また、首長が病気になったり、長期出張などの場合や、事故等で首長が欠けた場合には、新たに首長が選出されるまでの間、首長の職務を代行する。この場合、例えば、法令に基づく行政処分や契約などには、副首長が首長の権限を代行していることを明示するため、例えば、市の場合「○○市長職務代理者　○○市副市長」と表記される。

イ　会計管理者

　このほか、補助機関の重要なものとして、会計管理者がある。会計管理者は普通地方公共団体に必ず1人は置かなければならないこととなっており、自治体に関わる現金の出し入れ、財産の管理、契約の確認などの財務に関係する仕事をしている。なぜ法律上必置になっているかについては、首長や事業に携わる職員などが勝手に金銭を流用したり、不適正な契約などをすることのないように、一定程度独立した機関として置かれることが求められていることによる。

　会計管理者の業務は、2007年3月までは、「出納長（都道府県）」や「収入役（市町村）」という職名で呼ばれ、議会同意人事の特別職が行っていた業務であったが、現在は、議会の同意は必要なく、一般職の公務員が昇進して任命される場合が多い。

　ここで、「特別職」と「一般職」という用語が出てきたが、通常、地方

公務員法（又は国家公務員法）の適用の有無により、適用がある公務員を「一般職」といい、適用がない公務員を「特別職」という。一般職公務員には、都道府県や市町村などに勤務する大半の職員が該当する。特別職公務員には、首長などの選挙で選ばれるもののほか、副首長や各種委員などのように議会同意が必要なもの、嘱託医師などの一部の非常勤の職員なども含まれることがある。特別職の給与や勤務形態などは、職務の特殊性から一般職公務員とは異なる点が多い。

ウ　その他の補助機関

　その他の補助機関として職員がある。職員数も条例で定数が決まっている。むやみに職員数を増やすと財政負担が増えるので、条例により定め、議会がチェックできるようになっている。人事院[1]によると、地方公務員数は約273.9万人[2]（2018年4月）であり、さらに国家公務員が約58.6万人[3]（2020年度末）いるので、合計332.5万人が公務員ということである。人口の3％程度である。

　一般に外国と比較すると、日本は人口に比して公務員が少ないといわれている[4]。その中で、地方公務員については、色々な職種、分野に分かれている。多いのは教育部門で公立学校の教員や事務職、そのほか、警察、消防、福祉関係の職員が多い。一般行政職は全体の2割位である。

　一般行政職の内訳をみると、民生部門が最も多く、次いで衛生（保健所関係）、土木（道路や河川の維持管理など）、農林水産、税務が続く。

　年代別の地方公務員数の推移をみると、都道府県は1980年代をピークに減少している。市町村は、職員数の削減に継続して取り組んでいるもの

1　人事院「令和元年度年次報告書（公務員白書）」『公務員の種類と数』
　（https://www.jinji.go.jp/hakusho/R1/0-4a.html）参照
2　総務省「平成30年地方公共団体定員管理調査（平成30年4月1日現在)」
3　令和2年度末の国家公務員予算定数等
4　内閣府「人口千人当たりの公的部門における職員数の国際比較（未定稿）（2018年度（平成30年度）版）」（https://www.cas.go.jp/jp/gaiyou/jimu/jinjikyoku/files/2019_data.pdf）（閲覧日：2021年5月15日）によると、中央の公的部門（行政職員、防衛関係職員、政府企業等職員）と地方の公的部門の職員数を人口千人当たりで比較すると、日本36.9人、イギリス67.8人、フランス90.1人、アメリカ64.1人、ドイツ59.7人であった。

の、住民に密着した業務の特性上、介護保険などの新たな事務の追加、福祉、消防、病院などの事務量の増加などで職員が増加する要因もあり、増減を繰り返している。今後、人口が減少する中、全体としては、職員数が増える要素は多くはない。

都道府県と市町村の分野別の職員数を比較すると、役割分担によって職員の構成が異なっている。都道府県の場合は、教育に従事する職員数が多い。これは、市町村立の小中学校の教員に対しても都道府県が給与を負担していることもあり（都道府県負担教員）、学校関係は都道府県職員に分類される。警察官も都道府県が給与を負担している。横浜市等の政令市には警察部の組織はあるが人数は少ない。一方、消防や福祉の仕事は市町村が多く、これらの分野では市町村職員が多い。

給与の状況についてみると、地方公務員法では「職員の給与は、生計費並び国及び他の地方公共団体の職員並びに民間事業の従事者の給与その他の事情を考慮して定められなければならない。」（同法24条2項）とされ、制度上、国に準拠することになっていることもあり、国家公務員の方が金額的には高くなる傾向がある。また、国の方が、平均年齢が高いので、年齢が高いと給料が高い傾向にあり、年齢、職種構成が反映された形となっている。

なお、地方公務員の給与制度や給与水準が国家公務員に準拠するという考え方については、国家公務員の給与は人事院勧告に基づき決定され、人事院は、官民の給与の専門的な調査分析をしており、同種の仕事をしている地方公務員にも、これに準じることとすれば、国及び他の地方公共団体とも均衡がとれることとなり、地方公務員法24条の規定の趣旨に最も適合することとなるとの説明が従来なされているが、これについては分権的な考え方からは議論があるだろう。

また地方自治体の中でも給料の若干の地域格差がある。平成29年度の状況[5]を都道府県別にみると、最も高いのは静岡県、次いで神奈川県とな

5　総務省「平成29年地方公務員給与実態調査結果等の概要」（https://www.soumu.go.jp/main_content/000524203.pdf）（閲覧日：2021年10月11日）

っている。都市部の都道府県では諸手当が付くため高くなる傾向がある。政令市では静岡市、北九州市、仙台市の順になっている。ラスパイラル指数は、もともとは物価上昇率等の比較の数字だが、国家公務員の給与水準をラスパイレス指数100とした比較に使われている。最近は、自治体に対する国の指導が徹底し、給料の高い自治体でも、国家公務員との差は3パーセント程度の状況である。

【図1】部門別の地方公務員数

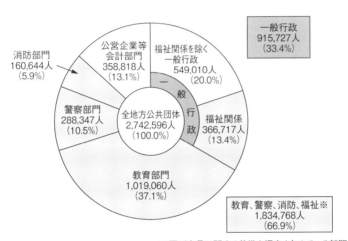

部門別職員数（平成29年4月1日現在）

一般行政
915,727人
(33.4%)

公営企業等
会計部門
358,818人
(13.1%)

福祉関係を除く
一般行政
549,010人
(20.0%)

消防部門
160,644人
(5.9%)

警察部門
288,347人
(10.5%)

全地方公共団体
2,742,596人
(100.0%)

福祉関係
366,717人
(13.4%)

教育部門
1,019,060人
(37.1%)

教育、警察、消防、福祉※
1,834,768人
(66.9%)

※国が定員に関する基準を幅広く定めている部門

出典：総務省「地方公務員数の状況」(https://www.soumu.go.jp/iken/kazu.html)

（4）自治体の内部組織

首長が、その権限に属する事務を分掌させるために必要な組織が内部組織である。通常の自治体の内部組織は局、部、課などである。「局」がある自治体は規模が大きなところであり、都道府県では東京都や神奈川県など、市町村でも政令市の横浜市などには局がある。通常の自治体は「部」、小さな町村になると「課」までしかないところもある。また、内部組織の設置、分掌事務は条例で決めることになっているが（自治法158条1項）、条例で決

める内部組織は、部局のレベルである。また、内部組織の編成については、簡素かつ効率的なものとするように配慮することとなっている（同法158条２項）。つまり無駄がないように、職員が多すぎないように注意を喚起しているのである。一般に、官民の組織は肥大化しやすい傾向がある（パーキンソンの法則）。特に行政組織は、住民の税により運営されていることに鑑み、つねに無駄が生じないよう、不断に見直しをするよう留意する必要がある。

　では、実際の自治体の組織はどのようになっているのか。一般的な都道府県として神奈川県の場合、職員は全部で約５万人だが、首長の直接的な政策に携わっている知事部局に属する職員は約７千人である。警察官が約１万７千人、県費負担の市町村立学校職員も含めた教職員が約２万３千人などである。そのほか、人事委員会、企業庁などの職員もいる。企業庁とは、水道事業や道路事業等の地方公営企業に携わっている組織である[6]。

　市町村の例として横須賀市の組織をみると、職員は全体で3,300人、うち市長部局は2,000人弱である[7]。横須賀市は人口40万人弱で中規模の市である。組織は部で構成されている。部の名前は条例で決めるが、市長の政策等で多少変化する。例えば「文化スポーツ観光部」があるが、これは、文化、スポーツ、観光に関する施策に一体的に力を入れようという市長の方針によるものと思われる。そのほかに、地域のコミュニティセンター等の出先機関がある。このほか、市町村は消防事務を所管しているので、横須賀市にも消防局がある。

（5）各種委員会

　首長部局のほかに、公平性、中立性を必要とされる事務を所掌するのが各種委員会である。

　各種委員会には、人事委員会、教育委員会、選挙管理委員会などがあり、自治法や各関係法令に基づくもののほか、条例が定められている場合もあり、

6　神奈川ホームページ「平成30年神奈川県人事に関する統計報告」（http://www.pref.kanagawa.jp/docs/s3u/kyuyo/toukei30.html）より（閲覧日：2021年10月11日）

7　横須賀市ホームページ「平成31年度横須賀市人事行政の運営等の状況について」（https://www.city.yokosuka.kanagawa.jp/1220/kyuyo/z31/z31.html）より（閲覧日：2021年10月11日）

首長とは独立した執行機関となっている。主なものとしては、次のようなものがある。

ア　人事委員会

　人事委員会は、都道府県には必置であるが、市町村は必置ではない。人事委員会は、職員の採用、給与、人事上の不利益処分に対する不服申し立てがあった場合の審査などを行う。人事委員会については、都道府県、政令市は必置で、人口15万人以上の市町村は置いている場合がある。

　業務としては、競争試験及び選考の実施がある。公務員の採用試験を実施するのはこの部署である。また、勤務時間や、産休や育休などの制度をつくったりしている。職員に対する不利益処分の審査も行う。例えば職員に対する免職や減給、停職などの処分が、不当な処分かどうかを人事委員会に不服申立ができる。

　人事委員会の委員には弁護士等が委員になっていることがあり、第三者機関として審査する。手続きについては、地方公務員法で細かく決められている。公務員には労働基本権が制約されているため、その代償措置として人事委員会が給与や勤務条件等について「勧告」という形で、首長に対して行うことになる。自治体にも、通称「労働組合」というものがあるところもあるが、地方公務員は、労働組合法上の「労働組合」を結成できないので、法律上は「職員団体」である。

イ　教育委員会

　教育委員会は、すべての都道府県、市町村にあり、公立の学校教育の指導、運営、教育施設の管理などを行う。教育基本法により、教育は公平・中立でなければならないので、教育行政を担当する組織として独立した委員会となっている。

　教育委員会の仕事の内容については、「地方教育行政の組織及び運営に関する法律」（略称：地方行法）の中に詳しく規定されている。教育委員会は、教育長と4人の委員で構成される等の内容が規定されている。この

委員は経済界や学識経験者等の中から任命される。教育委員の任命も、議会の同意が必要である。

　教職員の人事権は、前述のとおり、市町村立小中学校も含めて都道府県の教育委員会にある。このため、教育委員会は、他の各種委員会と比較して、大きな事務局組織を有しており、通常、教育委員会事務局と称されているが、最近、自治体の中には、「教育庁」、「教育局」、「教育部」などの名称の組織にしているところがある。これは法律上は、首長の補助機関ではなく、教育委員会のサポート機能をもっているということである。なお、文化・スポーツ分野については、従来は教育委員会で所掌している自治体が多かったが、地域文化や社会スポーツなどへの認識が高まり、教育行政とは切り離して首長部局で、他のコミュニティや地域振興施策と連携して行う組織体制の自治体もある。

ウ　監査委員

　監査委員も、通常はどの自治体にも設置されている。監査委員は、主に会計事務や行政事務が適法適正に行われているかをチェックする機関である。定期的に行われる会計事務の監査結果は、毎年度の決算と併せて議会に報告され、決算審議の参考とされる。他の各種委員会の場合は、委員の合議により種々の決定がされるが、監査委員は個々の委員が独立した権限行使が可能な独任制の機関であり、このため、「監査委員会」ではなく、「監査委員」という名称となっている。

エ　選挙管理委員会

　選挙管理委員会は、選挙の公正性を図る業務を行っている機関である。

オ　公安委員会（都道府県設置）

　すべての都道府県にあるものとして、公安委員会がある。公安委員会は、警察行政を公平・中立に行うための機関である。公安委員会については、警察法１条に、「個人の権利と自由を保護し、公共の安全と秩序を維持す

るため、民主的理念を基調とする警察の管理と運営を保障」するとある。警察法の中に、詳しい内容が規定されている。

　都道府県警察の警察官のトップは警察本部長（都の場合は警視総監）であるが、本部長等がすべてを決めるということではなく、その上に、経済人や学識経験者等で構成されている公安委員会があり、最終的な権限がある。警察は、特に政治的に中立・公平でなければならないということから、公安委員会が第三者機関としてコントロールすることになっている。

カ　その他の各種委員会（都道府県に設置されるもの）

　このほか、都道府県に設置されるものとして、次のようなものがある。

　労働委員会は、民間企業などで労使紛争があった場合の仲裁などを行う。不当労働行為があった場合は、労働委員会に訴えることができる。

　収用委員会は、公共事業を行うための土地が必要になった時、強制的に自治体に使わせる場合（土地収用）、その手続きを公平・中立に行うための委員会である。

　このほか、漁業関係の調整を行う漁業調整委員会もある。

キ　その他の各種委員会（市町村に設置されるもの）

　市町村に設置されるものとしては、次のようなものがある。

　公平委員会は、人事委員会が設置されていない市町村に設置される。業務内容は、人事委員会の業務のうち、人事上の取扱いに対する不服申立に関する審査などを行う。

　農業委員会は、農地に関する事務を行っている。農地として指定されている土地は、所有者でも勝手に売買や開発をしてはいけないことになっている。これは、食糧生産の基礎である農地を確保するという考え方からである。農地を売買、開発をする場合は、農業委員会で審査のうえで、一定の手続、条件で行うことができる。

　固定資産評価審査委員会は、市町村税である土地に対する固定資産税の課税根拠となる固定資産税台帳に登録された評価額に不服がある場合に審

査する機関である。

（6）自治体の執行機関の主な課題－地域創生の観点から－

　自治体の執行機関の主な課題として、地域創生の観点からは、次のようなものが挙げられる。

ア　国の縦割りを反映した執行体制になっていること

　自治体の組織や執行体制が、必ずしも地域特性を反映したものになっておらず、国の省庁の縦割りになっている傾向がみられる。例えば、国土交通省の仕事をしているのは、土木部や建設部等で、縦割りの組織になっている。これは、地方分権改革前の状況が継続されていること等によるものであるが、実質的に国と地方の上下関係を継続させている側面もある。また、総合行政の主体として、地域ニーズへの迅速な対応や、場合により住民からはわかりやすさの点で課題になっている側面もある。

イ　住民自治を反映させる仕組みに差異があること

　地域経営に関する政策決定に住民がどの程度参加しているのか、すなわち、行政への市民参加についても、自治体によってかなりの温度差がある。また、議会との関係も様々である。これは、これまでの地域性や住民との関係性についての歴史的な経緯による側面のほか、首長の考え方によるものである。人口減少下における、今後の地域経営を考えると、少なくとも住民の納得感が得られる市民参加の仕組みが形成されることが重要である。

ウ　地方自治、地方創生に対する自治体職員等の意識にも差があること。

　住民を顧客として考える住民志向、顧客志向に考え方に対する、首長や自治体職員の意識も自治体によって異なるということも課題である。地域を経営するための政策を、国の言いなりや他の自治体の模倣ではなく、住民や地域のニーズからくみ取る意識が、首長や職員に育っているかについ

ては温度差があり、それが、自治体の政策形成力の差にもつながっているともみることができる。

エ　首長や自治体職員の人材育成がさらに必要であること。

　住民や地域のニーズに応じた政策を作っていくためには、首長や自治体職員の意識改革と政策形成能力を高めていくことが必要である。しかし、人材育成や研修については、自治体による差異が大きい。トップの首長による意識の差に起因するところが大きいが、今後、自治体自身が政策を考える力がますます重要である。

2　地方自治体の議会

（1）議会の組織

　自治体は、議事機関として、当該普通地方公共団体の住民が選挙した議員をもつて組織される議会を置かなければならない（自治法89条1項）。議会は、自治体の重要な意思決定し、自治体の事務執行の検査及び調査などの権限を行使し、議会を構成する議員は、住民の負託を受け、誠実にその職務を行わなければならないとされている（自治法89条2、3項）。

　また議長、副議長は必置で、議員相互の選挙で選出される（同法103条）。会議は、本会議と委員会に分かれている。委員会は、常任委員会、議会運営委員会、特別委員会などがあり、それぞれ役割が決まっている。委員会制を原則とする理由としては、全部の議題を本議会で審議すると時間を要するので、効率的審議を行うために委員会制をとっている。委員会の設置運営等については委員会条例を制定し、委員会規則等で細部の手続を規定している。

（2）議会の権能

　議会には、主な議決事項として、条例をつくり、予算決算を審議して認定する、副首長など主要な公務員の同意、市町村の配置分合等がある。そのほ

かに議会として意見書を出す、などの機能もある。

　議会の機能は、大まかには①意思決定機能、②行政の監視機能、③政策の立案機能の３つが挙げられる。まず意思決定機能については、例えば予算や条例、副首長の選任は議決で決めており、自治体としての意思を多数決で決定しているということである。首長がすべてを決めるのではなく、自治体の重要事項は議会に諮るということである。

　２つ目の行政の監視機能については、予算や決算、条例などの議案を審議する中で、自治体の政策が適正に実施されているか議会で質問し検討することで、監視を行っているのである。また、必要に応じて、自治体の事務の検査や調査を行うこともできる。

　３つ目は、政策立案機能であり、最近重要になっている。条例は首長が提案する場合が多いが、議員も提案することができる。議員提案条例というが、議員の定数の12分の１以上の賛成者があれば、条例案を議会に提出することができる。国会でも国会議員の議員立法というものがあるが、それと同じである。また、議会の質問等の中で、首長に対して様々な政策提案をすることがある。これも広い意味では議員の政策立案ということになる。

（3）議会審議の流れ

　議会審議の流れについては、通常は、首長が招集して本会議が行われる。国会と同様、自治体議会でも首長の施政方針演説を行うところもある。次に、予算案や条例案などの議案が提出される。基本的には、議員はこの時初めて議案の詳しい内容を正式に見ることになる。

　議案審議の中で、本会議での質問が行われる。質問は**一般質問**といわれ、その中には、議会内の会派を代表した代表質問も行われる場合もある。一般質問では、個々の議員が自治体政策全般について、議論することができる。議会での質問の方法は、一括方式、一問一答式[8]など、議会によって多様な

8　本会議における、一括方式の質問とは議員が質問をまとめて一回で行い、その後、首長等の答弁が行われる方式であり、一問一答方式とは議員が質問を分割して、その都度、答弁が行われる方式である。従来は、一括方式が一般的であったが、近年は、議会改革の一環として、特定のテーマに集中して議論することができる一問一答方式を導入する議会も増えてきている。

方法が行われている。

　本議会での質問が終わると、委員会で議案を審査することになる。ここでは、議案を委員会の担当ごとに分担（付託）して審議される。委員会で審議・採決がされると、その結果が本会議に報告され最終的な採決を行う。委員会で否決されても本会議で可決されることもある。

【図2】議会審議の流れ

> # 地方議会審議のながれ
>
> （1）招集（通常は首長が招集）
> （2）開会（本会議）
> 　　　・首長の施政方針演説
> 　　　・議案提出―提案理由説明（予算、決算、条例、主要な契約など）
> （3）議案審査（休会して議案について調査）
> （4）代表・一般質問（本会議）
> 　　　・議員が首長の政策について質問
> （5）委員会審査（委員会、特別委員会）
> 　　　・本会議で議案を分割して委員会に付託
> 　　　・委員会で詳細に審議⇒委員会採決
> （6）採決（本議会）
> 　　　・議案について委員会報告⇒質疑・討論・採決

（4）議会事務局

　議会の活動をサポートする組織として議会事務局がある。議会の日程調整をするなど議会運営が円滑にいくための事務を行う。また、議員提案条例を立案する時の様々な基礎調査等の支援をしたりする。議員は基本的に行政事務の経験はない場合が多いので、議員の考える政策などを条文に置き換えるなどの作業は議会事務局が行う。

　議会事務局の職員は、単独で採用される例は少なく、首長部局との人事交流で配置される。

（5）議会の課題─地域創生の観点から─

地域創生の観点からみた議会の主な課題としては、次のようなものが挙げられる。

ア　議員の政策形成能力の向上と意識改革が求められること

議会は、住民自治の具体化の場である。首長と並ぶ、二元代表制の一翼として、より住民志向の政策を考え、議論することが求められるが、議員の中には、任期中一度も質問したことがないという人もいる。各議員の政策形成能力の向上と意識改革が求められる。

イ　議会改革が必要であること

議会には、もともと各議会ごとの自主性を尊重する観点から、法令や条例で細部まで決められていない点も多く、慣習法的な仕組みが多い。このため、どうしても前例踏襲に陥りやすい側面がある。また、議論が形式的で、必ずしも活発な政策論議が行われていない議会も散見される。議会は、住民自治を体現する組織として、活発な政策論議が行われるよう、議会審議の活性化が求められる。もっと活発な議論が行われるよう、議会の仕組みを改善していく「議会改革」が不断に求められる。

ウ　社会全体のDX化を背景にした開かれた議会が一層求めれられてくること

地域にとって重要な事項を審議・決定する機関としての役割を担っているのが議会であるが、住民に議会の情報が伝わっていない状況がある。住民へのアプローチをより充実させ、議会の情報を伝え、住民の意見を吸収することが重要である。このような社会的要請は、今後、社会全体のDX（デジタル・トランスフォーメーション）を背景に、一層加速化することが想定され、議会全体のデジタル・オンライン化[9]の対応が制度的にも求められる。

エ　議会への多様な人材の参画と人材の確保が求められること

社会全体の中で、男女共同参画などを始めとして多様な人材と主体の参

画が進む中で、住民自治の根幹である議会にも多様な人材が議員として参画できる環境づくりが大切である。また、人口減少により過疎が進む自治体では議員のなり手不足が深刻化し、一方、都市部でも地方政治への関心の希薄化や就労の問題などを背景に選挙の際に勤労者が立候補しにくい環境がみられる[10]。多様な住民意向を議会の議論に反映させるために、これまで以上に議会に多様な人材が参画できるようにすることが求められる。

オ　議会事務局の体制充実

　議員定数に比較して、議会事務局の職員数は多くはなく、東京都以外の多くの都道府県や政令市で30～50人程度、小規模の市町村では4～5人程度のところもある。議会で、優れた議論を行い、政策形成を進めるためには、議会をサポートする事務局職員の人材確保と育成も重要である。

【写真1】議会審議のようす（岩手県議会）（左：本会議、右：予算特別委員会）

9　2023年の地方自治法改正で、従来、書面によることとされていた議会への通知や議会が行う通知について手続のオンライン化が認められたが、議会そのもののオンライン化については、コロナ禍もあり、委員会審議については条例整備をした上で認められているが、本会議については、議決の公正性などから現場への出席が前提とされ、オンライン化等は認められておらず、今後の検討課題である。

10　同旨、第33次地方制度調査会「多様な人材が参画し住民に開かれた地方議会の実現に向けた対応方策に関する答申」（2022年）。同調査会での議論を踏まえ、同年12月に地方自治法が改正され、従来、兼業禁止の範囲が不明確とされていた、自治法92条の2の「自治体からの請負」の定義が明確化され、300万円以下の議員の個人委託などが認められるなど、議会運営の公正性を阻害しない範囲での議員の兼業禁止が緩和された。これにより、特に議員の立候補者の人材確保が難しいとされていた過疎自治体では立候補の幅が若干広がった。

3 まとめ

　第5章では、自治体の地域経営を行う執行機関と議会の仕組みについて述べた。

　分権社会において、住民に身近な自治体が、地域の実情や住民の意向に沿って、自らの責任において、政策を決定し、実行し、検証し、改善していくことが大切である。しかし、両者には、期待される役割を十分に果たすうえで、様々な課題も存在する。これらを克服し、住民自治に基づく地域経営を進めていくことが求められる。

（津軽石　昭彦）

【演習】
1　自治体の執行機関と議会の法律上の役割と相互の関係について述べよ。
2　地域創生の視点から、自治体の執行機関と議会の課題とその背景について述べよ。

地方自治制度③

自治体の政策と予算のしくみはどうなっているか?

1　地方財政は、全体規模では国家財政に匹敵する規模を有し、社会福祉、教育、土木など住民生活に密着した事業に予算が配分されている一方、公債費など自治体の借金返済に充てられる部分もあり、借金が多額になると財政硬直化の要因ともなる。

2　自治体は、法令や総合計画などに基づく政策を進めるため、毎年度予算を編成し、議会のチェックを経て、予算の執行を通じて具体の事務事業として実施していく。

3　自治体は、中長期の政策を総合計画として首長が中心となってとりまとめ、予算によって総合計画を具体化させることとなる。

1 ｜ 地方財政の現状

（1）財政とは

　自治体の政策や予算の仕組みを学ぶ前提として、地方財政全体を概観する。「財政」とは、端的には、国や自治体が、歳入と歳出を通じて行う経済活動であり、具体的には、「税を徴収する」、「借金をする」、「モノを調達する」、「役務を提供する」、「公共施設等を維持管理する」などの行為を通じて行われるお金の出し入れである。

　国の経済政策には、財政政策とともに、金融政策があるが、自治体が直接行う経済政策には、金融政策は含まれない。ちなみに、金融政策とは、基本的には、日本銀行が銀行にお金を貸す利子（公定歩合）をコントロールすることでお金の量をコントロールし、景気を浮揚したり引き締めたりすることである。広い意味では、この金融政策と政府が行う財政政策によって、国の経済を政策的にコントロールしている。

　「財政」には3つの機能があるとされる[1]。1つ目は「資源配分機能」で、市場化が難しい分野に国や自治体が財政支出することにより、豊かな国民、住民生活に直接的に寄与することである。例えば、自治体が設置者として公立病院を運営するということがある。公立病院は、へき地医療や救急医療など、採算がとりにくい分野を担う機能があり、このような分野は民間の市場化が難しい。また、道路をつくるということもある。人口密集地域や通行量が多いところでは有料道路などを整備して、高速道路会社のように会社組織で維持管理費を賄うことができるが、人口の少ない地方では、有料道路では採算がとれないが、住民生活のために必要な道路もあり、このような道路は国や自治体が整備し、維持管理する。このように市場経済では難しい分野にも効率的かつ公平に資源を配分する機能である。

　2つ目は「所得再配分機能」である。税で集めたお金を国民、住民にサービス提供として再配分して格差を是正、縮減する機能である。例えば、累進

1　財政学者マスグレイブの考え方による。

課税により、高所得者から税金を集めて、それを財源として、生活困窮者に対する生活保護サービスをしたり、乳幼児や高齢者の医療費助成などに充てたりすることにより、経済的な格差を縮小する、ということがある。

3つ目は「経済安定機能」で、地域あるいは国全体の経済に対して、直接お金を出して景気を浮揚することである。例えば、経済不況のときに、公共事業によりインフラ整備を行い、民間企業にお金が回るようにすることにより、地域経済を支えたりすることがある。また、2020年以後のコロナ禍により打撃を受けた観光業や飲食業に対して様々な補助金などにより、財政支出をして経済的に厳しい業界を支援したりしている。これらは、所得再分配で収入が減った業者に対して所得を補填するという役割もあるが、同時に地域経済を活性化するという役割も果たしており、この意味では経済安定機能の役割も果たしているといえる。

（2）地方財政の現状

地方財政全体、すなわち自治体全体の歳入・歳出の規模（普通会計）は、決算ベースで、歳入が約103兆2千億円、歳出が約99兆7千億円（令和元年度）で、約100兆円規模である。政府の国家予算（一般会計）は、以前は、通常90兆円程度であったが、災害や新型コロナウィルス感染症などにより、2011年度以降、ほぼ100兆円位の規模である。地方財政を全部合わせた金額と国家予算がほぼ同じ位である（表1）。

日本のGDP（国内総生産）は約540兆円[2]であるが、自治体全体の財政支出は、GDPの1割強に相当する約62兆円を占めている。中央政府の場合は約23兆円で、GDPの割合から言うと、地方の方が3倍近く多いということになる（表2）。

自治体全体では国と同じ位の予算規模があり、支出ベースでは国よりも多い状況である。つまり、自治体は、住民に近い現場で多くの仕事を担っているということが支出の面からも明らかである。

それでは、実際には、どのような分野で予算が使われているのか。地方財政

2　内閣府の国民経済計算（GDP統計）によると、2020年（暦年）のわが国の国内総生産（支出側）は539兆716億円（名目）であった。（2020年10-12月期2次速報値）（https://www.esri.cao.go.jp/jp/sna/menu.html）（閲覧日：2021年4月）

全体の支出先をみると、衛生、福祉、教育の割合が高い。衛生としては感染症の対応をしている保健所の運営費や公立病院の運営などがある。福祉は、生活保護、高齢者へのサービスや保育所の整備などであり、教育は学校の設置や運営などである。

【表1】自治体全体の決算規模

地方公共団体の決算規模（純計）

区　　　分	令和元年度		平成30年度	
	決　算　額	増　減　率	決　算　額	増　減　率
	億円	％	億円	％
歳　　　　　　　　入	1,032,459	1.9	1,013,453	0.0
通　常　収　支　分	1,011,238	2.2	989,763	0.5
東日本大震災分	21,221	△10.4	23,690	△15.6
歳　　　　　　　　出	997,022	1.7	980,206	0.0
通　常　収　支　分	978,969	2.0	959,341	0.4
東日本大震災分	18,053	△13.5	20,865	△16.3

出典：総務省「令和3年版地方財政白書」（https://www.soumu.go.jp/main_content/000738627.pdf）

【表2】国民総生産と地方財政

国内総生産（支出側、名目）と地方財政

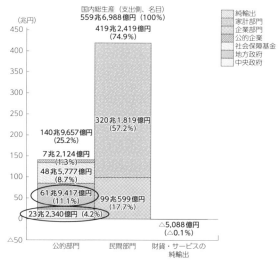

（注）「国民経済計算（内閣府経済社会総合研究所調べ）」による数値及びそれを基に総務省において算出した数値である。なお、「令和元年度国民経済計算年次推計」に基づき、国民経済計算上の中央政府、地方政府、社会保障基金及び公的企業を「公的部門」としている。第4～6図において同じ。

出典：総務省「令和3年版地方財政白書」（https://www.soumu.go.jp/main_content/000738627.pdf）

（3）財政の状況

国や自治体の予算で、収入のことを「歳入」、支出のことを「歳出」という。
それぞれについて概観する。

ア　歳入

（ア）地方税

　歳入の主なものとして「地方税」がある。地方税の中でウェイトが大
きいのは、住民税、事業税であり、それぞれ個人分、法人分がある。そ
のほか、地方消費税、固定資産税などもある。それらを合わせると自治
体全体の税入は約41兆2千億円になる。地方財政全体が100兆円なので
約4割が地方税である。

　国が集める税金を国税、地方が集める税金を地方税というが、歳入は
国の方が多く、歳出は地方の方が多い。これは、自治体の方が住民に密
着したサービス（教育や福祉など）をしているので、歳出は当然多くな
るが、税源が豊かな自治体とそうでない自治体とがあるので、住民に最
低限度のサービスを公平に提供するために、国の方が歳入を多めに集め
て、財政的に厳しい自治体にも配分しているためである。

　地方税には、道府県が課税する道府県税と、市町村が課税する市町村
民税がある。それぞれが課税する税金の種類は地方税法で決められてい
る。道府県税には、道府県民税、事業税、地方消費税などがあり、市町
村税には、市町村民税、固定資産税などがある。なお、東京都の特別区
では、通常の市町村税の一部（法人の市町村民税や、固定資産税など）
について、都が課税しており、一般の自治体と異なっている。

（イ）地方交付税

　多くの自治体の場合、歳入の中で、地方税と並び、大きな割合を占め
るのは、地方交付税である。地方交付税交付金と呼ぶ場合もある。自治
体の中にも、税源の偏在により、財政基盤の強い自治体とそうでない自
治体があるので、自治体間の財政の不均衡を調整して、どこの自治体で
も一定の行政サービスの水準を維持することができるようにするもので

ある。国から自治体への地方交付税は、都道府県と市町村合わせて2019年度で約16兆7千億円である。毎年多少の変動があり、15～18兆円程度が交付されている。地方交付税は、地方税等の自主財源が豊かで行政サービスが賄える自治体には交付されない。このような自治体を不交付団体という。都道府県では東京都（2020年度時点）や、市町村では大都市圏の一部市町村などが該当している。だが大多数の自治体が、地方交付税の交付対象となっており、特に財政基盤の脆弱な自治体にとっては、使途が特定されない一般財源としても、重要な財源となっている。

　地方交付税の算出方法は地方交付税法で決められているが、国税のうち所得税、法人税、酒税、消費税の一定割合[3]を、地方交付税の財源にしている。これらの財源を、どのように配分しているのか。地方交付税には、普通地方交付税と特別地方交付税の2種類があり、全体の約94％を普通交付税として自治体に配分している。普通交付税は、自治体が通常使うお金に充てられる。特別交付税は、災害など不測の事態にあわせて使われている。そのほか、特別交付税は公立病院などの地方公営企業の財政などにも使われている。

　普通交付税は、「基準財政収入額と基準財政需要額の差」を配分している。基準財政収入額は、自治体の人口や面積などを基準として通常見込まれる税収等であり、基準財政需要額は人口や面積などを基準（この基準の単位当たりの費用を「単位費用」という。）として見込まれる支出額に一定の補正を加えたものである。大半の自治体では収入よりも支出の方が多くなるので、その差を地方交付税で充てるということである。補助金のように費用の一部を国が支出するということではなく、収入と支出の差分を出すという考え方である。

　単位費用とは、行政分野ごとに定められた、人口や面積などの単位あたりの単価である。実際の基準財政需要額の算定は、例えば、衛生部門

3　2019年度においては、所得税及び法人税の収入見込額のそれぞれ33.1％に相当する額、酒税の収入見込額の50％に相当する額並びに消費税の収入見込額の20.8％に相当する額とされている。

の中で保健所の運営などに充てられる費用の算定に当たっては、住民1人あたりの保健所運営に係る経費の年間単価を単位費用として、これを人口に掛け合わせ、必要に応じた補正を行うことにより算出する。また、道路費は、単位当たりの道路管理費用を道路延長に掛け合わせ、必要に応じた補正を加えるなどの方法で算出する。このように各行政分野ごとの経費を算出して積み上げる方式で基準財政需要額を算定するのである。

（ウ）国庫支出金

　国庫支出金は、一般的には、補助金、交付金、負担金などとして、一定の行政目的のために、国から交付される資金であり、合計で約15兆8千億円（2019年度）である。

　例えば、様々な施設を建設したり、運営したりする場合に、一定の補助率で国から補助が出ている場合があり、このようなものが国庫支出金（のうち国庫補助金）である。地方交付税との違いは、地方交付税は使途が特定されないが、国庫支出金は使途が決まっている特定財源である。決められた使途以外に使ってしまうと、目的外使用として、会計検査院から不適正支出との指摘を受け、国会に報告されたり、返還を求められたりする場合もある。国庫支出金の主なものとしては、生活保護費負担金、社会資本整備総合交付金、義務教育費負担金などがある。

　また、補助金、交付金は、国が一定の政策目的のために、法令又は政府予算に基づき交付されるもので、国の裁量性の高いものも含まれる。これに対して、負担金は、国の政策目的のために自治体が一定の事業を行った場合に、法令等に基づき国が義務的に負担するものが多く、補助金、交付金に比較して、国の裁量の幅は狭い。

　国庫支出金は、国の政策目的に対応した政策の実施を自治体に促す効果があり、自治体にとっては、自前の財源を費消しないで済むメリットがある反面、自治体の自主的な政策の企画実施を阻害するおそれもある。また、公共施設の建設などへの補助事業の場合、附随的に補助対象外の施設整備も行うこととなり、その経費が嵩み、無駄な「ハコ物建設」と

の批判を受けたり、自治体財政を結果的に圧迫する要因となる場合もある。そのほか、補助金獲得のために、国と地方とのいびつな関係を生じさせかねない可能性があるという指摘もある。

　なお、都道府県から市町村に交付される補助金、交付金などは、都道府県支出金と呼ばれている。内容は、国庫支出金に都道府県が上乗せした補助金等や、都道府県独自の補助金等である。

（エ）地方債

　地方債は、端的には自治体の借金である。国の借金は、「国債」といい、通常は、国が金融機関を通じて債券を売ることにより、国民や機関投資家に借金をするということだが、地方債も、基本的には同様な仕組みである。

　地方債の総額は、単年度だと10兆円程度位だが、過去に借り入れして、返済中の地方債は、累積で約200兆円にもなる。国にも累積の国債があるので、国と地方を合わせると、財務省によると2019年度末で約1,122兆円[4]にもなる。日本の人口を約1億2千万人とすると、既に国民1人あたり1,000万円近い借金になっている。

　歳入総額に占める地方債の割合を地方債依存度という。経年でみると、年によって変動がある。市町村はそれほど大きな変動はないが、都道府県は災害復旧や大規模施設の建設等で、借金をせざるを得ないため、市町村に比較して変動が若干ある。また、リーマンショックなどの経済不況時には、国の経済対策に呼応して、景気浮揚のために公共事業等を積極的に行う場合があるが、国の財政が厳しく補助金や地方交付税を出せなくなり、代わりに自治体が地方債を発行するという時期があった。これら自治体の借金を後で返済時に、国が地方交付税などの形で補填する場合があり、これらが地方債の残高や依存度にも影響を与えている。

　自治体が地方債を発行することを起債というが、事業のすべてに起債

4　財務省「国及び地方の長期債務残高（財政関係基礎データ（平成31年4月））」
（https://www.mof.go.jp/budget/fiscal_condition/basic_data/201904/sy3104g.pdf）より
（閲覧日：2021年4月）

ができるわけではなく、学校、公園などの公共施設の建設費などの場合
は起債が認められている（適債事業）が、それ以外は原則として認められ
ない[5]。これは、長期にわたり住民が使用できるような施設の建設費の負
担を、建設時の住民だけに負わせるのは適当ではなく、後世の住民も分
担すべきであるという、世代間の負担の公平の考え方によるものである。

【表3】地方債依存度の推移

地方自治依存度の推移

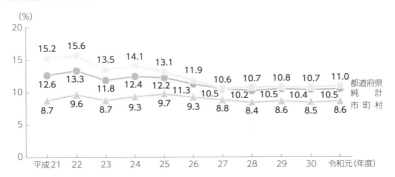

出典：総務省「令和3年版地方財政白書」（https://www.soumu.go.jp/main_content/000738627.pdf）

（オ）その他の歳入

　地方税、地方交付税、国庫支出金、地方債等の他に、自治体の歳入に
は、公共施設や特定の行政サービスの利用に伴う使用料、手数料、基金
や特別会計などからの繰入金などがある。

　使用料は、公民館の使用料、博物館などの入場料などの公共施設を使
うときに支払う料金などである。手数料は、保健所での検査や健診（感
染症予防などの行政上の必要に応じて行う行政検査などは除く。）の際
の料金や、市役所の窓口で住民票謄本などの交付を受ける場合の手数料
など、特定の個人に対するサービスの提供に対する対価として支払うも

5　起債の例外として、国の財政状況の悪化などにより国からの地方交付税等に不足が生じたりし
　た場合に、自治体の歳入欠陥を生じないように、法律により例外的に起債することが認められ
　ることがあり（財源対策債）、これらは、事後に自治体が地方債を償還する際に、交付税措置が
　されることが多い。

のが該当する。使用料が物的施設の使用の対価、手数料が人的サービス提供に対する対価という点で異なり、これらを徴収するに当たっては、使用料・手数料の支払い対象となる行為、支払方法、金額等について条例上の根拠規定が必要となる。

　また、繰入金は、特定目的のために積み立てる基金や、自治体の特定の事業を管理する特別会計から、必要に応じて自治体の経常的な事業を管理する一般会計に繰り入れられる資金である。ここで基金とは自治体の貯金のようなもので、基金からの繰入金には、災害等により自治体の経費に充てるために財政調整基金を取り崩す場合などが該当する。

イ　歳出

　自治体全体の歳出を支出の目的別にみると、最も割合が高いのが、社会福祉関係に使われる民生費で、次いで教育費、土木費、公債費などとなっている。

　このうち、都道府県では、教育費が最も割合が高いが、これは、小中学校も含めた公立学校の教職員人件費や都道府県立学校の運営費などを賄っていることによる。

　市町村では、民生費が最も高い割合となっている。社会福祉分野の業務の多くが、住民に密着したものとして、市町村が担っていることによる。

【表4】目的別歳出決算額（2019年度）の構成比

目的別歳出決算額の構成比

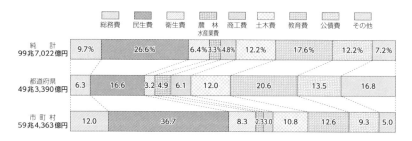

出典：総務省「令和3年版地方財政白書」（https://www.soumu.go.jp/main_content/000738627.pdf）

（ア）社会福祉関係費

　歳出の主なものをみていくと、まず、社会福祉関係費は、高齢化対策、少子化対策、生活保護等に使われているものである。少子高齢化の進展、経済格差の増大等による生活困窮者の増加などに起因して、社会福祉関係費は、近年、増加の一途を辿っている。

　社会福祉関係に使われる自治体の民生費は、都道府県と市町村を合計して、約26兆5千億円（2019年度決算）で、自治体全体の歳出が約100兆円であるので、その約3割近くが社会福祉関係に使われており、自治体財政の中では最も高い割合となっている。将来的にこの割合は増えていくと予想され、支出が法令により義務付けられているものが多く、自治体財政の課題ともなっている。

（イ）教育関係費

　教育関係費は、自治体全体で約17兆5千億円（2019年度決算）で、自治体財政の約2割近くを占めている。主に、公立学校の教職員人件費、学校の運営、施設設備の整備等に使われている。政令市を除く市町村立小中学校の教員の多くは、市町村職員ではあるが、給与負担と任命権が都道府県教育委員会にあること（県費負担教職員制度）から、教育関係費は都道府県で措置されており、都道府県の歳出では最も高い割合となっている。

　このほか、私立学校にも、施設整備や運営について補助金が交付されている場合がある。また、教育関係費には、学校に関わるもの以外に、芸術文化、スポーツの振興、図書館、博物館、公民館、地域のスポーツ施設等の設置運営など、多岐にわたるものが含まれている。

（ウ）土木関係費

　土木関係費は約12兆円（2019年度決算）で、自治体財政全体の約1割を占め、社会福祉関係、教育、公債費に次いで多い。土木関係費は、道路・橋梁、河川海岸などの整備改良、維持管理に使われており、特に市町村では都市計画費が大きくなっている。

　道路をつくるとき、同じ自治体の中でも、道路所管課が管轄する道路

と、都市計画所管課が管轄する道路がある。市街地の街路は主に都市計画に基づく都市計画事業として都市計画所管課が整備する。その他の道路は道路事業として道路所管課が整備する。また、国道は、国が直接管理している道路（通常は道路番号が2ケタ以下の国道）と、都道府県や政令市が管理している道路（道路の番号が3桁なので、通称3ケタ国道といわれている。）がある。道路や橋梁には、高度経済成長期に整備されたものも多く、維持管理コストが増嵩しているほか、災害復旧経費も増えている。

　また、河川海岸も、近年は毎年のように大型台風がわが国に襲来し、河川堤防や海岸防潮堤などが決壊するなどの被害が出ている。河川も一級河川、二級河川、準用河川、普通河川などの分類があるが、主に複数の都道府県をまたがって流れる大きな河川は一級河川で、その中でも国が直轄で管理する部分と、都道府県、政令市が管理する部分がある。二級河川は都道府県、政令市、その他の河川は市町村が管理する。

　海岸も、同様に国管理と自治体管理があり、国管理の部分は、国土交通省、農林水産省、林野庁、水産庁などが分担して管理している。自治体管理の部分も、国の省庁と同様に自治体の関係する部署が分担管理していることが多い。

　道路、海岸、河川などを管理するとは、実際に自治体の職員が、道路や堤防などを毎日パトロールし、より良い状態を維持していることを指す。穴ぼこがないか、崩れていないかなどを巡視点検し、必要に応じて整備改修しているのである。道路の破損などが原因で事故が起こり、管理瑕疵が認められると自治体の管理責任が問われることがある。自治体への損害賠償請求事案で比較的件数が多いのは、道路の落石や穴ぼこなどによる道路管理瑕疵である。

（エ）公債費

　公債費は、地方債、つまり自治体の借金の毎年の返済に要する元利償還金である。公債費は、自治体全体で、12兆1千億円（2019年度決算）で、歳出全体の約1割を占める。一般の家庭で、住宅や自動車のローンを返

済するのと同様に、自治体も、公共施設の建設などのために、借金をして分割返済するということをしている。

　災害や行政需要の高まりに応じて、地方債に頼る自治体がみられるが、地方債の残高が、膨れ上がると、返済に充てる公債費が増えて、自治体が自主的な政策に使える財源が減ってくる。これを「財政の硬直化」という。財政の硬直化が進行すると、地方債の返済のために住民サービスを削減しなければならない場合も生じる可能性もあり、自治体は身の丈にあった支出に努め、健全な財政運営をしていくことが大切である。

（オ）その他の歳出

　このほか、自治体の支出には、農林水産業や商工業などの産業振興関係費、保健所の運営などのための衛生関係費、警察・消防費などの経費が計上されている。

ウ　自治体の財政状況を示す指標の基礎

　各自治体の財政状況を表す指標について、基礎的なものとして３つ挙げておく。

　１つ目は「財政力指数」である。自治体の財政力を示す指標で、基準財政収入額を基準財政需要額で除して得た数値の過去３年間の平均値である。これは、地方税などの自主財源で、どの程度歳出が賄われているのか、ということである。端的には「自前の財源がどのくらいの割合であるか」ということである。財政力指数が高い自治体が財政力が強く、１を超えると地方交付税の不交付団体となる。一般に「３割自治」という言葉は、自治体が使うお金の３割程度しか自前の財源がないということを表現している。大都市圏以外の多くの自治体は２割から３割程度で、人口減少地域では１割前後のところもある。

　２つ目は、「経常収支比率」である。これは、自治体の財政構造の弾力性を判断するための指標で、職員の人件費、公債費等のように毎年度必要的に支出される経費（経常的経費）に充当された一般財源の額が、地方税、普通交付税などの毎年度経常的に収入される一般財源（経常一般財源）な

どの合計額に占める割合が、どの程度かを指す。端的には、自治体の「自主的な政策に使える財源が、どの程度残っているか」を表し、経常収支比率が高いほど財政構造の硬直化が進んでいることになる。つまり、実施しなければならない事業が多く、自主的な政策をする余地が少ないということである。自治体全体で平均9割程度であり、残りの1割程度で何か新しい政策をできるかどうかということになり、財政の硬直化が進行している。経常収支比率が100％を超えると、新たな政策や事業は、ほぼできないということとなる。

　3つ目の指標は、「基金残高」である。「基金」は、自治体の「貯金」のようなものである。代表的なものとして財政調整基金があるが、災害などの不測の事態に備えたり、施設建設などの巨額の資金を必要とする事業に充てる財源として、積み立てているものである。例えば、東京都は新型コロナ対策の財源の一部として基金を取り崩して充てていたといわれている。年間予算や類似規模の自治体に比較して、基金残高が多い場合は、財政状況が比較的潤沢で、新たな行政ニーズにも対応できる余力があるということになる。

2　自治体の予算編成

（1）予算編成の拠り所

　自治体の予算はどのようにして編成されるのか。各事業の事業担当課が「来年度、A事業に〇〇円かかる」として予算要求したものを、財政担当課で査定し、その後首長段階まで協議を繰り返し、編成された予算案を議会に提案し審議のうえで、可決されると予算が成立し、事業担当課では、成立した予算に沿って事業を実施する、というのが大まかなプロセスになる。

　自治体は何を拠り所に予算編成をするのか。1つは首長のマニフェストである。マニフェストは、首長が選挙にあたって住民に提示する任期中の政策集である。もともとはイギリスで行われていたものであるが、以前の日本の

選挙では「元気な地域をつくります」などの抽象的な公約しかなかった。1990年代に、元・三重県知事の北川正恭氏が提唱し、イギリスのように政策の具体的な内容、期限、事業費などを、マニフェストとして有権者に明示し、投票時の参考とするようになり、今では、国政選挙でも定着している。

　2つ目には、自治体の総合計画がある。総合計画の内容は首長のマニフェストをもとにしていることが多いが、総合計画には、主要な政策の内容、スケジュールなどが記載されているので、それに応じて予算を編成していくことになる。

　3つ目として、政策評価がある。多くの自治体の総合計画には、政策ごとの目標値が定められており、その達成状況などを毎年度の決算の時に評価する仕組みが政策評価である。政策評価は、条例を定めて実施している自治体もあり、予算額に対して目標の達成状況がよくない場合は、費用対効果の点で無駄な事業として予算編成時に見直しが求められる。政策としてのアカウンタビリティ、つまり説明責任を住民に示すものでもある。

　4つ目としては「地方財政計画」がある。毎年総務省で、国の予算を編成するに当たり、全国の自治体の歳入、歳出の分野ごとの見通しをつくる。それが地方財政計画である。これを受けて、各自治体では予算の目安をつける。例えば、自治体ごとに、地方財政計画からみて、毎年度の分野別シェアや伸び率を参考に、次年度の予算総額や分野ごとの構成比などの、大まかな目安をつけていくのである。

（2）予算編成の作業手順

　実際の予算編成作業はどのように進められているか。予算には、年度当初からの予算である当初予算と災害等の事態に対応する補正予算がある。各事業の担当部局は、前年度の夏から作業を始める。8月ごろになると、次年度の事業について検討作業を始める。事業部局では、新規事業や見直し事業について、首長等に方針を相談したりする。財務部局では歳入の方を先に検討を進める。地域経済等を考慮して、次年度どのくらい歳入が見込めるかを見積もる。それに基づいて、秋頃に予算編成方針とシーリング枠（予算要求の

上限）を定める。これに基づき10月、11月頃、予算要求書を作成して、財政部局と事業部局が、時には深夜まで協議を続け、年明け早々に、予算原案を内示し、復活協議（財政部局に減額された予算について首長に判断を仰ぎ、必要に応じて復活させること）をしたりする。その後、予算案として決定し、2月頃の議会に提案することになる。

　予算案の議会審議については、大半の自治体では予算特別委員会を設置して審議し、部局ごとに、個別事業について議論する。その後、委員会や本会議の採決で可決されると予算として成立し、新年度から事業を実施することが可能となる。

3 自治体の政策形成

（1）自治体の政策体系と予算

　自治体の業務について、法律、条例、計画と予算の相互関係について、整理しておきたい。自治体の業務には、法令や条例に直接的な根拠を持つものとそうではないものがあるが、憲法が地方自治を規定していることに鑑みると、憲法⇒法令⇒条例⇒計画⇒予算に基づく事務事業の執行という関係性を見出すことができる。具体的には、憲法、法令、条例が、法的に自治体の政策の範囲や指針を定める。実際の政策については、中長期に定めた総合計画を中心にして、各分野別の計画を定め、これらの計画を基本に毎年度の実施政策として事務事業の内容が予算により具体的に決定されることとなる。

　自治体の政策の内容を定める計画は、一般的に「総合計画」→「部門別計画」→「実施計画」→「事務・事業」の構造となっている。

　計画には通常、事業費や計画期間やスケジュールが定められており、それが計画どおりに進捗しているかどうか評価するための目標も定められる。

【図1】法律、条例、計画の体系と予算

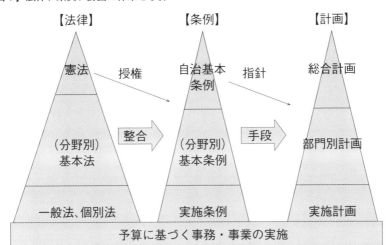

（2）自治体の政策形成プロセス

　自治体政策の基本となる総合計画はどのようにつくられるか。予算は毎年編成されるが、総合計画は法的に策定の義務付けはなく、条例等の定めがなければ、議会の議決も不要である。

　しかし、選挙などで首長が変わると、通常は、数ケ月経過すると、首長の政策を明確化するために、自治体では、総合計画の策定作業が始まるようである。総合計画は、各事業担当部局が、首長の意向を汲みながら、企画立案した個々の政策を計画担当部局がとりまとめ、副首長等との協議等を経て、通常は1～2年程度で策定されることが多い。

　総合計画の基本的内容は、首長のマニフェストなどに基づく施策のほか、自治体が継続的に取り組んでいる施策などであるが、総合計画の策定を通じて、首長の政治公約としてのマニフェストが、自治体の公式政策としての性格を有するようになる。

　自治体の内部で意思決定過程を経て策定された総合計画の案は、議会に対して説明される。議会の正副議長や与党会派への説明、各会派への説明を行った後、記者発表や議会本会議での正式表明を行う。議会への各種説明と並

行して、外部の有識者等による審議会での検討が行われる。このほか、住民アンケートの実施や住民との意見交換会が開催される場合もある。そのうえで、パブリックコメント手続を行う。

　パブリックコメントは、自治体が計画や条例をつくるときに、ホームページ等で住民の意見を求める手続きである。住民から出された意見を踏まえて、修正の必要があれば審議会に諮ることとなる。その後、議会の議決を要するかどうかは、自治体に総合計画等の議決条例がある場合は必要となり、条例がない場合は不要である。議決条例を制定している自治体は議会に提案して、議会で議決されて総合計画の策定が完了する、という流れである。

　総合計画の策定は、典型的な自治事務であり、策定方法や内容は区々であるが、一般に、基本構想、基本計画があり、分野別の実施計画がある。この３点セットでつくっている自治体が多い。通常、計画期間は10年で、実施計画は首長の任期にあわせて４年毎としていることが多い。

4 まとめ

　第6章では、自治体の地域経営の基本となる政策形成と予算編成の仕組みについて述べた。

　自治体が実際に住民福祉の向上を目指した様々な活動をする根幹をなすものが政策であり、政策の実行のためには、「ヒト、カネ、モノ、ジョウホウ」などの行政資源が必要である。このうち、特に重要なのがヒトとカネである。ヒトについては、第5章、第7〜9章で述べており、カネについて、この章では地方財政と自治体の予算編成の中で触れている。

　人口減少、経済の低成長の時代の中、大幅な税収の伸びが期待できない状況下で、限りある財源をいかに住民満足の高い政策に有効に選択・集中して投入していくかが自治体には求められる。また、自治体の仕事の中には、義務付けられているものも数多くみられ、これらを効果的・効率的に行うことも必要である。

　今後、自治体には、住民に対して、限りある財政の現状を十分に説明し、住民の参加や理解を得ながら政策を進めていくことが、ますます求められるようになる。

（津軽石　昭彦）

【演習】

1　自治体の政策形成に議会や住民がどのように関わっているのか述べよ。

2　自治体の政策と予算の関係について述べよ。

7

第7章

地方公務員①
（概論・行政職）

1　地方公務員とは、自治体等において、公共
　　サービスを執行する職員のこと。

2　仕事は、地域住民の暮らしと福祉を支える
　　こと、まちづくり、地域活性化など。

3　派手さはないが、やりがいは非常に大きな
　　職業である。

1　公務員とは

（1）公務員の定義

　国及び地方自治体、国際機関等に勤務し、公務、すなわち公共サービスを執行する職員のこと。

　公務員は、営利を目的とせずに、国民・住民一人ひとりの幸せを考えて、経費をできる限り削減しながら最大の貢献を生むことを責務としている。

　また、日本国憲法には「すべて公務員は、全体の奉仕者であつて、一部の奉仕者ではない」（日本国憲法15条2項）と規定されており、公務の執行にあたり、公平性に留意しなければならないことが示されている。

（2）公務員の種別

　公務員の種別は、次の3種類である。

　所属する組織や仕事の内容は異なるが、公務員としての立場や役割、守るべきことは共通している。

　・国家公務員　　中央政府（国）に属する公務員
　・地方公務員　　地方政府（地方公共団体（自治体））に属する公務員
　・国際公務員　　国際機関（国連等）の職員

（3）公務員に関する法律

　公務員には、一般職と特別職がある。（次項参照）

　一般職は、いわゆる公務員（役所の職員）。特別職とは、議員や大臣、首長等で、どちらも公務員だが、それぞれ別の法律が適用される。

　一般職に対しては、国家公務員法、地方公務員法がそれぞれ適用される。

　国家公務員法と地方公務員法は、いずれも、公務員の採用や処遇、服務等に関して定めている法律。（基本部分は共通）

　・国家公務員法　　一般職の国家公務員に適用（同法2条4項）

・地方公務員法　　一般職の地方公務員に適用（同法4条1項）

（4）一般職と特別職

ア　国家公務員（国家公務員法2条）

【一般職】

　　・一般府省庁（総務省、財務省、厚生労働省など）の職員

　　・行政執行法人（国立印刷局など）の職員

【特別職】

　　・大臣・副大臣等、大使、裁判官、国会議員、防衛省職員（自衛隊員等）他

　＊国家公務員法は、上記の内、一般職にのみ適用（同法2条4項）

　　（特別職については、それぞれ別の法律が適用される。）

イ　地方公務員（地方公務員法3条）

【一般職】

　　・都道府県、市区町村等の職員

　　・一部事務組合（広域で連携して事務事業を行う組織）等の職員

【特別職】

　　・首長（都道府県知事、市区町村長）等、地方議員

　　・地方公営企業（水道局、交通局等）の管理者

　　・地方公共団体の非常勤特別職（行政委員会の委員等）

　　・非常勤職員、嘱託職員

　　・消防団の団員等　　　　　他

　＊地方公務員法は、上記の内、一般職にのみ適用（同法4条1項）

　　（特別職については、それぞれ別の法律が適用される。）

2 地方公務員の職務等

（1）地方公務員の職務と身分を規定する２つの法律

ア　地方自治法

　　地方公共団体（自治体）の組織、運営、役割について規定した法律。

　　＊地方自治法における地方公共団体の職員についての規定（172条）
　　　・職員は首長（都道府県知事、市区町村長）が任免する。
　　　・職員の定数は、条例で定める。
　　　・職員の任用、人事評価、給与等の勤務条件ほかについては地方公務
　　　　員法の定めるところによる。

イ　地方公務員法

　　地方公務員の任用、人事評価、給与、勤務条件、分限及び懲戒、服務、
研修、福利厚生等について規定した法律。

　　＊組織としての自治体の役割、運営等については地方自治法を、職員と
　　　しての働き方や身の処し方については地方公務員法の規定に従うこ
　　　と。

（2）地方公共団体の役割　（地方自治法１条）

　　地方公共団体は、住民の福祉の増進を図ることを基本として、地域におけ
る行政を、自主的かつ総合的に実施する役割を広く担う。これらの仕事に従
事するのが地方公務員である。

ア　市区町村の役割　（地方自治法２条３項）

　　市区町村は、基礎的な地方公共団体として、地域における事務及びその
他の事務で、法令等により処理することとされているものを処理する。

（都道府県が行うものを除く。）

イ　都道府県の役割　（地方自治法2条5項）

地域における事務等で、法令により定められたものの内、広域にわたるもの、市区町村間の連絡調整に関するものを処理する。

（3）一般職地方公務員に適用される法律

ア　全ての一般職に対して、地方公務員法の規定が適用される。

地方公務員法に規定する一般職の職員に関する任用、職階制、給与、勤務時間その他の勤務条件、分限及び懲戒、服務、研修及び勤務成績の評定、福利及び利益の保護並びに職員団体等に関する規定が適用される。

イ　次の職員には、地方公務員法に加えて、特別な法律が設けられている。

教育関係職員	教育公務員特例法 地方教育行政の組織及び運営に関する法律 市町村立学校職員給与負担法
警察職員	警察法
消防職員	消防組織法 消防団員等公務災害補償等共済基金法
企業職員 （水道、交通等）	地方公営企業法 地方公営企業等の労働関係に関する法律
技能労務職員	労働組合法　など

ウ　事務事業に関する法律

自治体が執行する事務事業は、基本的に法令等（法律、政令、条例、要綱等）に基づいて行われる。地方公務員は、公務の執行にあたり、関係法令等を遵守する必要がある。（地方自治法2条）

（4）地方公務員（一般職）の職種（例）

　地方公務員（一般職）には、従事する仕事の内容に応じて、以下のような職種がある。

種類・職種		仕事の内容
行政職	事務・その他	行政全般の分野で、事務事業の執行、予算決算等を、幅広く担当
技術職	土木、建築、機械、電気、情報、農業、漁業など	各専門分野で、設計、施工、管理、検査等を担当
教育職	教員	小中学校、高等学校、大学（自治体設置）で教育・研究等を担当
公安職	警察官、消防官	警察官は、治安・防犯・交通安全等を担当 消防官は、防火、救急活動等を担当
福祉職	福祉士、ケースワーカー、相談員等	福祉事務所や児童相談所等で、高齢者、障害者福祉や児童保護等を担当
医療・保健職	医師、看護師、保健師等	病院、保健所等で、地域医療、健康づくり等を担当
その他専門職	司書、学芸員、研究員等	図書館司書、博物館や美術館の学芸員 各種研究所の研究員等

　教員や医師、看護師等として採用されるためには、免許の取得が必要である。

　また、各種資格（建築士や情報処理技術者等の国家資格等）が採用試験の際に考慮される職種もある。（職種によっては、資格は、必ず必要という訳でもない。配属後、勉強すれば良い場合も多い。自治体における一定期間の勤務経験により、資格が取得できる場合もある。）

（5）地方公務員の任用（地方公務員法15条）

　任用とは、職員として採用し、または人事異動により一定の職に充てることの意。

　公務員の任用に際しては、公平、公正、平等が重んじられる。

　従って、縁故採用や情実人事といったことは一切ないし、またあってはならないことである。人物本位、実力本位で選ばれ、評価されるということは、努力のしがいがあるということ。

ア　任命権者

　地方公共団体の職員は、首長（知事、市町村長等）が任免する。

（地方自治法172条2項、地方公務員法6条）

イ　平等取扱いの原則

　人種、信条、性別、社会的身分等によって差別されない。

（地方公務員法13条）

ウ　任用の根本基準

　職員の任用は、地方公務員法の定めるところにより、受験成績、人事評価その他の能力の実証に基づいて行われなければならない。

（地方公務員法15条）

（6）採用の方法

ア　採用とは、職員以外の者を職員に任命すること。（地方公務員法15条の2）

イ　採用の方法

・地方公共団体ごとに採用試験を実施。（地方公務員法15条に基づいて実施）

・試験区分は、大卒程度、短大卒程度、高卒程度等に分かれている。

・社会人採用も別枠で行われる。

・試験は、競争試験又は選考。（地方公務員法17条の2）

・試験内容は団体によって異なるが、文章読解力など基礎的能力試験、小論文、適性検査、面接等が行われる。

ウ　欠格条項（地方公務員法16条）

　以下の者は、職員となり、又は競争試験もしくは選考を受けることができない。（採用できない。）

　・禁錮以上の刑に処せられ、その執行を終わるまで、又はその執行を受けることがなくなるまでの者。

　・当該地方公共団体において懲戒免職の処分を受け、当該処分の日から2年を経過しない者。他

（7）地方公務員の服務

ア　服務とは

　義務や規律のこと。すなわち公務員として守らねばならない義務や規律。

イ　服務の根本基準

　職員は、全体の奉仕者として公共の利益のために勤務し、かつ、職務の遂行に当たっては、全力を挙げてこれに専念しなければならない。（地方公務員法30条）

ウ　服務の宣誓

　職員は、服務の宣誓をしなければならない。（地方公務員法31条）

エ　遵守すべき事項

　・法令・条例等、及び職務上の命令に従う義務（地方公務員法32条）

　　職員は、職務遂行に当たり、法令、条例、規則等を遵守するとともに、職務上の命令に従わなければならない。

　・信用失墜行為の禁止（地方公務員法33条）

　　職員は、その職の信用を傷つけ、または職全体の不名誉となるような行為をしてはならない。

・**守秘義務**（地方公務員法34条）

　職員は、職務上知り得た秘密を（退職後も）漏らしてはならない。

・**職務専念義務**（地方公務員法35条）

　職員は、勤務時間の全てにおいて、職務に専念しなければならない。

・政治的行為の制限（地方公務員法36条）

　職員は、特定の政治団体の役員になることや、勧誘を行う等の活動に関して、一定の制限を受ける。

・争議行為等の禁止（地方公務員法37条）

　職員は、ストライキやサボタージュ等の争議行為を行ってはならない。

・営利企業への従事等の制限（地方公務員法38条）

　職員は、（許可を得ないで）、私企業の役員等となり、報酬を得ることはできない。

3 自治体（市役所・町村役場）の仕事

（1）仕事の基本的構成

ア　自治体が行うべき仕事とは

　ひとことで言えば、地域社会を支える基盤を整備、維持、運用する仕事の内、民間（営利）企業が実施しない仕事、即ち企業が事業として行うには適さない、利益が出ない、あるいは出にくい事業である。

　利益は出ないが、地域社会のためには不可欠な社会基盤を支える事業は、自治体が税金や使用料を財源として行う必要がある。

イ 4つの柱

自治体の仕事は、以下の4つの柱に分類できる。

・住民のくらしに関すること

・住民の健康福祉に関すること

・地域環境やまちづくりに関すること

・自治体の政策や将来計画に関すること

ウ 施策・事業の構造

自治体が行う施策や事業には、どの自治体でも同じように行われるユニバーサルな施策・事業と、地域の特性や事情に応じた独自の施策・事業がある。

ユニバーサルな施策・事業とは、法令に基づいて、日本国民として当然受けるべきものであり、独自の施策・事業とは、地域における暮らしや、まちの活性化のために行われるユニークな施策・事業である。

（2）主な仕事と担当組織（ある自治体の事例：参考）

ア 住民のくらしに関すること

主な仕事	課の名称（例）
戸籍や住民票に関すること ・戸籍・住民票の受付、住民基本台帳・印鑑登録の整備 ・戸籍謄抄本・住民票の写し・印鑑証明等の証明書の交付等	市民課 住民課
税政に関すること ・住民税・固定資産税・都市計画税等の課税 ・市税の徴収、納付相談、各種証明書の発行等	市民税課 資産税課 納税課
国民健康保険に関すること ・国民健康保険の保険証の交付、保険給付、保険料の賦課 ・国民健康保険料等の徴収、納付相談、滞納処分等	国民健康保険課

市民協働に関すること 　・市民協働、地域コミュニティ関連施策 　・NPO・ボランティア団体等の活動関連業務等	市民協働課 地域振興課
地域経済に関すること 　・産業政策の立案、商工業・農業など地域経済振興策 　・企業誘致・雇用促進、消費者相談等	経済企画課 産業労働課
人権擁護に関すること 　・人権課題についての啓発活動 　・男女共同参画社会の推進等	人権政策課 男女共同参画課
危機管理・地域安全に関すること 　・危機管理、災害対策、住民の防災意識の向上 　・防犯対策、交通安全等	危機管理課 地域安全課
行政情報の発信に関すること 　・広報紙の発行、ホームページの作成管理 　・市民相談等	広報課 広報広聴課

イ　住民の健康福祉に関すること

主な仕事	課の名称（例）
健康福祉施策全般に関すること 　・健康福祉施策の企画、総合調整等	健康福祉総務課 地域福祉政策課
健康増進に関すること 　・母子家庭への支援、予防接種・健康診断の実施 　・食品衛生管理等	健康増進課 健康づくり課
医療費助成や児童手当に関すること 　・老人・乳幼児などの医療費の助成 　・児童手当・児童扶養手当などの支給等	医療助成課 こども給付課
子育て・保育に関すること 　・放課後児童クラブの運営、児童虐待に関すること 　・子育て中の家族の支援・サポート等 　・保育所入所受付・情報提供、保育所の管理運営、保育相談	子育て支援課 児童課 保育課
高齢者福祉に関すること 　・高齢者の生活支援、高齢者福祉施設の運営支援、介護保険業務等	高齢福祉課

障害者福祉に関すること	
・身体障害者・知的障害者などの援護	障害福祉課
・障害者団体の支援等	
生活保護に関すること	
・生活保護法に基づく保護の決定、生活保護費の支給業務	生活福祉課
・生活困窮者の自立支援等	保護課

ウ　地域環境やまちづくりに関すること

主な仕事	課の名称（例）
環境保全に関すること	
・環境保全に係る企画調整、地球温暖化対策、緑化保全	環境保全課
・環境美化等	環境美化推進課
廃棄物・資源循環に関すること	
・廃棄物の処理・減量化、不法投棄の防止・指導	廃棄物対策課
・廃棄物の再使用・再生等	資源循環推進課
都市計画に関すること	
・都市計画の決定・変更、土地区画整理事業、市街地再開発	都市計画課
・開発行為等の許可・指導	開発指導課
・建築物の許認可、確認	建築指導課
・公園緑地の新設・維持管理	公園課
道路や河川に関すること	
・道路の管理・建設・補修・維持	道路管理課
・河川の維持管理等	河川課
公共下水道に関すること	
・公共下水道の建設計画・設計・施工	下水道計画課
・公共下水道の維持管理、下水道使用料の賦課・徴収等	下水道施設課

エ　自治体の政策や将来計画に関すること

主な仕事	課の名称（例）
総合計画に関すること	
・総合計画・実施計画の策定、主要施策の企画及び総合調整	企画課
・将来計画の立案等	企画調整課
行財政改革に関すること	
・行財政改革計画の策定・推進・進行管理	行政改革推進課
・業務の見直し、効率化促進等	
財政に関すること	
・財政計画や予算の編成、配当、執行管理等	財政課
職員人事に関すること	
・職員の採用・異動等の任免、及び服務、処分、職員研修	人事課
・職員の給与・旅費の支給、福利厚生、健康管理等	福利厚生課
総務管理に関すること	
・庁舎・公用車の管理、法規審査、文書管理	総務課
・工事等の契約・検査	契約課

オ　その他

　上記4つの柱に分類される仕事の他に、自治体の経営や住民サービスの提供等に関する特定の仕事と、それを行う組織について記す。

主な仕事	組織の名称
上水道事業に関する業務	水道局
消防、救急等に関する業務	消防局
バス、地下鉄等の整備、運用に関する業務	交通局
診療・治療・医療事務等に関する業務	病院、診療所
学校の設置・管理、教職員の任免等に関する業務	教育委員会
選挙の投票・開票に関する業務	選挙管理委員会
財務事務執行状況や行政運営に関する監査業務	監査委員
農業の維持・発展に関する業務	農業委員会
職員の処分に対する不服審査に関する業務	公平委員会
固定資産の評価への不服審査に関する業務	固定資産評価審査委員会

4 地方公務員を目指して

（1）職業としての地方公務員の魅力

　ア　幅広い分野の仕事を担当する機会があること

　イ　多くの人と関わりながら、地域を元気にすることができる仕事であること

　ウ　地域の人々の役に立っている実感が得られる仕事であること

　エ　課題は多いが、工夫の余地も多く、やりがいのある仕事であること

　オ　実力主義で、能力や実績が、正当に評価されること

（2）求められる職員像（例）

　ホームページの採用情報コーナーに、どういう人材を求めているか、採用したいかを、「求める人材像」「求められる人材像」という形で、掲載している自治体があるので、志望する自治体のホームページをチェックすると良い。求められる人材像は、自治体ごとに表現は異なるかもしれないが、基本は大きく変わらない。以下に、横浜市と横須賀市の事例を掲載するので、参考にされたい。

ア　横浜市

ヨコハマを愛し、市民に信頼され、自ら考え行動する職員
～市民に貢献する仕事に誇りと自信を持ち、誠実・公正に行動し、課題解決に向けて主体的に取り組む～
ヨコハマを愛し
・横浜と横浜市民に対して強い関心を持ち、市民に貢献する仕事に誇りと自信を持つ
・市民の目線で考え、相手の立場や気持ちに寄り添い、主体的に行動する
・"開かれた都市・横浜"の魅力を理解・発信し、国際貢献できる人材を目指す
市民に信頼され
・公務員としての自覚を持ち、「職員行動基準」に沿って誠実・公正に行動する
・知識・能力を備え、やるべきことを着実に行い、自らの役割・責任を果たす

> ・人権とコンプライアンスの意識、協働の姿勢を持ち、市民と信頼関係を築く
> 自ら考え行動する職員
> ・課題解決に向けて主体的に取り組み、「チーム横浜」で日々の業務にチャレンジする
> ・自らのキャリアを考え、積極的に能力開発に取り組む
> ・全体の奉仕者として自らに求められていることを考え、行動する

出典：横浜市ホームページ「横浜市人材育成ビジョン　第3章市職員に求められるもの」
(https://www.city.yokohama.lg.jp/city-info/saiyo-jinji/jinzai/vision.files/0017_20180918.pdf)

イ　横須賀市

> 1.人が好きな人
> 　地域はそこに住む人でつくられています。人に会い、人と話し、一緒に街をつくる
> という意識がある人。
> 2.すぐ動く人
> 　すぐ動き、現場を訪れ、課題を発見できる人。またその道のプロや専門家にアドバ
> イスを求め、政策に活かせる人。
> 3.深く考え、自分の意見を言える人
> 　前例踏襲に価値を見出さず、前例を改良したり、今まで疑問を持たずに行っていた
> ことを一から見直すことができる人。
> 4.なんとかする人
> 　できない理由を並べるのではなく、理想には叶わなくてもなんとか形にできる人。
> そんな気概を持つ人。

出典：横須賀市ホームページ「求める人材」
(https://www.city.yokosuka.kanagawa.jp/1220/zinzi/index.html)（2023年現在）

（3）身につけるべきスキル

　前項に示した「求められる人材」は、仕事に対するマインド（心の持ちよ
う、意欲等）に関わるものが中心。意欲のある人材、前向きな人材を採用し
たいという基本は、どの自治体でも同じである。これらは、生き方の姿勢で
もあるので、各自の学業、部活動やサークル活動、その他の活動に積極的に
取り組む中で、ぜひとも身に付けていただきたい。

一方、公務員として必要なスキルは、次の通り。

これらのスキルは、地方公務員に限らず、どのような仕事に就いたとしても必要となるスキルなので、身につけるように努めて欲しい。なお、最初から全てが完璧ということはあり得ない。時間をかけて、じっくりと身につけて欲しいものである。

ア　文章の読解力、作文の能力

行政の基本は、文書にある。というのは、組織としての意思決定は、全て、文書により行われるからである。従って、文書の趣旨を適切に理解し、また、適切な内容の、わかりやすい文書を作成することは、公務員として絶対に必要な能力である。多くの本を読むことにより養われる。

イ　筋道を立てて（論理的に）考えを整理し、わかりやすく説明する能力

複雑な問題の本質を理解し、図解などの手法を用いて、整理し、相手にわかりやすく説明することができる能力。問題を正確に理解する能力と、説明する能力の両方が必要。

ウ　相手の話をよく聞き、真意を引き出し、理解する能力

住民や関係者の話を、よく聞いて、何を求めているのか、何が課題なのかを聞き出す能力。必要に応じて、質問をすることにより、相手の言わんとするところを引き出すことも重要。

エ　自らの感情（怒りなどの負の感情）をコントロールする能力

感情的にならずに、おだやかにコミュニケーションができる能力。

上記の「ウ」とともに、日頃から、多くの人々と、豊かなコミュニケーションを持つことにより養われる。

オ　自習する能力

自習は習慣とも言えるが、知らないこと、新しい言葉や課題、考え方等

に接した時に、知らないままにせず、メモとして控えておき、インターネットや書籍で調べ、自ら学ぶことができるようにしたい。その積み重ねが、能力の源泉となる。

　なお、個別の業務知識等については、採用後、業務に従事する中で、身につけるべきものであるので、ここでは触れない。

（4）採用後の進路（キャリアパス）

ア　採用直後の配属

　一定期間（1～2週間）の基礎研修（初任研修）を受講後、最初の職場に配属される。配属後は、職場において、業務内容、仕事のやり方を、実際に仕事に従事しながら学ぶ（先輩等から教えてもらいながら、身につける）。

イ　人事異動

　2年～数年程度で、別の仕事（職場）に異動（配置換え）となる。多様な仕事を経験しながら、マネジメントの方法やコミュニケーションスキル等を身につける。多様な仕事を経験する中で、興味を覚え、より深く経験したい業務、将来的に携わりたい業務等を探し、そうした業務に出会うことができれば、人事異動先を志望することも可能である。実際に希望が叶うかどうかは、人事異動のタイミング等があるので、なんとも言えないが、前向きな気持ちで学び、意欲を持って仕事をすることにより、希望が叶う確率が高まると同時に、自分の人生も豊かになる。

ウ　昇任

　最初は「担当者、主事、事務員」等の職位からスタート。
　一定期間、当該職位で仕事をし、スキルと意欲等が評価されると、昇任する。同一職位で、通例、1～複数回の人事異動を経験することが多い。
　職位の名称等は、自治体により異なるが、概ね以下の通り。

この内、課長（課長補佐）以上は「管理職」と呼ばれ、所管業務の他に、組織マネジメントが仕事に加わる。

（5）勤務条件等

勤務条件、福利厚生の一般的な例は以下の通り。

勤務条件の例（神奈川県内の事例）

初任給	21万円程度（令和5年採用、大学卒）（自治体によって異なる）
昇　給	年1回
諸手当	通勤手当、住居手当、扶養手当、期末・勤勉手当など
勤務時間	8：30 － 17：15（職務、勤務場所により異なる場合あり）
休　日	土・日曜日、休日、年末年始（職務等により異なる場合あり）
休暇等	年次有給休暇（年間20日）、特別休暇（夏季、結婚、出産など）育児休業、介護休暇など
福利厚生	財形貯蓄、各種資金貸付、団体保険、宿泊施設等利用助成など
健康管理	各種健康診断、保健指導、健康相談など

ただし、自治体の規模や財政事情等により異なる。

給与については、民間企業の給与水準に配慮して決定される。昇給に関しても同様。民間の景気が良くない時に、公務員だけ昇給させる訳にはいかないのは当然である。

一方、休暇等に関しては、民間より取得しやすい。仕事の状況に配慮しつつ、仕事と自分の暮らしや趣味、スポーツ等と両立を図ることが可能である。

時間外勤務について、一部職場では、業務内容により多い時期もあるが、全体的には、それほど多くはないと言える。（実態として、時間外勤務の多い職場も存在する。）

健康管理等については、法（労働安全衛生法）に基づいて、適切に実施さ

れている。

5 ｜ まとめ

　地域の住民のくらしや、まちづくり、地域の活性化等に、密着型で、携わるのが、地方公務員の仕事。
　　・決して派手さはないが、やりがいは、非常に大きい。
　　・人口減少や少子高齢化等に伴い、今後、重要性が高まる仕事である。
　　・民間企業では経験できない、多彩な仕事を経験できる。
　　・まちを創造・再生する取り組みに参加できる。
　　・法律（地方公務員法）で、身分が保障されている。
　　・公平性、公正性には、十分に注意する必要がある。
　　・ワークライフバランスが、実現可能である。
　ぜひとも、チャレンジして欲しい。

　地方公務員を目指す者は、まず興味を持った自治体のウェブサイトを調べるとともに、どのような所なのか、実際に訪ねて体感することをお勧めする。
　まちの賑わい、自然、歴史、そこで暮らす人々、同世代の若者たちの雰囲気などに触れるとともに、自治体の庁舎にも立ち寄り、そこで働くことをイメージしてみると良い。
　そのまちを好きになれそうか、力いっぱい働くことが出来そうか、五感で感じて欲しい。
　そのうえで、自分で納得できたら、インターンシップ等に参加するなど、さらに深く知る機会を得るよう働きかけると良いと思う。
　自治体が求めている人材は、ひとことで言えば、その自治体が好きな（好きになれる）人材なのだ。皆さんのご健闘を祈る。

（廣川　聡美）

【演習】

1　自治体の仕事とは、どのような仕事か述べよ。

2　地方公務員が遵守すべき事項を述べよ。

第8章

地方公務員②

（警察）

1　日本警察は、大陸系の制度を模範にしつつ、戦後政策も含め日本独特の制度に発展した。制度を知るために歴史研究は重要である。

2　現在の日本警察は、警察法２条の責務を達成する行政機関を言い、基本理念として、民主性、地方自治、政治的中立性、任務の明確化（基本的人権の保障等）、能率性などの考えを含んでいる。

3　日本警察の組織は、国の警察機関である「警察庁」と47都道府県警察があり、各種執行務は都道府県警察が行っている。

1 警察の定義

（1）広義の警察

　警察の定義は国によって異なっている。ドイツやフランス等の大陸系の諸国では、〈公共の安全と秩序を維持するために、国の一般統治権に基づいて権力的に人の自然の自由を制限する作用〉とされていた。語源はギリシャ語のポリス（都市）に由来するという説があり、15世紀後半にPolizei〈公共の福祉〉目的のために行われる国家作用一般を意味するものとされている。

（2）狭義の警察

　本稿における定義は、現行の警察法2条に規定する「警察は、個人の生命、身体及び財産の保護に任じ、犯罪の予防、鎮圧及び捜査、被疑者の逮捕、交通の取締その他公共の安全と秩序の維持に当ることをもつてその責務とする」を達成する行政組織（機関）をいうこととし、特別に説明しない限り、この定義を使用する。

2 日本の警察に関する歴史

（1）近代警察の黎明期

ア　江戸時代、日本は鎖国政策をとっていたが、一部、外国と貿易するための港を開いており、その一つが横浜である。「関内」は、外国人が居留していた埋め立て地区の山下付近、関所の内側を示す。居留地にあった警察機関を「Police」と言っていた。管轄区域は現在の神奈川県警察加賀町・水上警察署となった港湾地域である。

イ　江戸幕府が無血開城し、明治新政府に移行する。明治新政府は新しい国家制度の中で、諸外国と対抗するために新政府機関を設置する。当時の閣僚は、公家の岩倉具視、三条実美、薩摩藩（現鹿児島県）から大久保利通、

西郷隆盛、長州藩（現山口県）から木戸孝允、伊藤博文、土佐藩（現高知県）から板垣退助、肥前藩（現佐賀県）から大隈重信ら、主として討幕派が参画したことから「薩長土肥」体制ともいわれる。

ウ　明治初期、江戸（東京）の治安は奉行、地方においても各藩の兵（藩兵）を「市中鎮撫取締」あたらせていたが版籍奉還、さらに廃藩置県策がとられると、武士は必要がなくなり官僚や公務員による国政が行われた。浪人といわれるような元武士も多くなり、不穏な情勢も多くなり治安維持活動が重要となった。1871年、東京府下の取り締まりのため「邏卒」3000人を置くこととし、旧薩摩藩から2000人、その他の藩から1000人の武士層が雇用された。

　　1873年、大久保利通は、警察の必要性を強く意識し川路利良を欧州に派遣、制度調査をさせた。川路は、当時のフランス・パリにあったフランス式警視庁、まだ建国から間がなかったプロイセン（現在のドイツ）の制度に倣って、内務大臣を大久保利通とする内務省に東京警視庁を設置、邏卒といわれていたものを「巡査」と改称した。

　　明治8年3月、太政官（現在の内閣）達により行政警察規則が制定され①人民の妨害を防護する（現在の犯罪防止）、②健康を看護する（保健、衛生等現在の保健所の業務）③放蕩隠逸を阻止する（遊び惚けて仕事をしないこと）、④国法を犯さんとする者を隠密中に探索警防（国を転覆させるような行為を早期に察知して鎮圧すること）などを任務とした。

エ　明治初期の混乱により、警視庁警察官も首都の治安維持だけではなく、各地の内戦に従事せざるを得なくなってしまった。特に、政府の役職を降り、薩摩に帰国していた西郷隆盛率いる薩摩軍との内戦では、警視庁警察官から志願した「抜刀隊（元薩摩藩を中心）」が、郷土の親戚縁者、友人、知人である薩摩軍と戦わなければならなかったという悲しい出来事もあった。このように公共の安全、治安の維持は簡単なことではなく、厳しく、辛いことも乗り越え、個人的な感情を抑え、国家国民の安全確保のために働かなければならない。警視庁警察学校の校庭には初代警視総監川路利良の銅像があり、校庭を川路広場と呼んでいる。

オ　当時、警察は内務省の中にあり、消防も同じ組織の中であった。警察事務に関しては明治19年地方官官制31条により、「伝染病予防、消毒、検疫、種等、飲食物、医療、薬品、家畜、屠畜場、墓地、火葬場、その他の衛生に関すること」とある。これらは、1938年に厚生省ができるまで警察の仕事であった。日本は、長く鎖国政策をとっていたため外国からの感染症を抑えることができていた。しかし、開国とともに世界的なパンデミックにも襲われ、天然痘、性病、コレラ、ペスト、インフルエンザなどが次々と起きた。感染症に対応する医療制度が整備されておらず、多くの患者や死者を出した。特に感染症の隔離病棟は劣悪な環境であったため隔離されることは死を意味していたとされる。

　　そのため、感染症患者の搬送・隔離に関する業務にあたっては、警察官が感染者や家族からの暴力を受けたこと、警察官が罹患して殉職した記録が残っている。ただし、当時、警察官の殉職の定義が「検挙など華々しい殉職」ではないとされ正確な記録は少ない。しかし、実際は、防護服や感染防止知識や体制がなかったこともあり、相当数の警察官が感染殉職したものと考えられる。

（2）旧警察法の制定までの経緯

ア　明治政府の政治が安定してくると経済などよりも富国強兵、他国と武力で対抗できるようにしようと考え、結果として軍部が力を持った。日本は豊臣秀吉の朝鮮出兵を試みたが、失敗した過去がありながら海外覇権へと舵を切り、日清・日露戦争に勝利すると、日中戦争、第二次世界大戦へと進んでいくことになる。

イ　第二次世界大戦で敗戦、日本軍は武装解除、解体された。以後7年間、連合国により占領され、日本がポツダム宣言を確実に履行するために設置された連合国軍最高司令官総司令部GHQ（General Headquarters）、最高司令官SCAP（Supreme Commander of the Allied Powers）ダグラス・マッカーサーの指揮により連合国側の論理による制度変更、国民の意識改革を徹底的に行った。占領政策では、日本の外交関係を一切遮断され、人・

物資・資本等の移動はSCAPの許可によってのみ行われ、天皇並びに日本国政府の統治権は最高司令官の支配下にあり、日本国憲法をはじめ多くの法改正や制度改正、組織改革等が行われた。ところが、占領時期に世界情勢は大きく変化し、東西冷戦、朝鮮戦争の勃発、日本国内の社会・労働運動の左傾・過激化などGHQが推進していた政策を大きく変更せざるを得なくなり、アメリカの国内の政治理論に影響を受け、規制、右傾化に大きく舵を切ることとなった（これを「逆コース」と称することがある）。

ウ　GHQ、SCAPとしては、中央集権的な組織である警察について厳しい政策を取り、警察を含む内務省の廃止を含めた全面的な見直しが要求された。

　　1947年9月3日、片山内閣は「警察制度改組計画」を提出するもマッカーサー指令による大幅な修正のうえ、国会審議が行われ、旧警察法は、同年12月17日公布、翌年3月6日に施行された。この制度は、権限の極端な細分化とアメリカ警察制度の色が濃く、日本の狭い国土、人口の都市集中、文化、公務に対する意識の違い等により当初から課題が多く存在した。市及び人口5,000人以上の市街的町村に自治体警察を置き、それ以外の地域を国家地方警察が管轄するという二本立て、消防分離である。

　　そのため全国に1,605もの警察組織が乱立、幹部が多く、警察官が数人、数十人の警察本部が多くあり、労働・社会運動の激化、犯罪の凶悪・広域・組織化に全く対応できなくなっていた。その弊害改善に当たり、施行後7年間で8回もの改正が行われたが、根本的な問題を是正できず、財政負担に耐えられない小規模自治体は警察組織を返上、1954年の新警察法制定直前、自治体警察は402（うち町村警察は127）にまで減少しただけにとどまらず、財政的課題解消のため自治体の大合併（昭和大合併）が行われた。

エ　1952年4月、日本の独立が回復されたことを機に、占領政策是正として警察制度の抜本的改正を行うこととし、全面改正法案を第14回国会に提出するも、会期をめぐる混乱により大混乱し、会期3日間で当時の吉田総理が衆議院解散を宣言、結果として廃案となった。以後、紆余曲折しながら数回の法案提出を経て、1954年6月7日、新警察法案可決、翌8日

に法律第162号として公布された。

　新警察法の理念と特徴は、「警察の民主的運営の保障」、「警察組織の能率的運営（都道府県への分権・一元化と国の限定的関与）」、「政治的中立性の確保と内閣の治安責任」である。

オ　条約発効により日本本土は連合国の占領政策から解放され「独立国」となったが、沖縄及び小笠原諸島については1972年までアメリカ統治下におかれた。神奈川県内にもアメリカ軍基地は多いが、沖縄は戦略的拠点としてアメリカ軍基地が依然として多く存在している。

3 現行警察の基本

（1）現行警察法の目的及び警察の責務

ア　警察法１条では、「この法律は、個人の権利と自由を保護し、公共の安全と秩序を維持するため、民主的理念を基調とする警察の管理と運営を保障し、且つ、能率的にその任務を遂行するに足る警察の組織を定めることを目的とする」と規定している。

イ　警察法２条１項では、警察の責務を「警察は、個人の生命、身体及び財産の保護に任じ、犯罪の予防、鎮圧及び捜査、被疑者の逮捕、交通の取締その他公共の安全と秩序の維持に当ることをもつてその責務とする。」とし、同条２項で、「警察の活動は、厳格に前項の責務の範囲に限られるべきものであつて、その責務の遂行に当つては、不偏不党且つ公平中正を旨とし、いやしくも日本国憲法の保障する個人の権利及び自由の干渉にわたる等その権限を濫用することがあつてはならない」と規定している。

（2）基本的考え方

ア　「民主性」・・憲法は前文で「国政は、国民の厳粛な信託によるものであつて、その構成は国民に由来し、その権力は国民の代表者がこれを行使し、その権利は国民がこれを享受する」としている。このことは、公務所全体

としても当然である。特に警察は、国民に直結し、適切な権限行使が強く求められる組織のため「民主的」に活動することが重要である。具体的には、国民によるポピュラーコントロール（民主的管理）のため、警察庁は国民の代表である公安委員によって管理される。国家公安委員長のみ国務大臣とし、委員は民間人から国会の承認を受け、内閣総理大臣により任命される。また、都道府県警察は都道府県公安委員会によって管理され、委員は都道府県知事が都道府県議会の承認により任命することが必要である。ただし、公安委員の管理については、警察活動全般に関する大綱や不適切な業務管理などの場合である。

イ 「地方自治」・・地方自治は、憲法に規定され、権力分散による権力濫用の抑制、住民意思を政治的に反映させるために取られている。警察事務は、本来、国家的性格と地方的性格の両方を持っているが、憲法の地方自治尊重の精神にのっとり、都道府県警察については都道府県公安委員会が管理し、内部組織は都道府県議会の制定する条例により、また、議会による監査を受けることとなっている。

国の警察機関である「警察庁」の指揮監督などについては警察法で一定の範囲に限定され、「警察庁」は、都道府県の警察事象に直接関与するのではなく、全国的治安維持のための政策や警察としての統一性確保、予算、全体調整などを担っている。

例えば、都道府県警察の警察職員は地方公務員であり、採用、給与等、多くの事務は都道府県警察ごとに行っている。

ウ 「政治的中立性の維持」・・憲法15条2項で「すべて公務員は、全体の奉仕者であつて、一部の奉仕者ではない」とされ公務員は政治的に特定の立場に立ってはならない。中でも警察の活動は、性質上、政治とは距離を置かなければならないことは当然であり、緊急事態の場合を除き、時の政府からの干渉を受けないことはもちろん、職務執行に関して他の政党などからも影響を受けない。

都道府県警察は公安委員会による管理を受けるが、都道府県知事から直接、指揮命令を受けることはない。

エ 「政府の治安責任」‥内閣総理大臣を選任し、内閣が国政について国会
　に対して責任を負うとされているため、「地方自治の原則」、「政治的中立性」
　を確保しつつも、内閣が一定の責任を負うための仕組みとして、「国家公
　安委員長は国務大臣を持って充てる」、「警察庁長官と警視総監の任免には、
　内閣総理大臣の承認を要する」、「緊急事態においては内閣総理大臣が警察
　庁長官を直接指揮する」こととしている。

オ 「国家的性格との調和」‥通常の警察事務については都道府県という地
　方の治安維持活動を行うが、場合によって国家全体の公共の安全と秩序の
　維持に大きく影響することもある。例えば、地方ごとに警察活動がアンバ
　ランスな状態が生じないようにすること、全国規模の事件については、そ
　れぞれの都道府県警察がバラバラに事件を捜査することなく全体の調整を
　図らなければならないこともある。そこで、都道府県ごとの警察組織を維
　持しつつ、統一的に行うことがふさわしい警察官の制服の統一、治安の指
　標となる統計事務、警察学校等の教育施設やカリキュラム、警察通信とい
　ったものについては国が一定の関与をする。さらに、一定の警察費用は国
　費として支出、警視正以上の警察官を国家公務員として給与や人事を行う、
　都道府県警察の内部組織や治安維持のための警察官の標準定員を定めると
　いったことが行われている。

カ 「能率性」‥警察についても他の公務員同様、国民の税金によって維持
　され、警察は、公共の安全と秩序の維持をすることを目的としており、組
　織の重複によって無駄な経費を支出するようなことがあってはならない。

キ 「任務の明確化」‥行政機関は、それぞれ明確に任務の範囲を定める必
　要があり、他の行政機関と重複しないように明確な任務を定め、行政機関
　全体として国民の福祉に資するものでなければならない。警察についても、
　具体的に何を所掌（担当する事務）させるかは、国によって、時代によっ
　ても違う。日本警察においては、個人の権利や自由を制限するような職務
　を行うことがあるので、警察法２条の責務において、法律や条例によって
　定められた範囲を守り、個人の基本的人権の保障を規定している。

4 現行警察の性格（行政的な面と法執行機関としての面）

(1) 行政機関・・日本の警察機関は、警察法2条の責務を達成するための行政機関であり、その組織は国の警察機関である警察庁と都道府県ごとに設置された47の都道府県警察本部の48組織で構成され、全組織が警察法を根拠として設置される。

　地方自治体（公共団体）については、憲法に基づく地方自治法1条の2で、「地方公共団は、住民の福祉の増進を図ることを基本として、地域における行政を自主的かつ総合的に実施する役割を広く担うものとする」とされ、また、同法10条2項では「住民は、法律の定めるところにより、その属する普通地方公共団体の役務の提供をひとしく受ける権利を有し、その負担を分任する義務を負う」とされ、国民は権利主張だけではなく公共の福祉のための義務を有することを規定している。

　警察の責務である個人の生命、身体、財産を守る手段や方法は多数あり、防犯広報や交通事故防止の啓発活動、警察相談や非行防止活動、職務質問、警告、制止、災害時の避難誘導など、国民に特別な義務を課し、基本的人権を侵害することがない任意の活動が取られることが原則である。

　国民は自らの基本的人権の主張のみならず、他者の基本的人権、公共の福祉のために行動する一定の義務も有しており、行政機関が行う事務に協力する必要については他の行政機関の活動と変わりはない。

(2) 法執行機関・・ただし、国民の理解と協力、善意に期待するだけでは責務を達成することができないこともあり、犯罪捜査、犯人の逮捕などを行わなければならないことが起きる。その場合には、刑事訴訟法189条1項において「警察官は、それぞれ、他の法律又は国家公安委員会若しくは都道府県公安委員会の定めるところにより、司法警察職員として職務を行う」、同条2項において「司法警察職員は、犯罪があると思料するときは、犯人及び証拠を捜査するものとする」と規定されており、司法警察職員として刑事手続きに沿って第一次捜査機関、法執行機関として機能する。

(3) 治安機関・・他国の治安機関とは異なり、日本警察は警察法に定められた責務の範囲において治安機関としての活動をする。災害やテロに備えるという意味では、危機管理機関ということもできる。

5 警察の組織

（1）警察庁（『警察白書令和4年』）

　国の警察行政機関として、内閣総理大臣の所轄の下に国家公安委員会（委員長は国務大臣、委員は5人）が置かれ、さらに、国家公安委員会の管理（大綱方針を定め、それに即して監督すること）の下に警察庁が設けられている。警察庁は、広域組織犯罪に対処するための警察の態勢、犯罪鑑識、犯罪統計等警察庁の所掌事務について都道府県警察を指揮監督している。警察庁には長官官房と5つの局、3つの部からなる内部部局、3つの附属機関が置かれている。地方機関として6つの管区警察局、1つの警察支局及び2つの警察情報通信部がある。

【図1】 国の警察組織

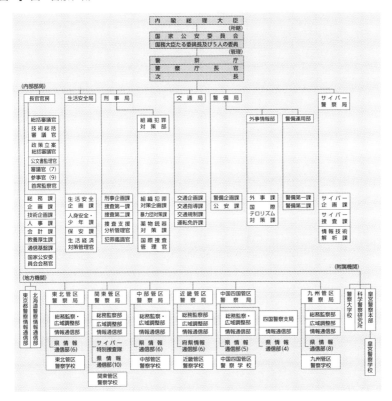

出典：警察庁『警察白書令和4年』（https://www.npa.go.jp/hakusyo/r04/index.html）

（2）　都道府県警察（「警察白書令和4年」）

ア　都道府県には、都道府県公安委員会が置かれ、都道府県警察を管理している。都道府県警察には、警察本部（東京都は警視庁）のほか、警察署が置かれており、警察署の下部機構として交番や駐在所がある。警視庁は歴史的経緯から東京都警察本部ではなく、警視庁と呼ばれているが活動は他の道府県警察本部と同じである。

【図2】 都道府県の警察組織

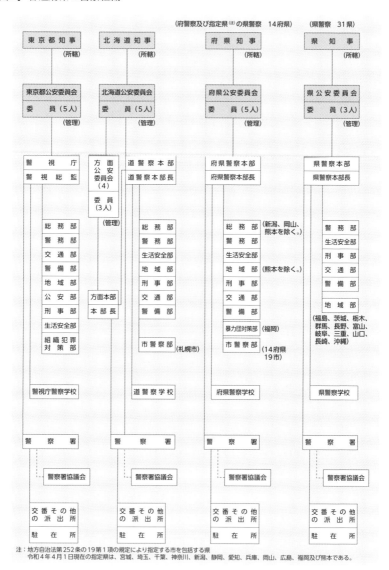

注：地方自治法第252条の19第1項の規定により指定する市を包括する県
　　令和4年4月1日現在の指定県は、宮城、埼玉、千葉、神奈川、新潟、静岡、愛知、兵庫、岡山、広島、福岡及び熊本である。

出典：警察庁『警察白書令和4年』（https://www.npa.go.jp/hakusyo/r04/index.html）

イ　図2では、都道府県警察の組織パターンが4つに分類されている。警視庁は首都にあり職員も非常に多く、9部門で構成され、警察署数も102警察署と多い。そこで、10の区域に分割し「方面本部」を設置しているが、これは警察法上の組織ではなく、警視庁の規定で存在している。一方、北海道警察本部については、地域的特徴から、警察法に規定された正式な組織として道内を「札幌」、「函館」、「旭川」、「釧路」、「北見」方面本部に分け、それぞれに公安委員会を設置、管内警察署の全体調整を行っている。うち、札幌については警察本部が管轄する。

ウ　大阪府警、神奈川県警、福岡県警等の組織規模が一定以上の警察本部は7部門で構成されている。ただし、福岡県警のみ、反社会勢力の対処を行うため「組織犯罪対策部」が置かれている。また、それぞれの警察本部において、管内の特徴や業務の重要度などにより、○○部の下に「課（○○対策本部）」、「係」などを規定して業務を担当している。

　　図2（注）のように、警察法により政令市を管轄区に含む警察本部には「市警察部」を置き、政令市及び市内警察署との全体調整を行っている。神奈川県は「横浜市」、「川崎市」、「相模原市」と3政令市があり3市警察部が置かれる特殊な事情がある。

エ　都道府県警察の管内を分割して「警察署」を置き、実質的な業務は警察署長の指揮により行う。警察署長は「行政庁」として、また、行政機関の責任者として大きな権限と責任を負わされている。例えば、警察署長による交通規制、行政法上の「警告」、被疑者送致などの権限などである。

（3）都道府県警察職員の定員や階級

ア　都道府県警察には大きく分けて、階級章がついている「警察官」と階級章がない「警察行政職員（一般職員ともいう）」に分かれている（図3参照）。

【図3】警察職員の定員（令和4年（2022年）度）

区分	警察庁				都道府県警察					合計
	警察官	皇宮護衛官	一般職員	計	警察官			一般職員	計	
					地方警務官	地方警察官	小計			
定員（人）	2,264	910	4,847	8,021	630	259,089	259,719	28,454	288,173	296,194

注1：数値は、令和4年4月1日現在
　2：都道府県警察職員のうち、地方警務官については政令で定める定員であり、その他の職員については条例で定める定員である。

出典：警察庁『警察白書令和4年』（https://www.npa.go.jp/hakusyo/r04/index.html）

イ 「警察官」については、全国的な治安水準を維持するため警察法により都道府県警察ごとに標準的な定員、定員に占める階級構成率も定められている。都道府県警察に勤務する警察官は広義には地方公務員である。階級率が決められているため、退職などで欠員が生じた分の階級欠員率によって昇任試験が行われ、成績順に昇任することとなる。

ウ 都道府県警察に勤務しているものの「警視正」以上の階級にある警察官を「地方警務官」といい、国家的治安水準の維持機能として警察法に定める制度である。地方警務官は、地方警察に勤務するが警察庁の人事下にあり給与等は、国から支給される。

エ 警察官の階級は、警察法で規定され「巡査」、「巡査部長」、「警部補」、「警部」、「警視」、「警視正」、「警視長」、「警視監」、「警視総監（警視庁のトップで定員は1名）」である。

　例えば、警視庁のある警察署では、警察署長、副署長、各課長が全員「警視」ということがあり、神奈川県警察本部の課では課長、課長代理複数の警視というようなこともありわかりにくい。そこで、理事官、課長、管理官、調査官、専門官というような職名を都道府県警察独自に作ることもあるが、これは全国統一のものではない。

オ 「警察行政事務」は、都道府県警察ごとに条例で定員が決められており、別途、事務職、専門職、技術職員などいろいろな名称がある。警察官のような権限行使を行わないものの、福利厚生、少年相談や被害者支援、鑑識や鑑定、船舶、航空機整備など多数の職種があり、警察官の職務執行を支えている。

6 警察職員採用の概要

（1）警察官採用試験

ア　警察官の採用数は、警察庁が定める標準定数と都道府県の事情で増員された定数を基準として行われる。つまり、定年退職等の欠員補充と新たな治安情勢から増員された定数の充足、治安確保を図るために行われる。一方、地方自治体は、財政や首長の政治姿勢等によって増減されることがあることとは異なっている。

　例えば、16,000人の定数があり、翌年3月、退職者が500人見込まれていれば、採用予定数は500人になる。1,500人規模の県では数十人の採用予定数になる。ここ数年は、全国で1万人程度の採用予定数で推移している。

　大規模警察の採用予定数が多いのは欠員数が多くなるためであり、受験倍率（難易度）とは連動しないものの小規模県の公務員志向は強く、倍率は高くなりがちである。

イ　採用試験の案内については、それぞれ希望の都道府県警察のホームページを閲覧、警察署で資料を入手するが、最近はネット利用が多くなっている。

　採用試験回数、内容については、都道府県ごとに異なっている。警視庁は採用人員が多いことから年に3回以上の採用試験があり、神奈川県警など多くは春と秋の2回、小規模県は春1回ということが多い。

ウ　試験内容も都道府県ごとに異なっているが、基本的には「教養試験（五者択一50問）」「小論文」、「体力試験」、「適性試験」、「面接試験」である。警視庁だけは「漢字の読み書き」が追加される。自治体公務員と異なり、教養試験の結果より、人物重視の選考基準である。警察官を志望する場合には、早めに、大学の公務員試験対策、希望する都道府県警察の説明会、見学会などに参加し、受験モチベーションをあげつつ、警察活動について理解をしておくことが効果的である。関東学院大学法学部では、「警察の

理論と実践」という科目があり、警察に関する知識を高めることができる。

（2）警察行政職採用試験

ア　警察行政職などは、地方公務員であり他の行政機関の採用試験内容と大きな変わりはないが、警察職員であることから警察活動について理解しておくことが望ましい。

　　採用予定数が少なく、警察官以上に倍率は高く、教養試験の難易度は高い。また、面接重視であることに変わりはない。

イ　採用試験は、年一回が原則である。試験内容は警察官の採用試験から「体力試験」を除いたものである。事務職だけではなく、専門性の高い心理職、鑑識や鑑定、航空機整備や船舶操縦といった職種もあり、多様である。

（3）女性採用等

ア　警察官の給与に男女差はないが、採用に関しては男女別に採用枠が設定されている。

　　女性警察官が全警察官の10%を超える警察本部もあるが採用予定数は非常に少なく、その分競争倍率は高くなる。試験内容は、男女ともに大きな差はなく、体力試験に多少の差がある程度である。

イ　警察活動で女性が進出できない職場はなく、反面、性差に関係なく「国民の生命、身体、財産の保護」という責務を果たすためには危険も顧みずに対処できるような体力、気力、知識、技術などを駆使して活動に当たり、その向上を図る努力が必要ということになる。また、警部以上幹部も多くなっており管理能力も重要である。女性だけに限らず、職員全員が働きやすい職場環境、福利厚生制度も充実してきている。

ウ　警察行政職については、男女別採用はなく、女性の比率が非常に高い。また、女性の幹部登用も多くなっており、責任ある職に就いている職員も多数出ている。

（江﨑　澄孝）

【演習】

1　日本警察の基本的性格について述べよ。

2　警察の責務について述べよ。

【参考文献】

警察制度研究会編（2004）『全訂版警察法解説』東京法令出版

内務省警保局（1946）『日本警察の沿革・維新から終戦まで』

警察庁『警察白書　令和4年版』

9

地方公務員③

（消防）

1　自治体（市町村）消防の原則が基本である。

2　採用、服務、勤務条件、装備、活動組織は
　自治体ごとに違う。

3　消防の広域化・都道府県消防への展望。

1 はじめに・・・消防の始まり

　日本の公設消防制度は、古くは江戸時代初期の武家による火消制度（奉書火消・大名火消・定火消）から始まるといわれている。度重なる武家屋敷の大火に懲りた三代将軍家光は消防対策の必要を痛感し、1629年、初めて老中の名をもって消防に関する奉書を出した。奉書とは将軍の命令書のことで、この奉書によって非常招集された大名の消防隊を奉書火消といい、わが国で初めて現れた消防隊である。ちなみに、外国で一番古いといわれているロンドンの消防隊ができたのは、1666年のロンドンの大火の後である。ロンドンはその後いち早く不燃都市として生まれ変わったが、江戸の都市の骨組みは依然として貧弱なまま続いたのである。1643年、三代将軍家光のお声掛りにより、それまでの奉書による火消の出動制度から、指名された大名による組織化された大名火消が登場している。1657年の正月、本郷から発生した火事は江戸の歴史上最悪の被害となるものであった。江戸三大大火のひとつと数えられる振袖火事と呼ばれる明暦の大火である。この火事で、江戸城天守閣は消失し、江戸市中で約10万7千余名の犠牲者をだしたといわれている。このことを契機として、武家屋敷や神社仏閣の郊外への移転、火除地（空地）の確保、瓦葺や土蔵造りの奨励、道の拡幅、火の見櫓や防火水槽の設置などの火事に強い町づくりに努めたのと合わせ、幕府直轄の消防隊として、4人の旗本に命じた定火消という消防組織を作っている。飯田橋、市谷、お茶の水、麹町に火消役の屋敷をつくり、常時役人や雇い入れた火消人足を置き、火事が起きたら武家地・町人地の区別なく、すぐに出動できるようにしたのである。これが現在の消防署の元といえるものである。定火消は火事場の治安維持も担当し、鉄砲の所持と演習も許可されており、警察と消防が一体となっていたものである。

　江戸時代中期、8代将軍吉宗の時代に消防制度の大きな改革がなされ、その一つとして、町人の消防組織である町火消（いろは48組及び本所、深川16組）がつくられる。江戸の消防は、幕府直轄の旗本が担当した定火消と

大名に課役として命じられた大名火消、それと町人によって組織された町火消の３系統が存在することとなる。火事場では、手柄争いなどによる喧嘩沙汰も起き、「火事と喧嘩は江戸の華」とも揶揄されるようになったのである。この時代の消火方法はもっぱら破壊消防であり、江戸時代後期から幕末にかけては町火消が武家火消に代わって江戸の消防活動の中核を担うようになっていくのである。

　明治になり、武家社会の終わりを迎えたが、江戸（東京と改称）市中の治安維持のために、一時的に町火消が火災防御隊として活動している。なお、近代警察制度の生みの親である鹿児島県出身の川路利良大警視は警察制度と併せて消防制度も一緒に作っている。この時期、消防の所管は転々としたが、1880年官設（国営）消防として内務省警視局に消防本部が設置され、翌年の1881年１月14日、警視庁が再設置され、消防本部は消防本署と改称されて警視庁に属することとなる。以後、1919年に大阪、京都、神戸、名古屋、横浜の５大都市に特設消防署が設置され、1940年以降終戦時までに、軍事上及び経済上重要な都市である全国36都市に官設の消防署が設置される。

　1945年太平洋戦争の終結とともに、連合国側の方針に基づき、民主化を進めるための新憲法の制定作業と合わせ、地方制度や警察制度の改革も検討された。その一環として、警察の一部門であった消防を完全に独立させ、火災予防・科学消防に重点を置いて消防機関の権限を強化するようにしたのである。

　1948年３月７日に消防組織法が施行され、「消防は市町村長が管理し、市町村には消防団のほかに消防本部、消防署を設けることができる」とされ、消防が警察から分離独立するとともに、すべて市町村の責務に移され、自治体消防として新しい出発を迎えた。しかしながら、当初は東京をはじめとした５大都市や、戦時中に軍事、経済上重要とされた都市の消防署が戦前からの消防体制を継続することができたが、それ以外の市町村はゼロからのスタートであり、消防団が主体となって消防活動を担っていた時期も長く続いていたのである。現在においても、職員18,000人を超す規模の巨大な消防本部や政令指定都市消防本部などと小規模な職員数の消防本部との地域間格差

は、依然として存在しているのが現状である。

2　日本の消防制度

（1）市町村消防の原則

消防行政の主体は国、都道府県及び市町村であるが、主たる行政の主体は、市町村である。「市町村は、当該市町村の区域における消防を十分に果たすべき責任を有する」（消防組織法6条）としており、その責務を果たすための費用は「当該市町村がこれを負担しなければならない」（消防組織法8条）とされており、「市町村消防の原則」が法的に明記されている。

ア　国の役割

国家行政組織の一部である総務省消防庁が、消防制度の企画立案・助言・指導や緊急消防援助隊など、消防に関して広域的に対応する必要のある事務を執り行っている。

イ　都道府県の役割

都道府県では、部局内に市町村との連絡調整などを行う担当課（名称は様々である）を置くとともに、消防学校を設置し県下市町村の消防職団員の教育訓練などを行っている。なお、一部の政令指定都市では、独自に消防学校（消防訓練センター）を設置し教育訓練を行っている自治体もある。

（2）消防行政の概要

ア　市町村の消防機関

市町村は消防本部、消防署及び消防団の全部又は一部を設けなければならないとされている。（消防組織法9条）

消防団は、消防本部・消防署から独立した組織であり、お互いに連携して活動している。消防団は市町村の機関であり、任免などの権限は消防長にはないが、消防活動の現場などにおいては、消防長又は消防署長の所轄

の下に活動する。

イ 消防行政の目的

　消防行政の目的は、「火災を予防し、警戒し及び鎮圧し、国民の生命、身体及び財産を火災から保護するとともに、火災又は地震等の災害による被害を軽減するほか、災害等による傷病者の搬送を適切に行い、もつて安寧秩序を保持し、社会公共の福祉の増進に資することを目的とする」（消防法1条）とされている。

　また、水防法や災害対策基本法など、自然災害などにおける市町村の防災業務の中で、実働部隊としての災害応急対策や、国民保護法の武力攻撃事態などにおける消火・救助・救急及び住民の避難誘導なども消防の任務である。

（3）消防の主な業務

　消防の業務は、消火・救急・救助・火災予防・防災・国民保護など多種多様であり、実際に消防が対面する事案は多岐にわたっている。

　これらの業務を円滑に執行していくために、各自治体の消防機関では限られた人員や予算規模などを勘案して、機能的な事務組織及び災害活動組織を構築している。

　消防署の勤務体系は、各消防本部により差異があるが、主に災害対応業務にあたる隔日（24時間当直）勤務者と管理業務や予防業務、防災安全業務などにあたる毎日勤務者がいる。隔日勤務者も、災害対応や災害に備えた活動訓練に従事している以外の時間には、それぞれ総務、予防、警防などの担当業務に従事することになる。

　ここでは、国内において最大規模である東京消防庁の主な業務・組織を例示する。

　なお、国内の各消防本部では、県庁所在都市や政令指定都市、中核市、さらには一般市など職員数や組織規模などに違いがあり、東京消防庁同様の組織とはなっていないが、対応すべき業務に大きな違いはない。地域によって

は、人口減少や財政ひっ迫の状況のなか、消防・救急の公的サービスを適切に維持していくために、消防組合方式や委託方式などにより消防の広域化を図り、住民の期待に応えられるよう努めているところもある。

　参考までに、東京の消防は、1880年6月、当時の内務省に公設常備消防機関として「消防本部」が設置されたことに始まる。1948年3月の自治体消防制度の発足とともに、特別区の存する区域の消防行政は、東京都（知事）が一体的に管理することになり、「東京消防庁」が設置されたものである。都下の多摩地域においては市町村単位に消防の任務を果たしてきたが、行政需要の増大などに伴い、東京都は、1960年以降逐次消防事務の受託を開始し、2021年4月現在、受託市町村数は島しょ地域と稲城市を除いた25市3町1村となっており、都道府県消防の規模となっているのが現状である（東京の消防白書参照）。

[東京消防庁の主な業務・組織]

　ア　消防署

　　1）災害対応業務

　　　「ポンプ隊」・・・いち早く現場に駆けつけ、各隊と連携をとり消火・救助・危険排除などにあたる。救急の現場では救急隊と連携した活動も行う。

　　　「特別消火中隊」・・・複雑・多様化する災害に対応するための部隊で、消火活動能力の高い隊員で編成されている。

　　　「救急隊」・・・傷病者に適切な処置を行い、医療機関に搬送する。各隊には救急救命士が配置され、救急隊指導医の指示を受け、高度な処置を行う。

　　　「特別救助隊」・・・高度な知識と専門技術、特殊な資器材を駆使し、火災や交通事故、自然災害などあらゆる災害で、救助を待つ人に手を差し伸べる。

　　　「指揮隊」・・・災害の実態や被害状況を現場で把握し、出場部隊全体を指揮する。あらゆる情報から活動方針を決定し、被

害を最小限にする。

「はしご隊」・・・高層階に取り残された人の救出や、高所からの放水を行う。はしごは下方向にも伸びるため、海などへ転落した人の救出もできる。

「舟艇隊」・・・船舶を含む湾岸エリアの消火・救助活動、火災警戒などを行う。

「化学機動中隊」・・・危険物や毒劇物を含むNBC等を原因とする特殊災害現場での人命救助、漏洩拡大防止、除染などの活動を行う。

「山岳救助隊」・・・滑落等の山岳事故に対応し、車両が進入できない危険な場所では航空隊等と連携して活動を行う。

「水難救助隊」・・・人が溺れている、車が転落したなどの水難事故に対応。潜水器具により、水中での救助活動を行う。

「消防活動二輪車」・・・山岳事故や高速道路での火災・交通事故にいち早く対応。状況に応じて他車両に先行して出場するため救急の技術なども求められる。

2）予防業務

「消防同意・建物検査」・・・消防同意制度により、建物の設計段階から防火に関する審査や指導、竣工後は検査を行い、より安全な建物づくりを推進する。

「防火査察」・・・建物や店舗へ立ち入り、火災予防対策や消防用設備などの状況を検査。重大な法令違反には、警告や命令などの違反処理を行う。

「防火・防災管理指導」・・・事業所の防火・防災管理者の選任や、消防計画の作成などを指導する。従業員などに対して自衛消防訓練の指導も実施する。

「危険物規制」・・・危険物施設を設置・改修する際の許可や完成検査、

危険物流出等の事故発生時の原因究明、再発防止
対策などの安全対策を行う。

「火災調査」・・・火災原因調査、損害調査のほか、消防設備の作動・
活用状況、延焼拡大の要因、避難状況などを調査し
て、各種消防施策に反映する。

3）**防災安全業務**

「震災対策」・・・地震発生時に身を守ることを最優先とした行動や、
負傷原因となる家具類の転倒防止対策の普及に努め
るなどの防災対策を推進する。

「地域防災」・・・住まいの防火防災診断や住宅用防災機器などの設置
促進を図っている。また、日常の事故の対策指導や、
防災福祉対策の推進も行っている。

「防災指導」・・・防災行動力向上のため、自治会や学校を中心に消火
器や起震車などを用い、初期消火、身体防護、救出・
救護などの指導を行う。

「消防団」・・・消防団が効果的に活動できる環境の整備、資器材の配
置を行うとともに、災害に備えた活動訓練や防災訓練
の指導などを実施する。

4）**広報業務**

「消防広報」・・・広報紙やポスター、インターネットを活用して正し
い情報発信を行うとともに、都民の意見を収集し消
防行政に反映する。

イ　消防方面本部

　方面内の消防署に関する消防業務の連絡及び調整／予防業務の指導／救
急業務の指導／災害活動の指揮及び指導／消防特別警戒の指揮及び指導／
消防訓練の指導

「消防救助機動部隊」

　通称ハイパーレスキュー。卓越した技術・能力を持つ隊員と特殊車両で

編成され、通常の部隊では対応が困難な現場で活躍する。

ウ　本庁

1）企画調整部

　　重要事業計画の策定・進行管理／組織整備／予算編成・決算／広報・広聴

2）総務部

　　式典・行事等の運営／文書の審査・管理／法務／国際業務／各種契約／消防庁舎の設計・工事／情報通信設備の維持管理

「カラーガーズ隊」

　　女性職員（兼務）で編成されており、消防出初式や各種行事等で華麗な演技を披露。多くの都民に親しまれている。

「音楽隊」

　　日本初の消防音楽隊として発足以来、「都民と消防のかけ橋」として、音楽を通じ防災防火を呼びかけている。

3）人事部

　　人事管理／人事制度／委託研修／採用／表彰／勤務制度／給与／福利厚生／健康管理

4）警防部

　　消防戦術の立案／消防部隊の運用計画／災害現場指揮／救助活動体制の立案／消防隊員の技能管理／特殊災害の消防活動対策／災害通報の受付・出場指令

「即応対処部隊」

　　既存の部隊では進入困難な現場へ先行し、迅速な災害実態の把握と救出救助体制の確立を行う。全国的な展開も可能である。

5）防災部

　　都民生活の安全対策／震災対策／防災に関する調査研究／消防水利の整備／消防団の組織整備

6）救急部

救急施策の立案／救急医療機関との連携／救急相談／救急資器材管理／救急隊への指導／応急手当の普及

「救急機動部隊」

特定の消防署に属さない、本部直轄の部隊。高度な知識と技術力を持った精鋭が集められ、昼夜で拠点を活動する。

7）予防部

火災予防施策の立案／建物の防火安全対策／危険物施設の安全対策／防火査察／火災調査／事業所の防火・防災管理指導

8）装備部

消防車両・消防艇・機器等の整備／消防車両等の仕様の検討、仕様書の作成／制服・防火衣等の改良／機関員の技術指導

「航空隊」

8機の消防ヘリコプターを運行し、消火、救助、救急、情報収集等を行うほか、国内で発生した大規模災害にも派遣される。

「装備工場」

消防車両をはじめ、各種消防機械器具の性能や機能が十分に発揮できるよう点検整備を実施する。

9）消防学校

教育計画の立案／教材等の作成／新規採用者の教育／職員の業務研修

10）消防技術安全所

都民生活の安全化／災害活動の効率化・安全化／災害実態の分析把握／火災鑑定

（令和3年度東京消防庁募集案内参照）

3 消防で活かせる知識・経験

　多様化する災害に対応するためには、幅広い知識や知恵の集結が必要とされている。

　前記で述べたように消防には多種多様な業務がある。消防が対象とする事象は人間を含めた世の中の森羅万象である。その事象に突然アクシデントが起こり、大切な人の命や財産に危害が及びそうなときに、それを最小限に食い止めるのが消防の使命である。

　さらには、多くの人が利用する建物や取り扱いを誤ると大規模な被害を及ぼす危険物施設などの火災予防施策、住民一人一人の防災安全意識の向上など、災害予防に関することも消防の大切な使命である。

　大学や専門学校などの高等教育機関では、主に理系や文系に分かれ専攻しているが、一見すると消防の仕事とは無関係に思えるものでも、実は強固な組織づくりに大いに役立っているのである。

　東京消防庁での例示をあげると次のとおりである。

1）理系

　「建築」

　　消防同意事務／建物検査／火災予防査察／消防庁舎の設計・施工管理など

　「電気」

　　消防同意事務／建物検査／電気設備の保守管理／火災調査など

　「電子・通信」

　　情報通信体制の整備／総合情報処理システムの整備／ＩＣＴ関連業務など

　「化学」

　　危険物規制／火災調査／ＮＢＣ災害対策／化学機動中隊員など

　「物理」

　　火災性状・燃焼現象の検証／特殊災害の防除に関する技術改良・検証

など

「土木」

　防火水槽等の設計・強度計算・施工管理／河川等による消防水利確保方策の検討など

「機械」

　消防用設備等に関する審査・技術指導／火災調査／消防装備・車両の改良など

「自動車・航空・船舶」

　消防車両等の点検・整備／消防車両等の性能・機能・デザイン等の検討、仕様作成など

「救急救命・看護」

　救命講習等の推進／患者等搬送事業に対する指導・助言／救急相談センターなど

2）文系

「法律」

　法務／消防同意事務／火災予防査察／危険物規制など

「行政」

　行政管理・運営／長期計画・実施計画の立案など

「環境・防災」

　都民生活の安全確保／震災対策／消防団など

「教育」

　総合防災教育の実施／消防学校教官など

「保健・体育」

　消防官のトレーニング方法の考案／職員の健康維持・推進の施策など

「外国語」

　海外消防機関との情報交換／海外からの研修・視察への対応／英語対応救急隊など

「マスメディア・文学」

　広報業務の推進／各種情報の収集・発信など

「商学・経済・経営」

　　消防予算の運用/給与関係事務/契約関係事務など

「音楽」

　　消防音楽隊/カラーガーズ隊など

「福祉」

　　地域社会の相互扶助体制の構築/地域の安全対策推進など

（令和3年度東京消防庁募集案内参照）

　消防職員になるための必須条件には、健全な身体・精神と運動能力が求められるが、他人より秀でた身体能力は必要としない。消防学校や配置後の所属署でのトレーニング、自己研鑽努力によって消防活動に必要な体力はついてくるのが通常である。

　消防活動はチームで活動することがほとんどであり、その結果もチーム力の優劣により左右され、ヒーローやスタンドプレイを必要としない職場である。

　そのため、他人（助けをもとめている人）を思いやれる気持ちや仲間と助け合える姿勢が何よりも重要である。

　大学や専門学校、高校などで自分が興味を持って勉強してきたことや、専攻した学科で得た知識や資格が、消防の組織の中で活かすことができるセクションは多様にあり、様々な職種に活用できるのである。

　消防職員に採用された後は、全員が全寮制の消防学校に入校し、消防職員に求められるモラルやマナーをはじめ、消防行政に関する基礎的な知識や消防活動技術、体力・精神力を身につける初任教育を受けることになる。この途中で、全寮制や団体生活、時には厳しい指導に耐え切れず辞めていく職員もいるが、ほとんどの初任学生は同期の仲間と助け合い消防学校を卒業していく。

　卒業後は消防署に配属され、始めはポンプ隊員として活動し経験を積んでいき、その後、本人の適性や希望、昇任等により様々な所属や職種を経験することになる。

4 消防職員の勤務条件等

　消防の勤務体系（24時間勤務の２交代制や３交代制、８時間の毎日勤務）や給与、制服、福利厚生等は各自治体消防本部ごとに相違がある。人事制度や研修制度についても、大規模な自治体と小規模な自治体との差は歴然としており、特に小規模な消防本部では人事の硬直化や研修・教育訓練機会の不足が課題である。

　消防も警察などと同様に階級社会である。消防士から始まり消防副士長、消防士長、消防司令補、消防司令、消防司令長、消防監、消防正監、消防司監、消防総監の階級があり、消防総監は、東京消防庁のトップである消防長の階級である。

　階級に伴い災害活動時の小隊長や大隊長などの職務が指定されることと併せて、平時の事務組織としての主任や係長、課長などの職級が定められている。当然、それぞれのポストに応じた職責があり、上司の補佐や部下への指導力、同僚との協調性などが求められる。

　上位への階級へは主に選考試験や選抜により昇任することになるが、危険な作業に従事し、時には過酷な命令を部下に下さなければならない場面もあるため、幹部としての教養や指揮能力のほかに、周囲から信頼される人格者であることが求められるのである。

5 広域消防制度・都道府県消防への展望

　消防は、住民の生命・身体・財産を守るという根本的な行政サービスを担っている。すでにわが国は人口の減少局面に入っており、地方においては消滅するのではという危惧を抱かせる自治体も生じてきている。人口が減少し地域の自治体を支える財政がひっ迫していく中でも、行政サービスは安定的に提供していく必要がある。

　一方では、多様化・複雑化する災害への対応力の強化を図るために、消防業務の高度化・専門化も大きな課題となっている。

　こうしたことから、今までも自治体同士の連携や応援体制、市町村合併などの取組みにより、広域的な消防体制の確立に努めてきているところである。国においても、現在の市町村消防の原則を維持しつつ、スケールメリットが期待できる消防の広域化に向けての取組みを図ってはいるが、自治体同士の協議の中で、人件費の調整が困難であるといった理由により広域化が進まないといった状況もある。全国では、いまだに管轄人口が10万未満の小規模な消防本部が全体の約6割を占めており、広域化が十分に進展しているとは言い難い。

　都道府県は、県下自治体消防への助言や連絡調整、国とのパイプ役など広域的な役割を担っており、都道府県が航空隊を設置し消防・防災ヘリコプターを運用するなど、補完的な役割を果たしているところもある。

　また、119番の受信や消防隊などの出動指令を行う消防指令センターを、県内の1か所で共同運用している県もある。

　「人口減少社会における持続可能な消防体制の在り方に関する検討会」の実態調査結果によれば、消防の広域化による効果について次のような点が挙げられている。

① 　初動における消防力の充実、現場到着時間の短縮などの住民サービスの向上

② 　本部機能の統合によって生み出された人員を活用した現場要員の増強、

　　業務の高度化・専門化等の人員配備の効率化と充実

③　高度な消防設備・施設の整備、適切な人事ローテーションによる組織の
　　活性化等、消防体制の基盤の強化

④　施設・設備を一体的に整備することによるスケールメリットを生かした
　　財政負担の効率化

　このように、消防の広域化により、消防業務の質の向上、高度な資器材の
整備、組織の活性化、経費の節減等多くの効果が認識されているにも関わら
ず、広域化の進捗は図られていないのが現状である。

　1995年の阪神淡路大震災の際、全国から派遣された消防部隊間の通信手
段や装備の違い、さらには統一されていない用語の問題から大きな支障が発
生した。2011年の東日本大震災の際には緊急消防援助隊の机上の計画はで
きあがっていたものの、実際には、県単位ではあるが自治体ごとの寄せ集め
の応援隊では、現場での指揮統率や補給などに混乱や障害も生じていたのが
現状である。

　近い将来に発生が予想される首都圏直下型地震や東海、東南海、南海地震
の対応、さらには大規模化する台風・集中豪雨などの自然災害の対応を考慮
すると、市町村の枠組みを超えた広域的な災害対策の確立にはもはや待った
なしの状況といえる。

　大規模災害時に、自衛隊や警察、海上保安庁との連携を強化するには、よ
り強固な消防組織が必要である。

　今までのスキームの中で消防の広域化を議論・検討していくのではなく、
抜本的に消防組織法の改正に踏み切り、「都道府県消防」の実現に向けて大
きく舵を切るべきである。

6 さいごに

一　至誠に悖るなかりしか

　　（誠実さや真心、人の道に背くところはなかったか）

二　言行に恥づるなかりしか

　　（発言や行動に、過ちや反省するところはなかったか）

三　気力に欠けるなかりしか

　　（物事を成し遂げようとする精神力は、十分であったか）

四　努力に憾みなかりしか

　　（目的を達成するために、惜しみなく努力したか）

五　不精に亘るなかりしか

　　（なまけたり、面倒くさがったりしたことはなかったか）

　筆者が1978年に入校した神奈川県消防学校で、毎日記載し提出を義務づけられた反省日誌の中にあった「反省五訓」である。消灯前の点呼の際、全員一斉に朗読した（させられた？）記憶がある。その後、定年を迎えるまでの消防人生の中でこの言葉どおりに過ごしてきたのか、と改めて反省している。

　読者の皆さんにぜひ読んでいただきたい書物を紹介したい。一冊は戸部良一ほか（1984）『失敗の本質』（ダイヤモンド社）である。最大の国難ともいえた、太平洋戦争の失敗について掘り下げたもので、現代にも通用する示唆に富んだ内容である。もう1冊は、司馬遼太郎（1999）『坂の上の雲』（文藝春秋社）である。ぜひお薦めしたい。

　消防や警察官以外に一般職の公務員を希望する方も多くいると思う。その方たちにお願いしたいことがある。

　役所にも多種多様の職種がある。総務、企画、福祉、健康、税務、戸籍、年金、都市整備、土木、下水、公園、港湾、水道、教育、議会事務・・・様々

な業務に精通し行政のスペシャリストになることと併せて、何年若しくは何十年に1回起きる非常時（大規模特殊火災、自然災害、感染症、戦時など）の際に、瞬時に切り替えて被災者や住民のために対処するのが公務員の仕事である。

まれに、私の仕事は補助金を出すこと。窓口で証明書を発行すること。民間業者への指導監査をすること。非常時は警察・消防、自衛隊、海保の仕事でしょ？という公務員もいた。そういった職員はやがてICTにとってかわられるであろう。

国難ともいえる未曽有の災害の発生が危惧される中で、これからの公務員は大変困難な事態に遭遇するであろう。それを覚悟のうえで、世のため、他人のためという「利他」の精神を持ち、非常事態に対しての心構えを持った公務員（職種を問わず）を目指していただきたい。

最後に尊敬する稲盛和夫氏（京セラ名誉会長）の言葉を紹介し、私の拙稿を終わりとする。

「災難や苦難に遭ったら、嘆かず、腐らず、恨まず、愚痴をこぼさず、ひたすら前向きに明るく努力を続けていく。これから将来、よいことがおきるためにこの苦難があるのだと耐え、与えられた苦難に感謝すること。

よいことが起きれば、驕らず、偉ぶらず、謙虚さを失わず、自分がこんな良い機会に恵まれていいのだろうか、自分にはもったいないことだと感謝する。

これが素晴らしい人生を生きる絶対の条件です。」

（小澤　光男）

【演習】

1　消防行政における国、都道府県、市町村の役割について述べよ。

2　消防広域化の必要性と課題について述べよ。

【参考文献】

藤口透吾（1962）『江戸火消年代記』創思社

東京消防庁（2011）『消防ハンドブック2012』財団法人東京消防協会

東京の消防百年記念行事推進委員会（1980）『東京の消防100年の歩み』　東京消防庁

東京消防庁　令和3年度消防官募集案内

総務省消防庁「人口減少社会における持続可能な消防体制の在り方に関する検討会報告書」

10 第10章
地方政治と自治体議会

1 「政治」とは、「利害対立する者の間の意思決定」であり、「政策」とは、「政治的な対策」である。

2 日本の地方（自治体）の政治体制は間接民主制であり、住民から公選された代表者である「首長」と「議会」が相互にチェック＆バランスの作用により権力抑制関係を構成する「二元代表制」となっている。

3 日本の地方政治は、「直接請求」など二元代表制を補完する直接民主的制度を採用している。さらに、条例で独自に「住民投票制度」を導入する自治体が増えつつある。

1 「政治」とは

（1）国の統治機構

「政治」とは何かをまず考えてみる。

わが国は、立法、行政、司法それぞれの権限が独立している。国では、立法権は国会にある。国会で立法した法律の執行を行政が担う。行政権は内閣が有している。内閣の指揮のもとに内閣府、財務省、国土交通省、厚生労働省、環境省などの府省がある。税務署、法務局などの出先機関もある。これらが行政をつかさどる機関である。

行政でも間違ったことをしてしまう可能性がある。国会でつくった法律が違法である場合もある。当初、刑法に200条があったが、現在は削除されている。同法199条は殺人であり、次の200条は尊属殺に関する条文であった。以前、一人の娘が自分の父親を殺害した。その娘は父親から酷い虐待を受け、近親相姦で父親の子どもを産んでいた。200条の尊属殺の量刑は死刑または無期懲役しかなかったが、最高裁は有期刑にして、かつ執行猶予にした。つまり法律が不適切（法）であったということである。国会（立法府）で制定した法律、その法律に基づいて行った内閣（行政府）の行為の是非を争うところが司法、つまり裁判所である。裁判所は法律に基づいて審査するので、この3つの機関は三角関係（三権分立）になっている。

（2）自治体の統治機構

自治体の場合、立法をつかさどるのは都道府県議会や市町村議会である。立法とは自治体では「条例」の制定を指す。条例は、法律と同等の効果をもつ。条例に違反した者に対しては、2年以下の懲役・禁固や100万円以下の罰金等の罰則を科すことができる（地方自治法14条2項・3項）。死刑や多額の罰金を科す規定を置くことはできないが、条例に違反すると刑罰があるということは条例自体に拘束力があるということである。そのような条例を議会の議決によって制定することができるということは、自治体においては

三権のうちの立法権を自治体議会が有しているということができる。

　自治体は国の制定した法律を執行するとともに、自ら制定した条例をも執行する。自治体の行政権は、首長及びその下に置かれる組織（局・部・課、行政機関、出先機関等）が担っている。

　他方、自治体に司法権はない。裁判ができるのは国に設置される最高裁判所以下の裁判所だけである。自治体が制定した条例の違憲性や、自治体が法律や条例に基づいて行った事務執行（処分等の行政行為）の違法性については、裁判所が判断する。

（3）三権分立とは

　立法権、行政権、司法権を簡単に説明するならば、立法は法律をつくるということである。司法は法律や条例自体や、法令・条例等に基づく行政権の行使に対し、憲法に照らして正しいかどうかを判断し、立法権や行政権の行使により国民（住民）の権利侵害があった場合に救済するということである。

　では行政権はというと、定義化するのが難しいと言われている。最も簡潔に説明すると、「三権のうち、立法権と司法権を除いた統治機能」ということになる。立法化された法律や条例を行政が執行し、執行した結果が裁判で争われることにより行政の適切性が確保される、ということである。

　これら三権のもととなるのが政治である。端的に言うと、政治で決められたこと（法律・条例）を行政が担うということである。

（4）政治とは

　では「政治」とは何か。

　国会議員、地方議会の議員、知事や市町村長など選挙で選ばれた人が一般的に政治家と呼ばれる。政治の意味することは人により区区であろうが、こうした政治家の活動を政治と捉えることは、ある意味正しい。

　社会学的な定義では、政治とは「利害対立する者の間の意思決定」である。国会を構成する自由民主党や公明党、立憲民主党、共産党などの政党は、ある考え方をもった、同じベクトルを持った集団である。それらが対立してい

る中で、色々なことが決められていく。政治とは、対立している人たちの中で民主主義のルールに基づいて物事を決めていくということである。

　東日本大震災に伴う東京電力福島第一原子力発電所の事故以来、毎週、国会の前で原発反対の集会が開かれているが、この活動は、同じ方向を向いた人達が集まって行動している「運動」であり、政治の活動とは異なる。

　神奈川県が、2009年に日本で初めて「公共的施設における受動喫煙防止条例」を制定した。当時の松沢成文知事が熱心に取り組んでできた政策条例である。世の中には煙草を吸いたい人もいるし、「禁煙にすると商売にならない」という飲食店などがある。煙草の製造や販売を行う企業や販売店などもある。同条例について神奈川県議会で自民党は反対したが、煙草を吸っていない人、とりわけ妊婦や子どもなどまで受動喫煙で健康被害を受けるのは良くないという主張から、議論に議論を重ねて、最終的に受動喫煙防止条例が制定できた。これは政治の賜物である。つまり、政治とは政治家の専売特許ではなく、対立している人達がいても何らかの決定をすることである。

　「政策」とは、「政治的な対策」である。すなわち、政治によって決められたことが政策であり、政策を主に執行するのが行政ということができる。

2　代表民主制（間接民主制）

（1）選挙権と被選挙権

　利害対立する人の間で決めるといっても、全員で決めるのは難しい。2020年に横浜市の林文子前市長が誘致を決定したIR統合型リゾート[1]について多くの市民から反対の声が噴出した問題で、カジノ建設の是非の判断（まさに政治的な対策といえる）について横浜市民378万人全員で決めるというのは無理である。このため、日本では代表民主制を採用しており、住民の意思を

1　林文子横浜市長（当時）が2017年の市長選の際、IR誘致を白紙として3選後、一転して誘致を表明し、市民の反対運動が展開された。2021年8月に執行された市長選で林氏はIR反対を掲げた現山中竹春市長に敗れ、同計画は撤回された。

受けて政治として対応する人たちを選ぶ。これが選挙である。

　選挙権と被選挙権は、常識として理解する必要がある。自治体の首長・議会議員、代議士（衆議院議員）・参議院議員を公職と言い、選挙によって選出される。自治体の公職選挙は、憲法93条2項及び地方自治法17条を受け、公職選挙法で決められている。

　選挙権は、18歳以上の日本国民で3か月以上当該自治体に在住する住民が有する。国政については在住要件が異なるが、年齢要件の18歳以上は同様である。政策を決めるための政治、その代表者を決める権利は有権者＝住民（国民）が等しく有している。

　被選挙権については、都道府県知事は30歳以上である。知事と市町村長は在住要件がない。当該自治体に住んでいなくても立候補することができる。一方、自治体議会の議員は在住要件があり、当該自治体に住んでいなければ立候補できない。

　地方選挙の被選挙権の年齢については、行政職員も含め意外に知らない人が多い。知事以外は25歳以上である。なお、国会議員は、衆議院議員は25歳、参議院議員は30歳である[2]。

【表1】公職の被選挙権の要件

		年　齢	在住要件
都道府県	長（知事）	30歳以上	国民
	議員	25歳以上	住民
市（区）町村	長		国民
	議員		住民

（2）地方自治の本旨

　政治の舞台の一つである地方自治の場面を考えてみる。

　地方自治は憲法で保障されている。92条には「地方公共団体の組織及び運営に関する事項は、地方自治の本旨に基いて、法律でこれを定める」と規

2　「県知事・参（三）」＝知事と参議院議員は30歳という意味の語呂合わせて覚えるとよい。

定される。

　この「地方自治の本旨」は、「団体自治の原則」と「住民自治の原則」で構成される。

　現在の地方自治制度では、市町村は、都道府県、さらに国の差配を受ける上下の関係にはない。地方自治の大原則は団体自治であり、団体として自治体は独立している。だから、自治体は国から仕事の仕方について命令を受けることはない。国と自治体、都道府県と市町村は「対等・協力の関係」にあるということである。

　もう一方の自治の柱は、自治体においては「自分たち（地域）のことは自分たち（地域）で決めて、実行する」という住民自治の原則である。ただし、自治体のことを住民全員で決めることは実際には困難なため、首長と議員を選挙で選び、決定や実行を委託している。住民自治の根拠となるのは、憲法93条である。同条では「議会の設置」が規定され、首長と議員を選挙で選ぶことが定められている。

（3）自治立法権と自治行政権

　憲法94条では、自治体の権能として、「自治立法権」と「自治行政権」が保障されている。

　「自治立法権」は自治体が自ら条例という立法行為をできる権限であり、「自治行政権」は、条例のみならず、国の制定した法律であっても、自治体が執行する際には地域の事務として独自の判断で処理することができる権限である。

　自治立法権の発露である条例制定は、自治体独自の権限として団体自治の側面がある一方、条例を提案できるのは首長又は議員等であり、議会の議決により制定できることから、住民自治の側面もある。

　自治行政権についても、それを発動しているのは首長である。様々な利害関係をもった住民から選ばれた代表者である首長は、行政を執行する権限がある。そこで様々な政策を実行していくのである。それが地方自治の本来の姿である。

　ところが、1947年（昭和22年）5月3日に憲法と地方自治法が施行され
たが、実際には戦後半世紀にわたり中央集権体制が維持されてきた。自治体
は国の下部機関として仕事をさせられてきたのである。憲法で定められてい
る地方自治の本旨がないがしろにされていたとも指摘しなければならない。

　それはなぜか。日本は、明治維新後、欧米列強に植民地にされないために、
中央集権国家として一丸となって近代化させていった。太平洋戦争前からは、
戦争に勝つために、統一的に国家運営をしていた。教育も警察も国が統卒し
ていた。その反省に基づいて、権力を分散するために、理念上地方自治が生
まれたのである。だが戦後間もない日本は一面焼け野原である。東日本大震
災直後の東北地方を想像するとその状況はうかがえるであろう。

　つまり、自由に地方自治ができるような状況ではなかった。このため地方
自治の本旨を明確にした上で、国が自治体を助ける制度設計がなされた。「機
関委任事務制度」と「国庫補助負担金制度」による権限と財源による中央統
制である[3]。

　その後日本は高度経済成長を遂げ、1980年代になると、ジャパン・アズ・
ナンバーワンと言われるほど、世界一経済力の高い国になった。その結果、
国が自治体の後見的な機能を果たす必要はない社会環境となった。言い方を
変えると、国は全国津々浦々をみる力もないしお金もない、だから自治体に
任せよう、となったのが「地方分権」である。それが実現したのが2000年（平
成12年）である（詳しくは第4章参照）。

　その結果、現在は、憲法で定められた地方自治の本旨が実現できる環境下
にある。自治体が様々な政策を展開しており、今地方政治が面白い。

（4）二元代表制

　自治体の統治体制は、首長と議会の議員がそれぞれ選挙で住民から選ばれ
るので、「二元代表制」である。したがって、自治のアクターは、「住民」・「首
長」・「議会」であり、自治体の構成員ということができる。

3　機関委任事務制度や国庫補助負担金制度については、本書第4章〜第6章参照。

　自治体の三要素は「区域・住民・権限」である[4]。区域としては、現在47都道府県、1,718市町村、23特別区がある。日本では必ず区域に住民がいる。権限とは、前述のとおり議会（立法権）と行政（行政権）である。

　主役である住民が首長と議会の議員をそれぞれ選挙で選ぶのが二元代表制であり、かつ首長と議会は、互いにバランスをとっている。議会には予算や条例を決める議決権があり、首長は執行権を持っている。このように権限を分け、チェック＆バランスの作用を構築している。

【図1】自治体における二元代表制のイメージ

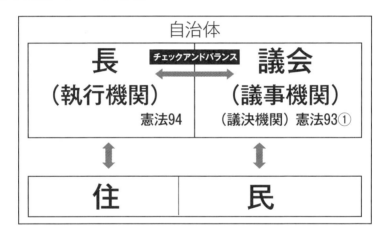

　国の議院内閣制との違いを考えてみる。国民は選挙で国会議員を選ぶが、総理大臣は選べない。総理大臣を選ぶのは国会である。国政における国会と内閣は基本的に一枚岩なのである。国会で大多数を占める党の代表が総理大臣になり内閣を組織するので、基本的には内閣が出す法案や予算は、多数を占める与党が賛成多数で可決されることになる。

　では自治体はどうか。二元代表という通り、別々に選ぶということは、議会の多数派と首長が必ずしも一枚岩とは限らないということである。対立し

4　国家の三要素は「国土・国民・主権」である。そのため、パレスチナ、台湾、香港など難しい問題を抱えている。

ているケースは少なくない。橋下徹氏が大阪府知事になった時の大阪府議会は、自民党が多数を占めており対立構造であった。東京都で小池百合子氏が都知事になった時点も同様に対立する自民党が第1党であった。こうした事態は自治体では珍しくない。

3 議会の意義・権限・課題

（1）首長とのチェック＆バランス

　日本の地方自治における首長と議会との関係は、「チェック＆バランス」といって、首長または議会のどちらかの権限が強大になってくるとどちらかがブレーキをかけられるようになっている。

　1つ例を挙げると、以前、逗子市長（当時）が、市が贈る成人式の記念品について、「市長とじゃんけん大会をして勝ち残った2人にハワイ旅行プレゼント」というアイデアを出し、予算化しようとした。しかし、議会は予算を否決し実現できなかった。ことの是非はともかく、首長の無謀な政策に対しては議会のチェックが入る。また、議会には首長の不信任を議決することができる反面、議会が不信任の議決や新型コロナなどのような感染症予防のために必要な経費を削減する議決を行ったときなどは、首長は議会を解散することができる（地方自治法177条3項・178条）。

　首長と議会は車の両輪に例えられるが、チェック＆バランスは、両者を権力抑制関係に置くものとするほうが妥当であり、二元代表制の所以でもある。

（2）自治体議会の形骸化

　首長と議会は、それぞれ公選された住民代表であることから二元代表制となっているが、実際には首長の権限が強く、首長に歩み寄る議員が増えてくる。結果、総与党化してしまう。自治体の議会には、与野党というものはない。首長と議員は別々に選ばれているのだから、本来は市長与（野）党、知事与（野）党という存在はあり得ない。

　両者は本来、是々非々の関係にあり、地方自治法149条に首長の執行権、同法96条に議会の議決権があるが、圧倒的に首長の権限が強いので、結局議会がなびいてしまう傾向が顕著である。

　このような状況から、自治体議会の在り方が最近問題視され、議員のなり手不足で議会の役割も機能も低下している。

（3）議員の収入の在り方

　ところで、議員はどのくらい給与をもらっているか。一般の国会議員は、月額歳費が129万4千円、それとは別に文書通信交通滞在費があり、一律月100万円（非課税）が支給される。したがって、毎月合計229万4千円である。それとは別にボーナスがあり、1年間に約3,400万円の収入となる。さらにJRは無料、飛行機も選挙区との移動などの場合など一定の範囲内で無料である。

　対して、自治体議会の議員は歳費ではなく、議員報酬を受ける。歳費は国会議員の身分を有していることを根拠に支払われるものだが、議員報酬は、その名のとおり、働いた報酬である。

　一番高額なのは東京都議会の議員で、月額102万2千円となっている。それとは別に政務活動費が月60万円支給される。さらにボーナスがあり、年収2,460万円となる。横浜市議会議員は、月額95万3千円、政務活動費月額55万円、年収2,280円である。逗子市の市議会議員は、月額43万9千円、政務活動費月額2万円、年収770万円となる。これらを高いとみるか、安いとみるかはともかく、議員は住民のために真剣に活動したら、他の仕事はできないと言われる。また、議員は選挙があるので、再選のための選挙活動も必須であり、支出も膨らむ。

　東京都の小笠原諸島にある青ヶ島村は、議員報酬月額14万円、政務活動費はなく、議員年収240万円である。これで専業ができるか。福島県矢祭町では、議員報酬を廃止して、日当で1回議会に出る毎に3万円とした。自治体の議会は年間50日開かれる程度なので、年額では150万円位となる。自治体の議員報酬だと生計が成り立たない。そのため自治体議会では欠員が出て

いる。若者が地方に移住して、志をもって立候補したら議員になれるかもしれない。

　最近は、「兼業ボランティア型議会」と言って、議員報酬を低くした上で、夜間や土日の議会を開催し、平日は仕事をできるようにする方法や、「専務職業型」と言って、議員報酬は高くするが、議員数は減らす方法など、様々な方法が模索されつつある[5]。議員も生活があるので、政治家として、住民代表として、権限を行使することができる制度をどのようにつくっていくかが課題となっている。

（4）議会の権限

　自治体の議会には4つの側面がある。

　1つ目は「自律」の側面であり、議会の中の様々な決定は議会自らが行うということである。悪行を働いた議員を除名するなどの懲罰についての権限は、議会の中だけにある。議会の団体自治といってもよい。

　2つ目は「対執行機関」の側面である。これはチェック＆バランスの関係で、首長や行政の執行をチェックすることであり、住民自治的な位置づけである。

　3つ目は住民自治的な「対市民」の側面である。議員は住民の代表なので、一人ひとりが住民と協働して住民の立場になって住民のために議員活動をするということである。

　4つ目は「国など対関係機関」の側面である。議会は国会に対しても内閣に対しても意見書を提出し、意思表明をする権限がある（地方自治法99条）。これは議会という団体としての自治権（団体自治）と整理できる。

　議会の最大の権限は「議決権」である。自治体の意思決定であり基本的権限である。物事を多数決で決める権限だが、その中で特に重要なのは「条例の制定改廃」・「予算議決」・「決算認定」・「地方税の賦課等」の議決である（地

5　第28次地方制度調査会答申（2005年12月9日）、第29次地方制度会答申（第2009年6月16日）などで言及されるなど、その必要性は議論されているが、現実には現行の地方自治法の枠内での個々の自治体議会の取組にとどまり、抜本的な改革には至っていない。

方自治法96条1項1号～4号）。

　また、首長の提案に対する「同意権」がある。同意は、「首長の一定の行為に対する議会の同意・承認要件」であり、例えば副知事・副市町村長や教育委員など、議会が同意しないと首長は任命できない（地方自治法162条など）。首長が仲の良い人ばかりを集めて仲良し行政をやろうとしても、議会は否定できるのである。

　国会には調査権という強い権限があるが、自治体にも議会の強い権限として「調査権（100条調査権）」を有している。「議会の諸権限を実効あるものとするために認められる自治体の事務に関する調査権」である。なぜ100条調査というかというと、地方自治法100条に基づいて行われる調査だからである。関係人の出頭・証言・記録提出を求めることができ、正当な理由なく拒んだり、偽証を行ったりした場合などは、禁固や罰金刑まである。それだけ強い権限が議会にあるということである。

　また、議会には「不信任議決権」がある。首長の行政運営に問題があるという場合、議会は特別多数議決といって、総議員の3分の2以上が出席し、出席議員の4分の3以上の同意が必要だが、首長を失職させることができる。ただし、議会の判断が常に正しいとは限らない。議会で首長の不信任議決がされた場合、首長は辞める（失職する）場合もあるが、議会を解散することもできる。これが前述したチェック＆バランスの最たるものである。

　さらに、自治体の議会は立法機能も有している。条例の議決権は既述したが、条例案を議会に提出するのは一般的に首長である。これに加えて議員にも「条例案」の提出権がある。「議員提案」と言って、立法する側としてアクティブな活動もできるのである。議員総数の12分の1以上が賛同した場合などに、議員等が条例案を提出することができる（地方自治法112条ほか）。

　ただし、国会議員と自治体の議員とでは権限が違う。国会議員はまさに三権の一権を持っている国会の構成員である。前述のとおり、国会議員に歳費、文書通信交通滞在費などが認められているのは、国民の負託を受けた国権の最高機関の位置づけにあるからである。国会開会中の不逮捕特権（現行犯逮捕を除く）などもある。

　一方、自治体の議員というのは、議会自体は重要な権限を持つが、個々の議員にはそれほど強い権限はない。それはなぜかというと、自治体議会は自治体の最高機関ではなく、議員は住民の代表者であり、住民に代わって権限を行使しているという位置づけだからである。しかし、巷では、「俺は議員だ、偉いのだ」と信じている自治体議員はいまだに存在するようである。

（5）自治体の議会が機能してこなかった理由

　地方分権で団体自治と住民自治が強化され、自治体は国からあれこれと指図されなくなった。地域のことは住民の代表である首長と議会が決められるようになった。

　しかし、実際に分権によって進んだのは首長の強化であり、議会があまり機能しなかった。それはなぜか。

　議会には議決権があると述べたが、議会で議決できる事項は決まっているのである。地方自治法96条1項に15項目が列挙されているが、反対解釈すれば、それ以外の項目には議決権がないということになる。つまり議決権限は「制限（限定）列挙」にとどまる。

　ところで、政策や事業を実施するためには予算が必要である。この予算は、首長が予算案を作成（調製）し、議会に提出し、議会の議決によって成立する。議会が議決しなければ、首長以下の行政は予算を執行できない。しかし、予算には「款・項・目・節」という科目があり、議会で議決するのは大まかな分類の「款」と「項」である。したがって大分類科目を「議決科目」という。これに対し、それ以下の細分類である「目」と「節」については議決の必要はなく首長に任されている。したがってこの細分類科目を「執行科目」という。つまり、実際には、日常的な予算の使い方は首長が決めているのである。住民や首長の支持者から「施設をつくってほしい」「家の前の道路をきれいにしてほしい」といった身近な要望があれば、それを決められるのは首長なのである。予算についても議会の議決は形骸化しているという指摘がなされる所以である。

　これら議会の議決権に対して、首長の権限がどうなっているか。

　地方自治法149条に首長の担任事務が9項目挙げられている。条文では「概ね左に掲げる事項を処理する」とあり、さらに最後の9項目目には「その他前項に係るもの以外の必要な事務」と、概括的にしか規定されていない。これを「例示列挙」という。つまり首長の権限というのは非常に強いということである。議会が予算の大枠しか決められず首長が細かいことを決めるのであれば、結局、議会や議員は首長に予算付けを個別に要望するようになり[6]、その結果「なれあい議会」「オール与党化」という状況が生まれたのである。

4　議員の条例提案権からの考察

（1）条例の提案権

　前述したが、議員総数の12分の1以上の議員が賛同すると条例を提案できる。横浜市議会の議員定数は86人なので、8人で議員提案できる。横須賀市議会は40人だから4人で可能である。議会の大勢を占めていなくても議員提案できるのである。

　では議員提案できる条例は、どんな内容でもよいのか。

　議員報酬や議員定数などについては、議会の中のことなので当然提案できるものと解されている。他方、首長の専管事項、つまり首長に専属するような権限、例えば行政組織条例などについては、本来は首長の裁量のもと提案すべきであるという考えが一般的である。

　そして、議会、首長それぞれの固有の権限に基づく条例提案事項以外の領域は、双方の共管（さらに言えば競合）する分野で、自治体の団体としての意思決定の果実である政策条例は、議員、首長の双方が提案できるという考え方ができる。例えば「受動喫煙防止条例」や「ごみ屋敷条例」、「空き家管理条例」などについては議員提案で制定している自治体も存在する。全国各地で議員提案により制定が進む条例として、「乾杯条例」がある。筆者はこ

6　全国の自治体議会が、予算編成期の直前の8月頃になると、各会派が首長に対し予算要望するのが常態化している。

れに対してはやや否定的見解を持っているが、最初に制定されたのは京都市で、京都市議会の議員提案で制定されたのだが、「日本酒で乾杯しよう」と宣言したものである。京都には造り酒屋がたくさんあるので、京都市のアイデンティティーとして、酒造メーカーが議員に働きかけて実現したものである。これが全国に広がっていった。日本酒は全国各地で造っているので、各地で条例ができたのだが、その後「富良野市まずはふらのワインで乾杯条例」（北海道富良野市）、「泡盛で乾杯条例」（沖縄県与那原町）、「有田焼の酒器による乾杯を促進する条例」（佐賀県有田町）などがある。そのほか「商店街活性化条例」など、理念的な条例が議員提案には多い。

（2）議員提案条例の実績

　近年の議員の提案条例の実績をみると、2012年（平成24年）のデータでは、市議会のみであるが議員提案が全体の10.6％、市長提案が89.4％である（表2・全国市議会議長会調べ）。この数値から、制定された条例の多くが市長提案であり、議員提案のものは少数だということがわかる。さらに議員定数や議員報酬、議会基本条例など議会運営に係る事項を定める条例を除くと、政策条例は0.17％しかない。

　平成の大合併が落ち着いた後の市における議員提案条例の動向をみると、表2のとおり、かなり議員提案も増加しているが、市長提案とは明らかな開きがある。横浜市会など一部の議会が積極的に議員提案に取り組んでいるものの、実際のところ自治体議会の多くではあまり行使されていないという証しである。

【表2】市議会における条例提案の状況

条例提案者	2012年（平成14年）	2012年（平成24年）	2021年（令和3年）
市長提案	77,196年（97.8％）	94,316件（89.4％）	86,725件（90.1％）
議員提案	1,706件（2.2％）	9,078件（8.6％）	7,514件（7.8％）
委員会提案		2,063件（2.0％）	2,005件（2.1％）
総数	78,902件（100％）	105,457件（100％）	96,244件（100％）

出典：全国市議会議長会「市議会の活動に関する実態調査結果」
（https://www.si-gichokai.jp/research/jittai/index.html）より筆者作成

　別の調査（表3）では、2021年中に議員提案条例を制定したことのない自治体の数は、1,202議会に及んだ（回答のあった1,355自治体のみの集計）。

　議会は住民代表と言いながら、首長のチェックはしているが積極的な活動はしていないという指摘が出ている。

【表3】政策型議員提案条例数（2021年1月〜12月）

議員提案の状況	自治体数
議員提案による条例案を可決した	103
委員会提案による条例案を可決した	77
議員・委員会提案条例の取組なし	1,202

出典：早稲田大学マニフェスト研究所「議会改革度調査2021」
（http://www.maniken.jp/gikai/2021tyousahoukoku_syuukei2.pdf）より筆者作成

5　議会の復権

（1）自治体議会の在り方

　二元代表制による地方自治は、首長の執行権の圧倒的優位により、議会は首長の追認機関のようになっていたが、行政改革や地方分権がさらに進んでいく中で、その流れは強くなってきた。そこで現下の課題と言われ始めているのが住民自治の拡充である。もう1つの流れとして、市民活動の台頭が挙げられ、市民参加、市民協働の流れが加速化している。

　これら潮流に議会だけが取り残されている。議会は議事機関として地方自治法に限定列挙された事項のみを行う機関なのか。この伝統的な機能に加え、住民代表が衆議一決して民主主義が実現できる合議機関であるという本来的な役割が期待される。

　そのような自治体の議会に期待される役割を果たすために、表4に列記したとおり、地方自治法は数次にわたり改正され、議会の権限の強化が図られた結果、柔軟な議会運営も可能になっている。

【表4】議会を復権させるための地方自治法改正

> ○2004年（平成16年）
> 　定例会回数制限撤廃（条例で定める回数の招集）
> ○2006年（平成18年）
> 　専門的知見の活用、議長に長への臨時会招集請求権付与、常任・特別・議会運営
> 　委員会の議案提出権付与、長の専決処分についての緊急性要件の明確化
> ○2008年（平成20年）
> 　全員協議会等の正式会議化
> ○2011年（平成23年）
> 　議員定数の上限廃止、法定受託事務の議決事件化、議会事務局等の共同設置を可
> 　能
> ○2012年（平成24年）
> 　通年の会期設定を可能、長が招集しない場合の議長が臨時会を招集可能、政務調
> 　査費の名称を「政務活動費」とし使途の透明性を確保、一般再議の対象を条例・
> 　予算以外の議決事件に拡大、副知事又は副市町村長の選任の同意を専決処分対象
> 　から除外、条例・予算の専決処分の議会不承認につき長が必要な措置
> ○2017年（平成29年）　決算不承認の場合における長から議会への報告
> ○2023年（令和5年）　地方議会の役割及び議員の職務等の明確化

（2）議会基本条例

　議会への期待と権限強化の法整備を踏まえ、議会の復権に向けて、一部の自治体が取り組み始めて、全国に広がっているのが、「議会基本条例」の制定である。

　名前のとおり、議会の基本を定める条例である。「議会ルールの原則」、「長（執行機関）・住民との関係の構築」や地方分権により権限（団体自治）が強化された首長に対して、自治体の意思決定（議決）機関として、対等関係の二元代表制を確立するという位置づけで、議会基本条例が制定されている。

　議会基本条例第1号は北海道栗山町議会で制定された。小さな町で生まれた条例であるが、現在は全国の自治体の約半数の議会で制定されている。驚くべきは、都道府県レベル、市レベルとも約7割が、政令指定都市では8割が制定していることである。町村は議会の規模が小さく、かつ議員不足とい

209

うこともあり、制定が遅れている。特別区が遅れているのは、恐らく都の下部機関というイメージが強いものと思われる。議員の多くが、「自民党都連」「都民ファーストの会都連」等の国政政党の都連の下に位置づけられていることも影響しているのではないか。このことは、東京都で本条例が制定されていないことからもうかがわれる。

【表5】議会基本条例の制定状況（2022年12月25日現在）

自治体の区分（自治体数）	制定自治体　（％）
都道府県（４７）	３２（68.1％）
政令指定都市（２０）	１６（80.0％）
特別区（２３）	４（17.4％）
市（７７２）	５４１（70.2％）
町村（９２６）	３７２（40.2％）
計（１７８８）	９６５（54.0％）

出典：自治体議会改革フォーラムHP
（http://www.gikai-kaikaku.net/gikaikaikaku_kihonjourei.html）より筆者作成

　議会基本条例とほぼ同時期に「自治基本条例」が制定され始めた。自治体の憲法といわれるものであるが、これはいまだ２割余りの自治体しか制定されていない[7]。議会が、いかに復権を目指して活性化してきたかという証左ということができる。

6　二元代表制を補完する直接民主的制度

（1）法定直接民主的制度

　わが国の地方政治は、首長も議会も代表民主制を採っている一方で、直接民主制的な手法も取り入れられている。

7　自治基本条例は、北海道ニセコ町が2000年に制定した「ニセコ町まちづくり基本条例」が嚆矢と言われる。その後2023年4月現在、406自治体（全国1788自治体中）で制定している（NPO法人公共政策研究所）。

　地方自治法94条に「町村総会」が規定されており、町と村については議会を置かず、有権者全員による総会という方法が採用できる[8]。例えば、葉山町が横浜スタジアムを借りて、27000人余りの有権者が参加して町総会を開き、予算や条例などを議決することができる。これはまさしく直接民主制である。

　自治立法である条例は、首長と一定の要件を満たした議員が提案することができることを既述した。他方で、有権者の50分の1以上の署名を集め住民が条例案を首長に提出することができ、提出を受けた首長は修正することなくその条例案を議会に提出することになる（同法74条76条～85条）。事実上住民に条例提案権があるということである。

　さらに、議会の解散、議員・首長の解職請求（リコール）も住民ができる。それぞれ、有権者の3分の1以上の署名（一部大都市の署名数の緩和あり）が集まったら、住民投票を行って、過半数が賛成すると、議会を解散したり、議員や首長を失職させたりすることができる。これらの仕組みを「直接請求」という[9]。

（2）条例に基づく直接民主的制度

　横浜市では、2020年に「IR（統合型リゾート）の横浜市への誘致の賛否を問う住民投票条例の制定」に向けて、前項で解説した条例の直接請求がなされた。要件である有権者（310万人余り）の50分の1の署名の3倍に及ぶ19万筆を超える署名が集まった。しかし、横浜市議会はこの条例案を反対多数で否決した。これに関連して、もう1つ「林文子市長のリコール請求」の活動が展開された。前述のとおり、市長リコールには有権者の3分の1の署名が必要でかなり高いハードルがある。ただし、地方自治法では大都市の署名要件緩和として、有権者40万人までは3分の1だが、有権者40万人から80万人は6分の1、有権者80万人超の場合は有権者の8分の1となり、

8　憲法93条1項で自治体に「議会を置く」と規定されていることから、憲法違反ではないかという議論もある。

9　他にも、憲法95条に基づく一自治体のみに適用される特別法制定の際の住民投票などの制度も存在する。

横浜市の場合は約50万人が法定署名数となる。これを政令指定都市の場合2か月間で集めるのは容易ではない。

翻って、住民投票は基本的に賛否を問うものであり、まさに政治的手法と言える。我々は選挙で首長と議員を選ぶが、これは基本的に4年に1回である。4年に1回の間に様々な想定しえない出来事が起こる。例えば、2017年〜2019年頃に就任した首長は、新型コロナウイルスのまん延は想定していなかっただろう。2011年に発生した東日本大震災でも同様のことが言える。それだけ4年間は長い。

では、首長や議員は既に決まっているのだから、その後4年以内に発生した事象に対して住民は何も言えないのかというと、そうではない。4年に1度の首長・議員選択の民意の補完として、原発の立地の問題や市庁舎の建て替えなど、大きな事象が生まれたときに、個別に住民投票という方法で賛否を問う方法があるのではないかという考え方から、最近、住民投票制度が話題になっている。

そうした観点から、前記した法定住民投票制度とは別に、「法定外住民投票制度（住民投票条例）」の創設という制度設計が注目されている。自治体において独自に住民投票条例を制定して、その自治体にとって重要な政策の決定や、住民に大きな影響を及ぼす課題に対して、住民投票を実施するというものである。横浜市の「IR（統合型リゾート）の横浜市への誘致の賛否を問う住民投票条例の制定」がその例であるが、実際には同条例は議会が否決して実施できなかった。個別の住民投票条例は、その都度成立して初めて住民投票ができるので、これまでも住民が住民投票を望んでも叶わなかった事例は多数存在する。

そこで、個別案件ごとではなく、その自治体に住民投票条例という一般制度をつくろうという動きがある。常設型住民投票制度として、自治体により要件は異なるが、有権者の3分の1〜10分の1の署名を集めれば、議会の議決を要することなく住民発意で住民投票を実施する仕組みとなっている。

このように日本の地方政治には直接民主制が進展しつつある。

（出石　稔）

【演習】

1　首長と議会が対立した場合の調整の仕組みを、具体的事例と併せて説明せよ。

2　近年の自治体議会の取組みを調べてみよう。

第11章

新しい公共①

（概論）

～新しい公共論～その意味と社会的背景～

1　「新しい公共」とは、「官」だけではなく、市民やNPO、企業等の「民」も主体となって支える社会とそのしくみのことを指す概念である。

2　「新しい公共」は地方財政のひっ迫、大規模災害におけるボランティアの活躍、企業の社会的責任への社会的要請などを背景として1995年～2000年の間に広がり始めた。

3　公共政策の有効性を支えてきた3つの条件＜情報優位性・完全性、賢明性、外生性＞が崩壊した現在、政府（行政）だけで公共を担うことは不可能となった。

「新しい公共」という言葉を聞いたことがあるだろうか。いいえ、と答える人も少なくないだろう。「公共」であればどうか。はい、とほとんどの人が答えるだろう。誰もが聞いたことのある「公共」という言葉に、ごくありふれた「新しい」という形容詞を付けただけのシンプルな言葉だが、「新しい公共」は、いま地方創生を考え、実践するときに欠くことのできない必須概念なのである。

1 ｜「新しい公共」という概念の基本的理解

「新しい公共」とは何か。例えば、さいたま市市民サポートセンターは次のように説明している[1]。

「『新しい公共』とは、行政だけが公共の役割を担うのではなく、地域の様々な主体（市民・企業等）が公共の担い手の当事者としての自覚と責任をもって活動することで『支え合いと活気がある社会』をつくるという考え方です。」

「大和市新しい公共を創造する市民活動推進条例」（平成14年6月28日）の前文では次のように述べられている。

「行政により担われていた『公共』に、市民や市民団体、そして事業者も参加する時代が来ています。『私』を大切にするために様々な選択肢があることが普通のことになってきました。このように、多様な価値観に基づいて創出され、共に担う『公共』を、私たちは『新しい公共』と呼びます。」

また、2011年2月に内閣府が発表した「新しい公共支援事業の実施に関

1　さいたま市市民サポートセンター WEB サイト「よくある質問「新しい公共」とは何ですか？」（https://www.saitamacity-support.jp/about/faq.html）（閲覧日：2023年7月27日）による。

するガイドライン」では次のように説明されている。

　「『新しい公共』とは、『官』だけではなく、市民の参加と選択のもとで、ＮＰＯや企業等が積極的に公共的な財・サービスの提案及び提供主体となり、医療・福祉、教育、子育て、まちづくり、学術・文化、環境、雇用、国際協力等の身近な分野において共助の精神で行う仕組み、体制、活動など。」

　以上３つの説明をみたが、それぞれ言葉遣いは異なっていても内容はほとんど同じである。「新しい公共」とは、「官」だけではなく、市民やNPO、企業等の「民」も主体となって支える社会とそのしくみのことを指す概念であると理解しておけばよい。

2 | そもそも「公共」とは何か

　「新しい公共」との対比で「（従来の）公共」をとらえると、図1に示すとおり「官」だけが支えてきた社会やそのしくみを指す概念であるということになる。だからこそ、「民」も主体として支える社会やそのしくみを指す概念として、わざわざ「新しい」という形容詞を付しているのである。
　そこで、「新しい公共」を学ぶ前提として、ここで改めて「公共」とは何かを考えておくとしよう。

【図1】「新しい公共」の概念

　精選版日本国語大辞典（小学館）によると、「公共」とは「①社会一般。公衆。おおやけ。」「②（―する）公衆が共有すること。社会全体がそれにかかわること。」である。社会全体や社会全体で何かを共有するさまを指すようである。

　では、「公」とは何であろうか。「①かたよらないこと。偏頗のないこと。平等。」、「②明らかなこと。かくさないこと。あからさまなこと。」とある。①では「公平」、②では「公開」がすぐに思い浮かぶ。さらに「③朝廷。公儀。役所。官符。おおやけ。また、社会、世間。」とある。③には大きく２つの語義が含まれているようにみえる。ひとつは「朝廷、公儀、役所、官符」であり、これはまさに「官」を指している。もうひとつは「社会、世間」である。これは前にみた「公共」とほぼ同じ語義である。

　このように、「公共」も「公」も必ずしも「官」を指しているわけではなく、広く社会全体やそこで何かを共有しているさまを指しているのである。そして、その中の特殊な語義として「官」を指すこともあるのだ、ということがわかった。

　「公共」が使われている身近な言葉として、「公共料金」、「公共交通」がある。電気やガスを供給している事業者は民間企業であり、水道事業者の大部分は「官」であるが、それらの料金はいずれも「公共料金」といわれる。電気、ガス、水道が社会全体で共有される資源だから「公共」が付いているのだろう。「公共交通」も同様である。私鉄各社はもとより、旧国鉄が民営化されて特殊会社化されたJR各社についても、JR東日本、JR西日本、JR東海はすでに法的な設置根拠（「旅客鉄道株式会社及び日本貨物鉄道株式会社に関する法律」。いわゆるJR法。）に基づく特殊会社[2]ですらなく、純然たる民間事業者となった。バス会社も多くは民間事業者であるし、タクシーもい

2　特殊会社とは、特殊法人のうち商法上の株式会社の形態をとるものであり、国が株式の全部又は一部を保有する会社である。特殊法人とは、政府が必要な事業を行おうとする場合、その業務の性質が企業的経営になじむものであり、これを通常の行政機関に担当させても、各種の制度上の制約から能率的な経営を期待できないとき等に、特別の法律によって独立の法人を設け、国家的責任を担保するに足る特別の監督を行うとともに、その他の面では、できる限り経営の自主性と弾力性を認めて能率的経営を行わせようとする法人をさす。

まや公共交通機関として認知されている[3]。公共料金の場合と同じく、社会全体で共有されるインフラ、交通機関であるから「公共」がかぶせられているのだろう。このように、「公共」が冠されるからといって、それが必ずしも「官」を主体とするものであるとはいえない。

　一方、例えば「公共施設」は「官」が設置、管理しているものを指す場合がほとんどであろう。実際、地方自治法244条で「公の施設」が定義されており、同法244条の2ではその設置、管理に関する事項を条例で定めることを求めているように、「公共施設」は「官」が設置、管理しているものであると解釈するのがふさわしい。したがって、この場合の「公共」は社会全体ではなく、特殊な語義である「官」の方が適用されているのである。「地方公共団体」、「公務員」もこの部類であろう。

　そもそも「公共」は、社会全体やそこで何かを共有しているさまを指すものであり、「官」だけがもっぱらそれを支える主体であるとはいえない。それにも関わらず、「（従来の）公共」が「官」だけが支えてきた社会やそのしくみを指す概念であるとらえ直し、これに代わる「新しい公共」の重要性を強調する必要があるのだろうか。それを考えるためには「公」と「私」の関係を考察する必要がある。

3 ｜ 「公共」と「私」の境界線

　大学の授業で、受講生に図2のような地図を見せ、「そこにゴミが落ちていたら掃除する気持ちになるか」と質問する。まず「家の前」ならどうか。すると、大勢の学生が手を挙げる。次に「近所の公園」ならどうか。手を挙げる学生はかなり減る。次に「道路」や「駅前広場」ならどうか。さらに減る。

3　高齢者、障害者等の移動等の円滑化の促進に関する法律（平成18年法律第91号）、いわゆるバリアフリー新法において、一般乗用旅客自動車運送事業者（タクシー事業者）が公共交通事業者等に位置付けられた。

　このことから推察できることは、「家の前」は「私」の空間であると認識され、「近所の公園」、「道路」、「駅前広場」はそうではないという認識が支配的だということである。言い換えれば、"社会全体やそこで何かを共有しているさま"としての公共空間であると認識されているのであろう。そしてこのことは、私たちが公共性の高い空間であればあるほど、そこに対して直接自分が関与しよう、貢献しようという意識が薄れる傾向があることを示している。これが、「公共」に対する私たちの一般的なとらえ方であり、そこには自分がしなくても誰かがしてくれるだろうと思い込む「責任の分散」や、誰もしていないのだからたいした問題ではないのだろうと思い込む「多元的無知」などを要因とする傍観者効果といわれる心理作用が働いていると言わざるを得ない。誰も掃除をしようとはしていないから自分も見て見ぬふりをする。しかし、いつのまにか"誰か"が掃除をしてくれているからそれで大丈夫なのだ、という心理である。そしてその"誰か"の正体こそが「官」なのである。

　このような「公共」に対する心理が、本来、私たち自身が共有しているはずの「公共」であるにも関わらず、その価値を維持、増進する主体としての役割を私たちが果たすことを妨げてきた。同時に、憲法25条において「すべての生活部面について、社会福祉、社会保障及び公衆衛生の向上及び増進に努めなければならない」と義務付けられた国と、地方自治法1条の2において「住民の福祉の増進を図ることを基本として、地域における行政を自主的かつ総合的に実施する役割を広く担う」とされた地方公共団体、すなわち「官」が、その役割のほとんどすべてを独占的に担おうとしてきた。「民」と「官」の間にこうした関係が定着してきたということである。

【図2】「公」と「私」の関係と傍観者効果

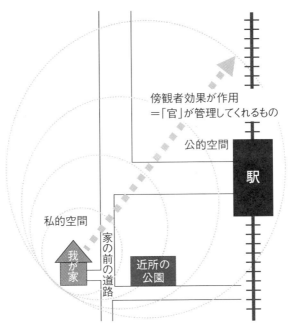

傍観者効果が作用
＝「官」が管理してくれるもの

公的空間

駅

私的空間

家
の
前
の
道
路

我が家

近所の
公園

　こうした関係を構造的に定着させてきた背景には、高度経済成長とそれに
続く安定成長がある。1945年の終戦、1950年以降3〜5年間の朝鮮特需を
経て、1956年度の経済白書（経済企画庁）が「もはや戦後ではない」と結
ぶほどの速さで戦後復興を成し遂げた。その後に訪れる飛躍的な経済成長は
1973年の第一次オイルショックまで続き、高度経済成長期と呼ばれた。さ
らに、その後は安定成長期と呼ばれ、これが1991年のバブル崩壊まで続く。
高度経済成長期の名目GDPは年率で15.6％の伸び率を示し、安定成長期に
も年率8.0％と堅調であった。また、「官」の事業財源となる税収では、高度
経済成長期には国税で年率16.5％、安定成長期にはやや下がるものの依然
9.2％の伸びを示していた。その後のバブル崩壊以降の数値をみれば、その
堅調な経済状況がよくわかるだろう。

【表１】わが国の経済規模及び税収の推移（いずれも年平均伸び率）

期　　間	高度成長期 1955～1973年	安定成長期 1973～1991年	バブル崩壊以降 1991～2008年
名目GDP	15.6%	8.0%	0.1%
国税収入	16.5%	9.2%	−1.5%

出典：内閣府及び国税庁資料に基づき筆者作成

　こうした潤沢な財源の裏付けがあったため、「官」は迷うことなく「公共」を独占的に担うことができていた。「官」による公共の管理のもとで、「民」は安心して私的な利益の追求、個人の生活向上にまい進することができていたといえるだろう。

　「官」だけがもっぱら「公共」を支える主体であるとの認識は、こうした歴史的背景のもとで実体化し、公共とはそういうものだという認識を定着させてきた。しかし、時代は大きな転換点を迎えることとなる。それがバブルの崩壊であり、阪神淡路大震災で露呈した安全神話の崩壊である。

4　わが国において「新しい公共」が台頭してきた歴史的系譜

　「新しい公共」という概念がわが国で初めて使われたのはいつ頃なのか。はっきりとしたことはわからないのだが、2010年度の防災白書には「『新しい公共』の力を活かした防災力の向上」という特集が組まれ、1995年の阪神淡路大震災を「『新しい公共』の力の重要性を認識する契機となった災害であった」と位置付ける記述がみられる。たしかに、阪神淡路大震災は市民やボランティア、NPOなどの「官」ではない主体が公共を支えうる可能性、「官」よりもよりよく公共を支える可能性を強く示した出来事であった。

　また、阪神淡路大震災の翌年にあたる1996年12月には「市民活動促進法案」が議員立法として国会に提出され、その翌々年の1998年３月に衆議院において「特定非営利活動促進法」、いわゆるNPO法が可決成立し、同年12月

に施行されている。

　こうした経過を踏まえると、1995年から2000年あたりが、「新しい公共」という概念がわが国において広がり始めた時期であるとみることができそうである。また、その背景には1991年に始まったバブル崩壊の影響による財政難が横たわっている。以下、「新しい公共」概念が台頭してきた歴史的系譜をたどる。

（1）バブル経済の崩壊と財政破綻リスクの拡大

　1980年代後半には、株式・土地の価格の急激な上昇によりいわゆる「バブル」と呼ばれる状況が発生した。暴騰した株式・土地といった資産の価値が急速に暴落した結果、企業や個人は巨額の損失を抱え込むことになり、経済活動が停滞する事態となった。これがバブル崩壊といわれる現象である。

　いうまでもなく「官」は企業や個人から徴収する税を主な財源として行政活動を営んでいる。したがって、バブル崩壊は「官」にとっては大幅な税収減というかたちで影響することとなり、財政破綻のリスクを生み出す。そして、2008年に起こったリーマンショック[4]はそのリスクをさらに拡大させることとなった。

　財政の逼迫は歳出抑制の必要を意味する。つまり、住民に対するサービスや各種の公共事業の質や量を高めることができないばかりか、状況によっては低下させるほかないということもある。支えるべき「公共」を以前のようには支えきれなくなったということである。しかし、ほとんどの行政サービスは住民の福祉の増進のために必要不可欠な内容のものであって、むやみに廃止したり縮小したりすることはできない。ではどうするか。同様のサービスを税だけを財源とせずに提供し続けられる方法を考えるしかない。民間の資金、ノウハウや無償の労働等によって提供できる方法を生み出すほかなくなった。1990年以降、「官」はそのような考え方を取り入れ始めたのである。

4　米国の投資銀行リーマン・ブラザーズの経営破綻をきっかけに起こった世界的な金融危機。

（2）阪神淡路大震災による安全神話の崩壊とボランティアに対する認知の広がり

1995年1月17日。兵庫県南部地震により阪神淡路大震災が発災した。6千人以上の犠牲者を出したこの大災害で倒壊した高速道路やビル、寸断された道路、事態に追いつけない救援・救護活動。食糧・物資不足に不安を募らせる人々の姿などを目の当たりにして、それまで信じて疑わなかった「安全神話」が崩壊するのを実感する。「官」を信頼し、任せきりにしてきたことはあまりにも無責任、無関心に過ぎたのではなかったのか。そのような思いを抱いた国民も少なくないだろう。

【図３】阪神・淡路大震災、ほか全国の災害に集まったボランティアの数

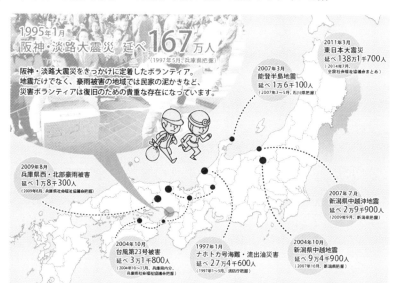

出典：神戸新聞NEXT（新聞ホームページ）『データで見る阪神・淡路大震災』「1995年は「ボランティア元年」」

こうしたなかで、これまで日本人が見たことのない社会現象が起こる。膨大な数のボランティアの集結である。全国から延べ167万人ものボランティアが集まり、救援・救護・復旧活動に参加した。2011年発災の東日本大震

災の延べ138万人を凌ぐ数であることにも驚かされる。1997年1月には富山県沖で「ナホトカ号重油流出事故」が起こった。重油を積んだタンカーの座礁により重油が周辺海域に流出した大事故である。重油を汲み取る作業に、全国から延べ27万人のボランティアが集結した。ボランティアの力をまざまざと見せつけられる出来事であった。

　「官」をむやみに過信してはならない。ボランティアの力、「民」の力は社会を支えうる。そうしたことが国民の意識に芽生え始めたのは1995年頃からであろう。

（3）市民協働、パートナーシップ、新しい公共が地方自治のキーワードに

　2000年前後には自治体の間で、市民協働、パートナーシップという言葉が頻繁に使われるようになった。例えば、神奈川県横須賀市では1998年にパートナーシップ研究会、及び市民活動支援策研究会を設置し、翌年の1999年にはそれぞれ、市民協働型まちづくり推進指針、及び市民活動促進指針を策定した。また、2001年には市民協働推進条例を制定している。横浜市は1999年に「横浜市における市民活動との協働に関する基本方針」（通称「横浜コード」）を策定し、翌年の2000年には「市民活動推進条例」を制定した。

　また、2002年には神奈川県大和市が「大和市新しい公共を創造する市民活動推進条例」を制定した。筆者が知るかぎり、「新しい公共」という言葉が条例という法令制度のレベルで使用された初めての例である。

（4）「民にできることは民に」をスローガンとする小泉改革

　小泉純一郎内閣総理大臣は就任日（2001年4月26日）の初閣議における説示で「財政構造問題を論ずる前提として、まず、民間にできることは民間に委ね、地方に任せられることは地方に任せるといった、中央政府の徹底した行政改革が必要である。」とその所信を表明した。小泉改革におけるこうした方針は、新自由主義から生まれた「新公共経営（New Public

Management)」（以下、NPM）という行政改革手法の影響を強く受けたものであるといえよう。「小さな政府」を目指し、民でできることは民に任せ、官は真に官が行う必要性がある業務のみを担う「官から民へ」の改革はまさにNPMの実践である。NPMの実践としては、1980年代のイギリスにおけるマーガレット・サッチャー政権が標榜したサッチャリズム、アメリカにおけるロナルド・レーガン政権のレーガノミクスが代表格であるが、わが国でも1982年に始まる中曽根内閣が日本国有鉄道、日本電信電話公社、日本専売公社の民営化を推し進めNPMを実践した。そして、21世紀の幕開けとともに始まる小泉内閣による郵政民営化でピークを迎える。

（5）企業のあり方に対する考え方の変化～企業の社会的責任（CSR）の広がり

　利益を追求する企業活動は、往々にして資源の枯渇、大気・海洋・河川・土壌等の汚染、森林の減少、劣悪な労働環境、商品・サービスの品質劣化などをもたらし、企業と社会の対立を引き起こすこととなる。この対立を解消する概念がCSR（Corporate Social Responsibility／企業の社会的責任）であり、企業も一人の市民として（企業市民）社会における責任を果たすべきとする考え方のことである。CSR以前、企業と社会の対立は「官」が指導や規制という手法によってその調整役を担ってきた。CSR以後は企業自身の経営努力によりその対立を未然に防ぎ、社会との平和的関係を維持することが求められるようになった。「官」が果たしてきた役割を「民」自身が受け持つようになったのである。わが国におけるCSR元年は2003年である[5]といわれているのだが、「新しい公共」の萌芽がみられる1995年から2000年の間にその時期が合致しているのは偶然ではないだろう。CSRの広がりもまた、「新しい公共」に該当する現象なのである。

5　リコー、ボーダフォン（旧Ｊ－フォン）、帝人、ソニー、松下電器産業、ユニ・チャーム、東芝などの大企業においてCSR専任部署の設置や担当役員の任命がなされるなど、CSRに関する取組が活発化したのが2003年であることに基づく。

（6）「新しい公共」の孵化、そして東日本大震災、デジタルトランス フォーメーション

2009年9月16日、鳩山由紀夫内閣総理大臣（第93代）を首班とする内閣が成立した。同年10月26日の第173回国会衆議院本会議では鳩山総理による所信表明が行われている。「新しい公共」はこの所信表明の中で標榜された新鮮な概念である。総括すれば、1995年の阪神淡路大震災から生まれ、国にあっては行政改革を牽引する考え方として、地域にあっては主権者たる市民を主役とする自治のあり方を問う考え方として育てられてきた卵が15年を経てようやく孵化した、というイメージであろうか。

そして、その翌々年（2011年）3月11日、未曾有の大災害となる東日本大震災が発災する。孵化した「新しい公共」は延べ138万人を超えるボランティアというかたちでその役割を一気に発揮し、急速に成長していく。もはや「新しい公共」は新しい概念ではなくなり、当たり前の概念となった。国民、市民が社会を支える寄付文化、SNSを通じた政治的意思表示と拡散、SNSが提供する安否確認サービス、企業による社会貢献活動、コンビニエンスストアと自治体の地域包括連携協定など、「新しい公共」の実践事例は枚挙にいとまがない。

一方、こうした成長を支えたのがデジタル技術であるということもこの際しっかりと認識しておきたい。デジタルトランスフォーメーション（DX）、つまり人・組織・社会を変革させるデジタル技術の力が、「新しい公共」を次々と実体化させたのである。クラウドファンディングのWEBサイトを通じたクレジット決済による寄付、SNSによるボランティアの募集、市民からわかりにくいとの声が多いごみ種別ごとの収集日を知らせるアプリ「5374.jp（ごみなし.jp）」や学校給食の献立、カロリー、アレルゲン、栄養バランスなどを確認できるアプリ「4919（食育）for Ikoma」を生み出すシビックテック（Civic Tech）という運動など、デジタルトランスフォーメーション（DX）の先駆けともいえる事例が数多くある。今後の「新しい公共」を構想する際にはデジタルトランスフォーメーション（DX）は欠かすことのできない条件となるであろう。そういえば、デジタル社会を急速に進展させるきっかけ

となったインターネットの商業化と Microsoft の Windows95 の発売がやはり1995年（平成7年）であるというのも興味深い。

5 公共政策が有効に作用しなくなった原因

「新しい公共」は、もっぱら「官」だけが公共を担うことをよしとしない概念である。したがって、この概念には、「民」が担った方がよい、あるいは担うべきだとする主張と、「官」が担わない方がよい、あるいは担うべきではないとする主張の両方が含まれるはずである。長きにわたってもっぱら「官」が公共を担ってきたにもかかわらず、そうしない方がよい、あるいはそうすべきはないとする主張が生まれたからには、そうなってしまった明確な原因があるに違いない。

（1）公共政策の有効性を支える3つの条件

　公共政策とは、国（中央政府）や地方自治体（地方政府）、すなわち「官」による公共的な問題に関する方針や方策のことである。本来、現代の資本主義のもとでは、経済問題は原則として市場が備える「神の見えざる手」[6]による調整作用に委ねており、その調整がうまくいかないときにはじめて「官」による市場への介入、言い換えれば「民」に対する働きかけがなされるということになる。この働きかけがまさに政策なのだが、2006年に『総合政策学』[7]を表した岡部光明氏によれば、これらが有効に作用するためには、「官」が次の3つの条件を満たしていなければならないとされる。

① 情報完全性・優位性
　政府の方が民間よりも十分な情報を保持している。

6　古典派経済学者アダム・スミスがその著書『国富論（諸国民の富の性質と諸原因についての一研究）』において述べている「人間が利己心にもとづいて自己利益を追求すれば、『見えざる手』に導かれて自然調和が図られ、社会全体の利益が達成される」という考え方を指す。

7　大江守之、岡部光明、梅垣理郎 編著（2006）『総合政策学　問題発見・解決の方法と実践』慶応義塾大学出版会

② 賢明性

客観的判断ができるだけの公正無私な態度が備わっている。

③ 外生性

民間部門に対して完全な外部者として働きかけることができる立場にいる。

政策が有効に作用しないのであれば、それは無用の介入でしかない。これが「官」だけがもっぱら公共を担うのはよくない、あるいは担うべきではないという主張の論拠となっている。

（2）3つの条件の崩壊

「官」の情報完全性・優位性、賢明性、外生性は崩壊してしまったのだろうか。岡部氏が示した体系的見解からエッセンスを拝借しながら説明することとしたい。

① 情報完全性・優位性の崩壊

1995年のインターネットの商業利用制限撤廃やWindows95の発売を契機として、ICT革命が本格化することとなった。多種多様な情報がインターネット上に流通し、誰もが欲しい情報を得ることができ、同時に誰もが知らせたい情報を発信することができるようになった。「官」によって情報が統制または管理されていた時代には公的に認証された公式情報が一元的に管理されていたが、ICT革命以降には不正確な情報、非公式の情報、意図的な虚偽情報等も含めて大量の情報が多元的に受発信されることとなり、「官」の情報完全性は崩壊した。また、トラッキング技術やセンサー技術の進化は、情報に加えて、行動履歴、取引履歴などの客観データを大量に収集し、解析、加工することにより知識情報化して活用する、いわゆるビッグデータの活用もできるようになったが、こうした技術やその応用力は圧倒的に「民」にあり、"ハンコ"に代表される「官」の仕事のやり方にはむしろ時代遅れの感すらある。駅改札の通過履歴、ネットの検索履歴、オンラインショッピングの購買履歴等の解析、生命保険会社、銀行が

保有する精緻なデータをもってすれば生活経済の傾向はリアルタイムに分析可能である。政府は国勢調査や家計調査等によって正確なデータを着実に把握できるが、集計を終えるまでに2年ほどはかかっている。それはそれで意味があるのだが、優位性が高いとは言えない。生活者はYahooやウェザーニュースの天気予報サイトを閲覧してその利便性を享受している。気象庁のサービスももちろんあるが、局所的な予報や短時間予測などの面でやはり競争優位性が高いとはいえない。このように、「官」の情報優位性も崩壊してしまったのである。政府がデジタル庁（2021年9月1日創設）の設置を急いだのも自ら立ち遅れているとの自覚が強くあったためであろう。

②　賢明性の崩壊

末は博士か大臣か。将来は博士か大臣にでもなれるんじゃないかと思えるほどの優秀な青少年を評したり、そのような立派な人物に育ってほしいという願望を表したりする慣用句である。学者や政治家、官僚は道徳的にも高く評価される存在であったことの証左である。明治維新以前の政治家や官僚は武士（さむらい）という身分であった。武士道で知られるように、武士には常に品格が求められていたようであり、道徳教育が徹底していたこともあり、まさに立派な人物とみなされるか、立派であるはず、立派でないわけがないと評されていたのであろう。また、将軍、大名を頂点とするヒエラルキーの中で、滅私奉公ともいわれるように己を犠牲にしてでもお上（かみ）に尽くすことが美徳とされていた。1963年に「末は博士か大臣か」というタイトルの日本映画があるところをみると、当時はまだそのような風潮が残っていたのかもしれない。ここでいう賢明性とは、まさにそのような意識が社会一般に成立していることを意味している。私利私欲とは無縁で知識も徳も高い賢人が公共政策を考え、実行しているという意味である。

現代社会ではどうか。政治家は人気重視の選挙で選ばれ、官僚は知識重視の採用試験で選ばれる。政治家は全国民の代表（憲法43条）であり、官僚は全体の奉仕者（憲法15条2項）であって、天皇や内閣総理大臣、

国務大臣に対する奉仕者ではない。したがって、滅私奉公はありえない。互いに平等な一人の政治家、一人の官僚として、それぞれの組織の中で自己主張をし、妥結点を見出しながら政策を考え、実行しているのである。つまり、公共政策は錯綜する様々な利害の調整結果として形成されるのであって、私利私欲とは無縁で知識も徳も高い賢人が生み出すものではない。

　さらに言えば、今や政治家や官僚はメディアや国民の格好の標的ですらある。公務員の世界でよく知られている有名な言葉に「休まず、遅れず、働かず」というのがある。真面目にやっていれば成果を出そうとまでしなくてもいい、というくらいの意味なのだそうだ。そういう仕事ぶりは"お役所仕事"と揶揄される。政治家のスキャンダルもあとを絶たない。

③　外生性の崩壊

　ここでいう外生性とは、民間部門に対して政府が完全な外部者として働きかけることができる立場にいることを意味する。そのためには政府と市場が互いの領域に関わっておらず、それぞれが独立的に存在していなければならない。例えば、じっと立っている人を別の誰かがそばにきて持ち上げようとすれば、十分な力さえあれば持ち上げることができる。外部者として働きかけることができる状態だからである。しかし、じっと立っている人が自分自身を持ち上げようとしてもそれはできない。外部者として働きかけることができていないからである。外生性さえ確保されていれば、民間部門から独立した位置にある政府は民間部門を意図したとおり一方的に誘導することができるだろう。

　しかし、現代社会では政府と民間部門が相互に交渉・調整しながら政策をつくり、行動することが多くなってきた。政府が関与すべき生活サービス分野と民間市場となりうる生活サービス分野の明確な区別がつかなくなってきたのである。

　例えば、高齢者福祉という分野を考えてみよう。「高齢者福祉」と聞けば、ずばり「官」の政策領域である、との印象を持つ人が多いだろう。しかし、「シルバービジネス」と言えばどうだろうか。「民」の事業領域であるとい

う印象が強くなるのではないだろうか。「介護老人福祉施設」と聞けば「官」の印象が強く、「健康型有料老人ホーム」と聞けば「民」の印象が強くなるのではないだろうか。そのようなイメージは実態を反映している。高齢者福祉の領域は、2000年の介護保険制度の導入を大きなきっかけとして、本格的な民間市場化が進められてきた。介護保険事業は紛れもなく「官」の公共政策であるが、その実行者の多くが社会福祉協議会や民間事業者等による介護サービス事業者なのである。つまり、高齢者福祉の領域ではもはや「官」と「民」はそれぞれ独立した立場ではありえず、外生性は働かないということである。

　1999年にOECD[8]が発表した「Social Enterprises」は国際機関として初めてソーシャルビジネスを認知したレポートとして知られるのだが、まさにこの頃、民間企業による社会課題の解決という動きが世界各国でみられるようになっていたということを示している。「官」が独占してきた公共市場に民間が参入しはじめたということである。

　このように、もはや外生性は崩壊してしまっていると言わざるを得ない。

（木村　乃）

【演習】

1　1995年頃から「新しい公共」の概念が台頭してきた歴史的系譜について述べよ。

2　「官」による公共政策が有効に作用しなくなった要因を「情報安全性・優位性」、「賢明性」、「外生性」の3つの用語を使用して述べよ。

8　経済協力開発機構（OECD：Organisation for Economic Co-operation and Development）。1961年に欧米20か国（原加盟国）により設立され、日本は1964年に加盟した。

新しい公共②

（市民協働、ソーシャルビジネス）
〜新しい公共を支える様々な主体による社会的活動〜

1 「新しい公共」の時代には、行政、営利組織、非営利組織等が分担、連携しながら立案、実践する社会プログラムとそれを支える法令制度が必要となる。

2 自治体における「新しい公共」は「市民協働」、「市民活動支援」というしくみで具現化されている。

3 「民」主導により格差を拡大させかねない「新しい公共」の危うさを克服する動きとしてソーシャルビジネスがあり、さらにその先には「ポスト資本主義」が展望されている。

1 「新しい公共」の時代にふさわしい政策概念

　第11章で解説した通り、情報完全性・優位性、賢明性、外生性が崩壊した現在、政府による市場介入という従来型の政策は有効性を失ってしまった。それでは、「新しい公共」の時代にふさわしい政策とはどのようなものなのか。岡部光明氏（慶應義塾大学名誉教授）は伝統的な公共政策に代わるものとして「社会プログラム」という政策概念を提唱している。社会プログラムとは、「社会で発生している問題（ないし発生する可能性のある問題）の解決ないし社会状況の改善を図るために計画（立案、設計、デザイン）された一つのまとまりをもった対応策」であり、その主体は、「『政府』に留まらず、民間主体（営利組織）、NPO（非営利組織）も主体として幅広く関与する」ということである。

　今後、地域創生政策を構想するにあたっては、公共を「官」が独占的に担うのではなく「民」とともに分担、連携するような「社会プログラム」の概念に従って立案、実践することが重要となるであろう。

2 「新しい公共」を推し進める法令制度の動向(国)

（1）特定非営利活動促進法（1998年）

① 法の目的

　NPO（エヌピーオー）は、Non-Profit Organizationの略語である。非営利組織を意味する一般用語である。わが国で「NPO法人」という場合には「特定非営利活動促進法」（以下、NPO法）に基づいて認証された法人のことを指す。NPO法は1998年に成立、施行された。NPO法1条には以下の通り目的が書かれている。

　「この法律は、特定非営利活動を行う団体に法人格を付与すること並び

に運営組織及び事業活動が適正であって公益の増進に資する特定非営利活動法人の認定に係る制度を設けること等により、ボランティア活動をはじめとする市民が行う自由な社会貢献活動としての特定非営利活動の健全な発展を促進し、もって公益の増進に寄与することを目的とする。」

　目標を共有できる個人が集まったグループとして組織的かつ継続的に市民活動を行おうとすると様々な問題に直面する。会費や寄付金、その他の収入による現金の管理をどうするか。自分たちのグループをどうすれば信頼してもらえるか。行政や企業から業務を手伝ってほしいと依頼されたが、グループの代表の個人名では契約をしてもらえない、など。これらはそのグループが"人格なき社団"（"権利能力なき社団"、"任意団体"ともいう）であるがゆえに生じる問題である。公的にその人格が認証された法人となればこれらの問題は簡単に解決できる。NPO法はそのために作られた法律であると言ってよい。NPO法に基づき認証されNPO法人となれば、法人として契約、決済、登記等ができるようになった。

②　議員立法

　内閣が提出し成立した法律のことを閣法といい、国会議員が発議し成立した法律のことを議員立法という。成立した法案のうち議員立法は15％程度しかない[1]。NPO法は数少ない議員立法のひとつであるという点に特徴がある。「新しい公共」の時代がやってきたという時代認識を国会議員が共有し、議員達が声を上げて法律を作ったのである。

③　Non-Profit の意味

　NPOとはNon-Profit Organization、つまり非営利組織の略称である。ここでNon-Profitは「非営利」と訳されるのだが、これは決してNPO法

1　五ノ井健（2017）によると、1970年から2016年の間に閣法が年平均92.5件成立しているのに対し、議員立法は16.3件の成立であり、全成立法案に占める議員立法の割合は平均15.2％である。（「日本の議員立法－国際比較の視点から」『早稲田政治公法研究』第114巻、11頁）

人が収益のない法人である、あるいは事業収益のない法人でなければならないということを意味しているのではない。特定非営利活動、つまり公益活動のために必要な給料（人件費）や様々な経費を自らの収益事業によって賄うことは最も理想的であるとすらいえる。NPO法が禁じているのは、収益事業によって獲得された利益を株主への配当金、役員への報酬、従業員への賞与といったかたちで分配することである[2]。非営利は非分配のことであると理解しておけばよい。NPO法人として獲得した利益はあくまでもこの法人としてなすべき活動の事業財源として活用されなければならない。換言すれば、NPO法人として必要な事業財源確保のためであれば高収益事業を行うこともできるということである。

④　NPO法人支援策としての税制優遇措置

　NPO法施行から３年後の2001年にはNPO法の最初の改正が行われ、新たに認定NPO法人制度が追加された。NPO法人の中でも高い公益認定基準に適合した法人が認定NPO法人となり、寄附金等に関する税の優遇を受けることができるようになったのである。認定NPO法人への個人からの寄附金が所得税と住民税の控除対象となったり、相続財産を寄附した場合の相続税が非課税となったりする優遇である。企業も寄附金を損金算入する際の限度額の枠が拡大され寄附しやすくなった。さらに、認定NPO法人が収益事業から得た利益を非収益事業の支出に充当した部分は寄附金であるとみなす「みなし寄附金制度」が適用され、一定の範囲で損金算入できることになった。実質的な減税措置である。こうした税制面での更なる優遇措置が導入されたことからも、NPO法は「社会プログラム」の主体の一つであるNPOの法人格を認証し、活動を活性化する基盤としての法律であるということができる。

（2）民間資金等の活用による公共施設等の整備等の促進に関する法律

2　NPO法２条２項において、役員のうち報酬を受ける者の数が役員総数の３分の１以下であることが要件とされている。

（1999年）

官民の不正な癒着や談合等とそれに伴う住民への不利益を防止する観点から、公共施設等の整備は国または自治体が事業設計したうえで、競争入札によって事業者を選定して発注するという方法がとられてきた。しかし、最新の技術・ノウハウをもつ事業者が設計段階から関与する方がより効果的、効率的であるし、建設費等の資金についても事業者が調達して事業を進める方がより経済的であるし、国または自治体のリスクが小さいということはよく知られていた。そこで、1999年に不正防止策を盛り込んだ「民間資金等の活用による公共施設等の整備等の促進に関する法律」（PFI法）を制定して、「社会プログラム」として公共施設等の整備を行うことができるようにしたのである。なお、PFI（ピーエフアイ）とは、Private Finance Initiativeの略語である。

（3）指定管理者制度（2003年）

2003年に公の施設の設置、管理等を規定した地方自治法244条の2が改正され、新たに指定管理者制度が導入された。指定管理者制度とは公の施設を民間事業者等のノウハウを生かしてより有効に管理運営してもらおうとする制度である。改正前には、公の施設を他の組織に管理してもらう場合、その委託先は公共団体、公共的団体、政令で定める出資法人に限定されていたが、指定管理者制度の導入により株式会社、NPO法人、学校法人、医療法人等の民間法人等にも任せることができるようになった。また、改正前の管理委託制度では行政処分にあたる公の施設の使用許可はあくまでも委託者である自治体がなすべきものとされていたが、指定管理者制度では民間法人等に委ねることができるようになった。

さらに、利用料金制度が導入され、指定管理者（民間法人等）は施設の利用料金を徴収し、事業収入とすることができるようになった。一方、自治体は指定管理者に対して運営管理費用にあたる指定管理料を支払うことになるが、利用料金により運営管理費用の一部あるいは全部が賄えることもありうるため、指定管理料を減額あるいは無料とすることが可能となった。

（4）競争の導入による公共サービスの改革に関する法律（2006年）

　2006年に成立した「競争の導入による公共サービスの改革に関する法律」は「市場化テスト法」と通称される。「市場化テスト」は「官民競争入札」とも呼ばれる業務委託先の選定手法である。「市場化テスト」あるいは「官民競争入札」とは、「公共サービスについて、「官」と「民」が対等な立場で競争入札に参加し、質・価格の観点から総合的に最も優れた者がそのサービスの提供を担う仕組み」[3]のことである。

　もう少し簡単に説明すると、社会が必要としているある特定のサービス（公共サービス）を「官」つまり政府や自治体が提供する場合と、「民」つまり企業等が提供する場合とで、どちらがより質が高く、より安くなるかを競わせて、総合的に判断してより効果的で効率的な方を選ぶということである。「官」が独占してきた公共サービスの市場を「民」に開放しようという「新しい公共」のしくみであるといってよい。

3 ｜「社会プログラム」の基盤となる自治基本条例の動向

　公共を「官」が独占的に担うのではなく「民」とともに分担、連携するような「社会プログラム」の概念を地方自治の根幹に据えようとする考え方がある。それを体現するのが「自治基本条例」である。NPO法人公共政策研究所によると、2001年のニセコ町「まちづくり基本条例」を皮切りに、2020年の武蔵野市「自治基本条例」に至るまで、20年間に391件の条例が制定されている。

　自治基本条例とは、住民自治に基づく自治体運営の基本原則を条例として定めようとするもので、その性質を自治体の憲法であると説明する専門家もいる。自治基本条例を制定しようとする自治体はあえて、公共は行政だけが担うのではなく、市民や団体、企業などの法人もともに担う義務があるのだ

3　総務省（https://www.soumu.go.jp/main_sosiki/gyoukan/kanri/koukyo_service_kaikaku/index.html）（閲覧日：2021年10月11日）に掲載された説明を引用した。

ということを宣言している。自治基本条例はその考え方、まさに「新しい公共」の考え方を明確に制度化するものである。

　最古のニセコ町から最新の武蔵野市までの制定状況をみると2001年以降は急速な伸びを示し、2007年から2012年頃のピーク時には年間に30件以上の条例が制定されている。1995年頃から2000年頃に広がり始めた「新しい公共」という考え方の影響力がいかに強いものであったかを物語っている。

【図1】自治基本条例の制定件数の推移（単位：件）

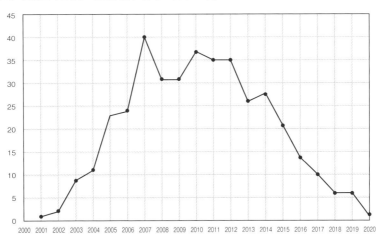

出典：NPO法人公共政策研究所のデータに基づき筆者作成

4　神奈川県横須賀市における「新しい公共」の取組（事例）

　2001年、神奈川県横須賀市は市民協働推進条例を制定した。「協働」という言葉を名称に使用した条例としては全国で初めての条例であるとみられる[4]。「協働」とは文字通り協力して働くという意味であり、まさに「官」と「民」がそれぞれの役割を担いながら公共を維持管理していこうとする「新しい公共」にふさわしい概念である。

　横須賀市は市民協働のあり方を条例として政策的に位置づけることを視野に入れて、1998年からその研究に着手していた。

（1）市民協働型まちづくり推進指針

　1998年7月、横須賀市は「パートナーシップ研究会」を設置した。ここで「パートナーシップ」とあるのは「市民協働」と同義である。自治体ではこの頃から「パートナーシップ」が流行語のようになっていた。7月から12月までの半年の間に5回の研究会を開催し、翌1999年（平成11年）1月に「市民協働型まちづくり推進策」をまとめ、提言した。横須賀市はこの提言を受け止め、その1か月後の2月に「市民協働型まちづくり推進指針」を策定した。

　なお、「パートナーシップ研究会」は市民委員4名、学識経験者2名、行政委員3名の計9名で構成され、さらにこの研究会の下に市民ワーキング（市民委員4名を含む、市民12名）と行政ワーキング（8名）があり、相互に意見交換などを行いながら、資料の作成や研究会への提案などを行った。この指針の策定プロセスそれ自体を「協働」で進めたということである。

　蛇足であるが、筆者は当時、横須賀市の専門委員[5]としてこの研究会の会

4　大久保規子の論文（2004）「市民参加・協働条例の現状と課題」『日本公共政策学会年報　公共政策研究』4巻24-37頁では市民参加、市民協働に係る条例の制定経過を検証しており、そこに列記された条例の制定年と「協働」の名称から、横須賀市の「市民協働推進条例」が「協働」という言葉を名称に使用した全国初の条例であると推定した。

5　地方自治法174条に基づく非常勤の専門委員であり、特別職に属する地方公務員（地方公務員法3条3項）である。

長を務めた。また、本書執筆者の一人である出石稔氏は行政ワーキングのメンバーの一人であった。さらに、市民ワーキングのうち一人は、本書執筆者らが所属する関東学院大学法学部の非常勤講師として「ボランティア論」の担当教員を務めているというから奇縁である。

（2）市民活動促進指針

　「パートナーシップ研究会」より2か月早い1998年5月、横須賀市は「市民活動支援策研究会」を設置した。5月下旬から9月までの約4か月の間に4回の研究会を開催し、11月に「市民活動の促進について」をまとめ、提言した。横須賀市はこの提言を受け止め、その3か月後の翌年2月に「市民活動促進指針」を策定した。指針の策定まで3か月を要したのは、前出の「市民協働型まちづくり推進指針」との整合をとりながら同じ2月17日に策定というスケジュールとしたことによる。

　なお、「市民活動支援策研究会」は市民活動団体代表4名、学識経験者2名、行政委員6名、社会福祉協議会職員1名の計13名で構成され、さらにこの研究会の下にワーキング（10名で構成）があり、資料の作成や研究会への提案などを行った。

（3）市民協働推進条例

　横須賀市のホームページでは条例の制定経緯を以下のように説明している。

　「横須賀市では、平成11年2月17日に『市民協働型まちづくり推進指針』と『市民活動促進指針』を策定し、市民と市民公益活動団体と事業者と行政が役割を分担し、それぞれが責任をもってまちづくりに取り組む『市民協働型まちづくり』を進めており、これらの指針に基づいて市民活動サポートセンターの整備や市役所内に市民協働推進担当を設置してきた。市民協働を推進していくために、それぞれの役割を整理し、協働の行い方を明確にする市民協働推進条例の検討を行った。

その提言に基づいて、『市民協働推進条例』を制定した。」

　条例の検討は2000年5月に設置した「市民協働推進条例検討委員会」において進められた。同委員会は5月末から11月初旬の約5か月の間に計5回の委員会を開催し、同時に市民とのワーキングも延べ40時間程度行いながら同年11月に素案を提言した。そして、翌2001年（平成13年）3月に条例は公布され、同年7月に施行された。

　条例検討委員会は全17名の委員のうち12名が市民委員という構成である。検討過程では広報紙やインターネット（電子掲示板やE-mail）、アンケートなどによる意見募集、横須賀独自の市民との対話手法である「まちづくり出前トーク」を開催するなど市民参加型で条例をつくろうとする工夫が随所にみられる。

　条例の前文には「時代の大きな変化に伴う市民ニーズの個性化や多様化、社会が直面するさまざまな困難な課題を考えれば、そうした理想のまちづくりが、一方的な要求や他人任せで実現できるものでないことは言うまでもありません。」とあり、旧来の公共のあり方を手厳しく批判している。また、「一人ひとりの市民が、まず自分自身が社会のために何ができるかという自立精神や公共精神を問い直すことが出発点となるでしょう。」とも謳っている。ジョン．F．ケネディの就任演説[6]を想起させるこの一節は、公共に向き合う私たち市民のあるべき姿を訴えている。そして、「そのうえで、個々の市民、さまざまな市民公益活動グループや団体、企業その他の組織、それに市や関係機関が、相互にそれぞれの存在意義を理解し尊重し合い、対等の立場で連携、協力し、互いの足りない点を補いつつ持てる力を発揮する、真のパートナーシップによる『市民協働』がこれからのまちづくりの基本になると確信します」と述べているが、これはまさに「新しい公共」の時代においては、伝統的な公共政策から社会プログラムへと軸足が移動することを指している

6　第35代アメリカ合衆国大統領となったJ.F.ケネディは就任演説で「あなたの国があなたのために何ができるかを問わないでほしい。 あなたがあなたの国のために何ができるかを問うてほしい（ask not what your country can do for you--ask what you can do for your country.）と述べた。なお、演説文（日本語、英語）はアメリカンセンターJAPANの公式HPから引用した。

ととらえてよいだろう。

　ところで、この前文には独特の表現がある。「節度のあるパートナーシップ」がそれである。パートナーシップによる「市民協働」が基本となると言いながら、なぜあえて「節度ある」という修飾語を付しているのか。これは、「市民による自発的な活動や市民公益活動」の「自主性、自立性」を最大限に尊重すべきことを意味しているのである。官（行政）が市民と協働しようとするとき、これが公権力による市民活動への介入、望まれない関与になってはいないか、良かれと思って行った支援が市民活動の自主性、自立性を損なうことにつながってはいないかということを常に自省しなければならないという姿勢をもって「節度のあるパートナーシップ」と表現しているのである。

5　「新しい公共」における官民の役割分担と協働の範囲

　図2は「新しい公共」における官民の役割分担と協働の範囲を示したものである。「新しい公共」の時代にあっても、当然のことながら「官（行政）」がもっぱら果たすべき役割の領域は存在する。それが、図の左端にある法令により定められた事務を行政が執行者として責任をもって行う領域である。その右には、行政が主導的な役割を果たしながらも市民の参加を得ながら進めていくことがふさわしい領域がある。いわゆる「市民参加」方式である。一方、「官（行政）」からの支援すら受けることなく自律的に行われる「民」主体の活動もある。それが図の右端にある領域である。その左には、市民が主導的役割を果たしながらも行政による積極的な支援がなされているような領域がある。いわゆる「市民活動支援」の領域である。そして、その中間に位置するのが「市民協働」という領域である。市民と行政が対等な立場で政策を共に立案し、共に実行する領域である。まさに「新しい公共」の核心領域であるといえる。

　もちろん、これら領域の境界線の引き方を一般論として基準化することはできない。市民の主導性が強めの「市民参加」もあるだろうし、行政の主導

性が強めの「市民協働」だってあるだろう。「節度あるパートナーシップ」を慎重に心掛けながらも行政がやや踏み込んで関与すべきと判断せざるをえない「市民活動支援」もあるだろう。個々の現場で行政と市民がお互いにコミュニケーションをとりながら調整、判断していくしかないだろうし、そうすべきであろう。

【図2】官民の役割分担と協働の範囲

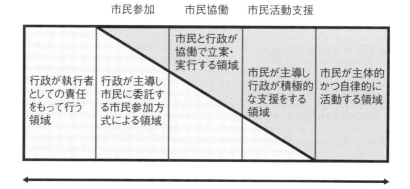

出典：横須賀市パートナーシップ研究会「市民協働型まちづくり推進策」
（https://www.city.yokosuka.kanagawa.jp/kurashi/simin/kyodo/documents/suisinsisin.pdf）より一部改変

6 ｜ 「新しい公共」の暗部を照らすキーワード〜ソーシャルビジネス

　「新しい公共」の概念や政策は現代の社会経済情勢にふさわしい動向であるとは言えるが、これが新たな問題を引き起こしているというのもまた事実である。

　第11章で「新公共経営（New Public Management）」（以下、NPM）という概念を紹介した。その背景には新自由主義という経済思想がある。新自由

主義とはごく簡単に言うと、政府が介入せず市場に任せておけばよい結果が生まれるという「小さな政府論」である。国民、市民の「自己責任」を重視する考え方と言ってもよい。

NPMのもとでは、政府、自治体が担ってきた行政サービスを民間企業に委託したり、行政サービスとしては廃止して民間市場に委ねたりすることが多くなる。より効率的で、効果的な（高質な）サービスになることを期待してのことだが、むやみなコスト削減によってサービスの質が低下することもある。あるいは従来は税財源が投入されていたが、それがなくなってしまい料金を高額化せざるをえなくなるといった事情もありうるだろう。市場に委ねる、市場に任せるとはまさにそういうことなのだが、これが結果として社会の格差を生み出し、それが連鎖するという悪循環を生み出すことが懸念されている。大都市部ではサービスが充実しているが、地方ではサービスが行き届いていないといった地域格差も生じる。地方の衰退はますます加速することだろう。

以上のように、新自由主義という背景の下で進んでいく「新しい公共」あるいはNPMが必ずしも明るく幸せな社会をもたらしてくれるとは言えないのである。だからといって、大きな政府が常に豊かな社会をもたらすとも言えない。政府の介入が大きくなることで自経済活動の規制が強化されたり、税金が高くなったりすることが予想される。

そこで、社会課題の解決を収益ビジネス化する取組が増えていけば、新自由主義がもたらす暗部を照らすことができるのではないかという発想が浮上してくる。格差を広げるような儲け方をするビジネスではなく、格差を解消することで儲かるビジネスを生み出せばよいのではないか。それがソーシャルビジネスという概念である。

7 CSRとCSV

　ソーシャルビジネスの定義は定まっていない。社会問題の解決を唯一の目的とする非営利ビジネスを指すのだとする考え方もあれば、社会問題の解決につながる商品やサービスを取り扱う営利ビジネスも含むのだという考え方や、通常のビジネスで得た利益を社会問題解決の原資としてNPO法人等に寄付するような営みまで含むのだという考え方すらある。ソーシャルビジネスとはそれほどあいまいで幅広い概念である。

　そのあいまいな概念の中に含まれるCSR（Corporate Social Responsibility）とCSV（Creating Shared Value）という2つの言葉をここで取り上げておきたい。

（1）CSR（Corporate Social Responsibility）

　CSRは一般に「企業の社会的責任」と訳されている。その概念は幅広く、最狭義には「法令順守（コンプライアンス）」を意味する。最低限のルールは守りましょうということである。そこを起点として、法的義務はないが道義的、倫理的な責任を自覚して配慮しましょうという「倫理的責任（エシカル）」、売り上げの数パーセントを社会貢献活動に寄付するといった販促マーケティング手法である「コーズ・リレイテッド・マーケティング（CRM／Cause Related Marketing）」といったものがある。また、「メセナ（芸術・文化の援護活動）」や「フィランソロピー（慈善活動）」といった文化保護活動や慈善活動もCSRの概念に含まれることが多い。

　これらの活動はその企業の十分すぎるほどの余剰利益に依るところが大きい。わずかな利益を従業員の給料や賞与に反映することなく、CSRのためのコストとして支出することはできないし、すべきでもない。ある程度の利益が出ていれば、株主への配当がなされてしかるべきである。逆に、余剰利益がない状態ではCSRのためのコストを支出することはできない。つまり、CSR活動はそこで停止してしまう。CSRは企業の業況に大きく左右される

ものなのである。そこがCSRの弱点である。

【図3】 社会的利益と経営的利益を両立させる新たな経営戦略の必要性

　世界的に著名な経営コンサルタントであったピーター・ドラッカーは著書
『非営利組織の経営：原理と実践』（ダイヤモンド社、1991年初版発行）の
なかで社会的利益と経営的利益を両立させなければならないと主張し、経営
学の権威であるフィリップ・コトラー教授は著書『社会的責任のマーケティ
ング：「事業の成功」と「CSR」を両立する』（東洋経済新報社、2007年初
版発行）のなかで事業の成功とCSRを両立すべきと論じている。CSRの弱点、
すなわち景気や業況に左右されるという弱点は長く課題とされてきたのであ
る。しかしながら、決定的に有効な経営戦略が示されることはなかった。そ
の弱点を克服するための経営概念として登場するのがCSVである。

(2) CSV（Creating Shared Value）

　CSV（Creating Shared Value）は2011年にハーバード大学の経営学者で
あるマイケル・ポーター教授が論文「経済的価値と社会的価値を同時実現す
る共通価値の戦略」[7]の中で提起した経営概念であり、社会問題を解決する効
果をもち、かつ利益につながるような経営のあり方を指している。CSRが
企業にとってはあくまでも費用（コスト）となる社会的責任の果たし方であ
るのに対し、CSVは企業にとって利益となる社会的責任の果たし方である。
企業にとって利益となる社会的責任の果たし方とはどういうものか。例えば、

7　マイケル E. ポーター（2011）「経済的価値と社会的価値を同時実現する共通価値の戦略」
　　『Diamond ハーバード・ビジネス・レビュー』36 巻 6 号、ダイヤモンド社

従来は廃棄されてきたものを商品製造の原材料として利用すれば、ごみの減量化という社会課題の解決に貢献することにもなるし、原材料の仕入れ額を引き下げることができて利益を引き上げることにもなる。小さくつぶすことができる柔らかい素材でできたペットボトルを採用すれば、使用済のペットボトルを回収するトラックにより多く積載することができるため輸送費は抑制され、排気ガスの排出量を減らすことにもなる。マラリヤの感染媒体であるハマダラカを寄せ付けない薬品を煉り込んだ化学繊維で編まれた蚊帳はマラリヤ患者を激減させる効果が高く評価され、巨額の売上と利益をもたらすことになる。さらに、その蚊帳を貧困にあえぐアフリカ現地で製造することによって雇用機会をもたらす一方で、製造原価を引き下げることにもなる。社会課題の解決に貢献するような製造過程、流通過程を構築すれば、その会社の社会的な評価が高まり株価も上がる[8]ことだろう。社会課題の解決につながる商品・サービスは大きな需要に支えられて莫大な利益をもたらすことだろう。CSVとはこうした“一石二鳥”の経営のあり方を指す概念なのである。

8　ポスト資本主義の前兆としてのソーシャルビジネス

　ソーシャルビジネスとは、社会問題をビジネスの手法によって解決しようとする事業形態のことであり、1990年代から世界で認知されるようになった経営概念である。1999年にOECDが発表した「Social Enterprises」が国際機関として初めてソーシャルビジネスを認知したレポートとして知られる。

　定義があいまいなソーシャルビジネスについて、最も狭く厳しい定義を提唱しているのがバングラデシュの経済学者であり、「グラミン銀行（村の銀行）」の創設者でもあるムハマド・ユヌス氏である。ユヌス氏は、社会問題

8　企業の社会的責任を考慮して行う投資を社会的責任投資（SRI：socially responsible investment）といい、NPO法人日本サステナブル投資フォーラムによると、国内における個人向け金融商品のSRI残高は2兆3,877億円に及ぶ（2020年12月末現在）。

の解決を唯一の目的とする非営利ビジネスだけがソーシャルビジネスといえる、と主張している。

　ユヌス氏はマイクロクレジットの専門銀行「グラミン銀行（村の銀行）」の創設者でもある。日本の金銭感覚でいうと１万円くらいの資金を竹細工の内職で生計を立てている女性に融資し、女性はそれを元手に材料を購入し、籠を作って売る。そこで得た利益の一部を返済に充てる。そのようなマイクロクレジット（少額金融）を行う専門銀行を貧困の撲滅を目的として創設した。貧困の撲滅だけが唯一の目的であるから、グラミン銀行は非営利銀行である。貧困層が顧客なのだから無担保無保証である。銀行の株主は融資を受ける顧客自身である。そうすることで、貧困の撲滅だけを唯一の目的とし続けることができる。貧困層の顧客を苦しめるような利子設定にしたり、貧困ビジネス[9]で儲けようとしたりする邪な考え方で経営が左右されることがないように経営が統制されている。返済率は97％だというから驚きである。ニューヨークでも同様のマイクロクレジットを行っているが、返済率は90％以上とのことである。ユヌス氏はこうした自身の経験から、人間は利己的なだけではなく利他的でもあり得ると主張している。これまでの資本主義社会というのは人々が利己的であるからこそ儲けが生まれ、その儲けを社会で配分することによって豊かな社会ができると考えられてきた。しかし、ユヌス氏はそこに限界がきているとみる。常に利己的な存在でしかありえないと決めつけられてきた企業には、利他的な側面もありうるということをユヌス氏はグラミン銀行をはじめとして、彼が手掛けてきたソーシャルビジネスの成功によって証明してきた。そういう新しい資本主義、「ポスト資本主義」が到来しようとしているのではないかとユヌス氏は主張している。なお、ユヌス氏は2006年のノーベル平和賞受賞者でもある。

　「新しい公共」によって「官」による公共の独占が解消された。公共の担い手として復活した「民」ではあるが、その利己的な行動がかえって公共を

9　湯浅誠（反貧困ネットワーク事務局長）の造語である。貧困に付け込んだ違法な貸金業や悪質な人材派遣事業、悪質な無料低額宿泊業など、貧困層をターゲットにし、かつ貧困からの脱却に資することなく、貧困を固定化するビジネスという意味。

破壊しかねないことが懸念されるようになった。新自由主義という背景の下で進んでいく「新しい公共」あるいはNPMがもたらしかねない暗部である。そのリスクを回避するためには、「民」の利他的な行動を促す必要がある。それがソーシャルビジネスである。「民」の利他的な行動を基礎とする「ポスト資本主義」を構築することができれば、「官」と「民」がともに公共をよりよく経営していくことができるであろう。そういう観点からみれば、ソーシャルビジネスというものは、「新しい公共」のさらに向こう側にある「ポスト資本主義」の前兆であるとみることができるのかもしれない。

【図4】「新しい公共」に関連する出来事

年	月	出来事
1991	3	バブル崩壊
1995	1	阪神淡路大震災
1995	11	Windows95日本語版　発売
1996	12	市民活動促進法案提出
1997	1	ナホトカ号事件
1998	3	特定非営利活動促進法（NPO法）成立
1998	5	（横須賀市）市民活動支援策研究会　設置
1998	7	（横須賀市）パートナーシップ研究会　設置
1999	2	（横須賀市）市民協働型まちづくり推進指針
1999	2	（横須賀市）市民活動促進指針策定
1999	3	（横浜市）横浜における市民活動と協働に関する基本指針策定
1999	7	PFI法
1999	11	OECDがSocial Enterpriseをレポート
2000	3	（横浜市）市民活動推進条例　成立
2000	4	介護保険制度　開始
2001	3	（横須賀市）市民協働推進条例　成立
2001	4	（ニセコ町）まちづくり条例
2001	4	小泉改革開始
2003	9	指定管理者制度　開始
2003		CSR元年
2006	6	市場化テスト法　成立
2008	9	リーマンショック

2009	9	鳩山内閣が「新しい公共」を標榜
2011	3	東日本大震災
2011	6	マイケル・ポーター教授　CSV を提唱

出典：各種資料に基づき筆者作成

（木村　乃）

【演習】

1　横須賀市市民協働推進条例の前文にある「節度のあるパートナーシップ」の語が意図する「節度」とはどういうものか、考えて述べよ。

2　「新しい公共」の暗部を照らす概念、またはポスト資本主義の予兆として台頭してきた概念であるの視点から、ソーシャルビジネスの意義を述べよ。

13

住民①
(「市民社会」の自治体における役割)

1　市民社会とは、政府・市場・親密圏以外の
すべての社会領域のことである。

2　市民社会の役割にはサービス供給機能、ア
ドボカシー機能、市民育成機能がある。

3　市民社会組織は、ロビー活動だけでなく審
議会への参加など、政策過程に関与するこ
とで自治体に影響力を与えている。

1　住民像の多様性

　入試の面接で公務員志望の人に志望理由をたずねるとき、「市役所職員に
なって観光イベントをやりたい」という回答をしばしば聞く。回答自体間違
いではなく、こちらも深掘りして突っ込むことはしない。しかし筆者はこの
回答を聞くと、いつも「役所に入らなくてもやれるよ」といいたくなる。と
いうのは、地域の観光イベントは、実は「○○市役所」だけが主催者である
ことはまずないからだ。

　地域の大規模観光イベントでは、たいてい実行委員会組織が設けられる。
平塚市の七夕まつりを例にあげると[1]、「湘南ひらつか七夕まつり実行委員
会」が主催者である。実行委員会のメンバーは、平塚市役所、平塚商工会議
所、平塚市商店街連合会、平塚市観光協会である。市役所については、説明
は不要だろう。商店街連合会は、市内にある商店街の集まりである。観光協
会は、たいていの自治体に存在する組織である。観光名所が多いところなど
は、自治体内に複数の観光協会が存在することもある。

　そして商工会議所は、簡単にいえば商工業に携わる人たちの集まりである。
もし本当に「観光イベントをやる」ことを望むならば、自分で店を開業して
商工会議所の会員になる方が、市役所に入るよりもずっと近道である。商工
会議所の中でイベントのために動きたい、といえば、多くの場合喜んで動か
させてもらえるはずだ。

　平塚の七夕まつりに限らず、観光イベントの実行組織には、商工会議所な
どの経済団体がメンバーに入るケースがほとんどである。地元で経済活動を
する人にとっては、イベントが盛り上がる方が得をするからだ。大規模観光
イベントを実施すると多くの人が集まり、飲食をし、物を買う。結果、小売
店や飲食店、運輸業者、さらには農業や水産業の従事者などにも利益が出る。
人を多く集めるために、実行委員会に参加し、盛り上げに貢献するのである。

1　2023年の場合。「湘南ひらつか七夕まつり」HP（http://www.tanabata-hiratsuka.com/）（閲覧日：
　2023年4月27日）より

　一方、そこに住んでいるだけの人は、イベントを迷惑に感じることもある。渋滞や混雑も増え、ゴミのポイ捨ても増える。会場近くのマンションでは、マンション前にたむろする人も出てくるだろう。つまり観光イベントを行うとき、それによって得をする住民もいれば損をする住民もいるということである。

　観光イベントに限らず、様々なテーマについて、住民間に利害関係の対立が生じうる。「住民」とひとくくりにいっても、地域住民すべての共通点は何か、といわれれば、その地域に住んでいること以外にはない。住民は多様な属性や背景、考え方をもつ。働いている人も働いていない人もいる。働いている人の中でも、その地域に仕事がある人、他地域に通勤する人がいる。それ以外でも持病があるか・ないか、障がいがあるか・ないか、男性・女性、年齢の違いなどなど。住民の属性や考え方が多様ということは、彼らがもつ利害関係も多様ということになる。保育園が家に近い方がよい人もいれば、保育園が近いと子どもの声がうるさいと感じる人もいる。あるいは、新型コロナウィルス感染者にとって、それを治療してもらうことはもちろん重要である。しかし一方で、がんや難病などの患者にとっては、医者や看護師、病院施設や医療機器などの医療資源が新型コロナウィルスの治療ばかりに割かれてしまうと、文字通り死活問題になる。

　住民の利害について、それをどう声にして、政治や行政に反映させるか。その際原則として「個人よりも組織」、つまり同じ利害をもつ人が集まることが大事になる。民主主義社会において、少数意見は尊重されるべきである。しかしある意見を1人の人間が発するよりも、同じ意見をもつ人が多数いることが、政治において力をもつ。組織を作る方が「これだけの人が関心をもっている」ことがわかるし、その存在が周知されれば、「その組織に行けば自分の利害を代表してくれる」と認知される。結果、同じ意見の人が集まりやすくなる。

2 ｜ 市民社会

　ここで、市民社会という概念を提起したい。最初の例で述べた商工会議所や商店街連合会、観光協会はすべて市民社会組織である。市民社会とは、政府、市場、親密圏という３つのセクター以外の残余の社会活動領域（坂本（2017）２頁）である。ここで政府セクターとは、国家や自治体などの統治機構、そして政府内権力を追求する政党による活動領域である。市場セクターは、営利企業による利潤追求活動が行われている領域である。そして親密圏セクターは、家族や友人など、個人の私的・非公式的な人間関係が構築される領域である。市民社会は、これら以外のすべての領域が該当する。市民社会を表現するとき、三角形の図がよく使われる（図１）。三角形の頂点にそれぞれ「政府」、「市場」、「親密圏」があり、それぞれの頂点から派生する領域がある。しかし三角形の中には頂点とその派生領域に入らない部分がある。この部分が市民社会に該当する。

　視点を変えれば、公権力ではないという非政府性、利潤追求を主目的にしない非営利性、人間関係として私的ではないという意味での公式性という、３つの基準をすべて満たす社会活動領域が市民社会である、ともいえる（坂本（2017）２頁）。市民社会にはさまざまな組織・団体・結社が存在しており、それらを市民社会組織という。ちなみに、第12章で紹介されたNPOも市民社会組織である。

　図１で図式的に表現されているが、市民社会の中でも政府に近い部分、市場に近い部分、親密圏に近い部分がある。政府セクターに近い市民社会組織としては、行政の外郭団体、学校法人、社会福祉協議会（社協）、消防団や民生委員・児童委員などがある。市場セクターに近い市民社会組織には、労働組合、農業協同組合（農協）や漁業協同組合（漁協）、医療法人、商工会・商工会議所などがある。そして親密圏に近いものとして、自治会・町内会や市民活動組織などがある。

　今あげた例の中には、なじみのないものも多いかもしれない。ここで、日

【図1】市民社会の概念図

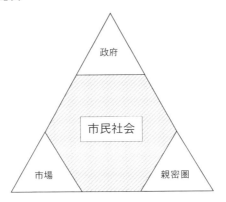

出典：辻中・森（2010）、坂本（2017）などを参考に筆者作成

本のほぼすべての自治体で見られるもので、理解していればすぐに目につく
であろう市民社会組織をいくつか紹介する。

（1）消防団

　消防団は、常設の消防本部・消防署と異なる地域の非常備消防・防災組織
である[2]。消防組織法9条では、「市町村は、その消防事務を処理するため、
次に掲げる機関の全部又は一部を設けなければならない」とし、「次に掲げ
る機関」として消防本部、消防署とともに消防団をあげている。消防団員の
多くは他に本業をもち、火災や災害発生時には自宅や職場から現場に向かい、
消火や救助活動に従事する。火災・災害時だけでなく日常的に訓練も行い、
防災活動や行方不明者が出たときの捜索活動などにも従事する。

　消防団員に対しては、多くの自治体で年間数万円の報酬が出るほか、出動
時や訓練参加時に1回数千円の出動手当が支給される[3]。そのほか、活動で死
傷した際の公務災害補償や退職時の退職報奨金などの制度が設けられてい

---

[2]　総務省消防庁「消防団オフィシャルウェブサイト」
　　（https://www.fdma.go.jp/relocation/syobodan/）（閲覧日：2023年4月27日）
[3]　総務省消防庁「消防団オフィシャルウェブサイト　報酬・手当について」
　　（https://www.fdma.go.jp/relocation/syobodan/welcome/pay/）（閲覧日：2021年4月27日）

る。しかし後述するように、消防団員のなり手不足が続いている状況がある。その対策の一環として、待遇改善を各市町村で検討するよう、2021年4月に消防庁長官から通知が出されている[4]。

【図2】消防団員数と出勤回数の推移

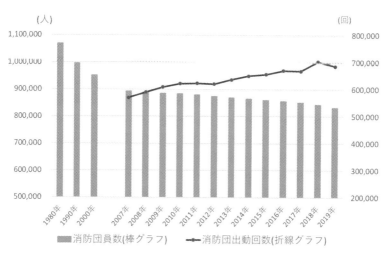

（人）　　　　　　　　　　　　　　　　　　　　　　　　　　　　（回）

■ 消防団員数(棒グラフ)　── 消防団出動回数(折線グラフ)

出典：消防団員数：消防庁「消防団オフィシャルウェブサイト」、出勤回数：消防庁「消防白書」より筆者作成

　図2は、消防団員数と年間の出動回数をグラフにしたものである。棒グラフが団員数、折れ線グラフが年間出動回数の推移を示す。消防団員のなり手は減少を続けている。1990年に100万人を割り込み、2007年に約89万3,000人、その後も減少し、2019年は約83万2,000人である。団員数の減少は少子高齢化による若年層の減少、地域外への通勤者の増加などが原因とされる。一方で、出動回数は増加傾向にある。2007年に約15万8,000回だったが、ほぼ毎年増加を続け、2019年には約16万2,000回を数えている。近年台風による水害など、災害の大規模化がみられる。また高齢化に伴って高齢者の誘導や日常的な見守りなど、活動も多様化せざるを得ない。担い手は減少して活

4　総務省消防庁「『消防団員の処遇等に関する検討会』中間報告書及び消防庁長官通知」
　（https://www.fdma.go.jp/pressrelease/houdou/items/210413_chibou_01.pdf）（2021年4月13日発表）

動は増えているということは、一人ひとりの団員の負担が増えてきている、ということである。

（2）民生委員・児童委員

　民生委員は、民生委員法に根拠をもつ制度であり、各市町村に置かれている（3条）。福祉に関わる様々な問題（介護、医療、妊娠、子育て、生活不安）について住民からの相談に応じて、必要な支援が受けられるようサポートする。そして児童福祉法（16条2項）により、すべての民生委員は児童委員を兼務している。

　民生委員・児童委員は市町村住民の中から委嘱され、原則として給与は支給されない（民生委員法10条）。任期は3年だが（同）、再任が可能である。2017年3月末現在全国で約23万人が従事しており、その一部（約21,000人）は主任児童委員として子どもや子育ての支援を行っている。

　民生委員・児童委員は、行政の福祉専門機関と住民とをつなぐ仕事である。訪問活動を行い、高齢者や障がい者の安否確認や見守り確認をする。また当事者の状況を把握することで、災害時の避難支援体制構築に協力する。住民が福祉サービスを利用したり公的な手当の申請をしたりするとき、第三者による事実確認が必要な場合がある。その際生活状況の確認、報告なども行う。

　民生委員・児童委員の1人あたり年間訪問件数（2014年度）は平均して167回で[5]、無報酬であることを考えるとかなりの負担である。そのほか「相談・支援」27.9件、「地域福祉活動」38.3件、「調査・実態把握」25.1件などとなっている。

（3）社会福祉協議会（社協）[6]

　社協は、社会福祉法（109条〜111条）で規定された社会福祉法人で、地

5　以下、民生委員・児童委員に関するデータは厚生労働省「民生委員・児童委員参考データ_IFC」（https://www.mhlw.go.jp/stf/seisakunitsuite/bunya/hukushi_kaigo/seikatsuhogo/minseiiin/01.html）（閲覧日：2023年4月27日）から引用。
6　社協の説明については、社会福祉法人全国社会福祉協議会ウェブサイト（https://www.shakyo.or.jp/index.html）（閲覧日：2021年7月31日）を参照した。

域の福祉活動・福祉事業を行う。全市区町村、全都道府県にそれぞれ社協が
存在し、全国組織として全国社会福祉協議会（全社協）がある。

　市区町村社協は、社協自体が介護や配食など、福祉サービスの提供主体に
なるだけでなく、住民からの相談への対応窓口にもなっている。また地域の
ボランティア団体を登録し、問い合わせや照会への対応、仲介などボランテ
ィアセンター機能も果たす。都道府県および政令指定都市の社協は、認知症
や知的障害、精神障害など判断能力に不安のある人の福祉サービス利用援助
や金銭の管理など、日常生活自立支援事業を市区町村社協と連携して実施し
ている。また、福祉サービス事業者の適正化支援と、利用者への支援も行う。
そして経済的な支援を必要とする者への資金貸付や、福祉資格取得や職業訓
練参加に際しての資金貸付も実施している。全社協は、調査研究や出版・広
報などの事業、国への提言などを行っている。

（4）商工会・商工会議所

　商工会議所については、本章冒頭から名前を出してきた。商工会という似
た名称の組織もここで登場するが、双方とも市場に近い市民社会組織である。
商工会・商工会議所は、ともに地域の商工業事業者や企業経営者の交流、相
互扶助、経済団体としての活動を行うための組織である。商工会は町村単位
の商工業者の集まりで、商工会法を根拠にしている。一方商工会議所は商工
会議所法を根拠にした組織で、原則として市部に置かれる。ただし例外もあ
り、たとえば小田原市と箱根町では小田原箱根商工会議所という合同の商工
会議所をつくっている。日本全国に商工会は1,643、商工会議所は515ある[7]。

（5）自治会・町内会

　自治会・町内会は、近隣に住む住民で組織される地縁組織であり、地域社
会における様々な活動をしている。自治会・町内会の活動として、まず自治

7　商工会の数は全国商工会連合会ウェブサイト（https://www.shokokai.or.jp/）（閲覧日：2023年
4月27日）、商工会議所の数（2022年現在）は日本商工会議所ウェブサイト
（https://www.jcci.or.jp/）（閲覧日：2023年4月27日）より引用。

体の広報活動がある。多くの自治体は定期的に広報紙（広報誌）を発行している。これは配達される新聞に折りこまれたり、駅に置かれたりして住民に配布されることもある。しかし自治会・町内会の会長が受け取り、各戸に配布されるケースも多い。また自治体からの連絡事項を受け取り、回覧板の形で各戸に周知することもある。そのほか、清掃活動やゴミ集積所の管理、街路灯・防犯灯の設置・管理なども自治会・町内会の活動である。これらの管理にかかる費用については、行政から自治会・町内会に支給される。場合によっては、自治会・町内会が自ら必要な物資を調達することもある。また公民館や集会所などの管理や、地域の要望を自治体に伝えること、なども自治会・町内会の活動である。

　総務省実施の「地縁による団体の認可事務の状況等に関する調査」によると、自治会・町内会などの地縁組織は、2018年時点で全国に約27万7000ある（美馬（2019）46頁）。この数は、前回（2013年）同調査における約29万9000を下回っている。そして自治会・町内会への加入率は、低下が続いている。公益財団法人明るい選挙推進協会が国政選挙時に全国の有権者を対象に行う調査では、毎回各種団体への加入状況を質問している[8]。2019年実施の調査では、「自治会」に加入している、と回答したのは23.9％である。2009年実施調査では34.5％で、加入率は低下を続けている。この質問では「どれにも加入していない」という選択肢もあるが、2019年の回答率は44.4％（2009年39.9％）である。自治会・町内会に限らず、市民社会組織への参加率は全般的に低下傾向がある。

8　「公益財団法人明るい選挙推進協会　調査研究事業（意識調査）」
　（http://www.akaruisenkyo.or.jp/060project/066search/））（閲覧日：2023年4月27日）から、
　2019年のデータは「第25回参議院議員通常選挙全国意識調査」、2009年は「第45回衆議院議
　員総選挙の実態」の調査結果概要より。

3 市民社会の機能

　ここまで市民社会組織について説明をしてきた。次に、市民社会組織の活動が社会にもたらす役割を説明しよう。市民社会の機能は、「サービス供給機能」「アドボカシー機能」「市民育成機能」の3種類にまとめることができる。

（1）サービス供給機能

　市民社会組織は、福祉、介護、医療、環境、教育、スポーツ、文化芸術など様々な領域におけるサービスを供給している。サービスそのものを提供する場合もあるが、例えば「要介護者とボランティアとの仲介」などの活動もある。

　市民社会組織が供給するサービスは、政府や市場によるそれと競合することがある。たとえば、福祉・介護サービスは行政や企業が行うことがある。また教育サービスでは、予備校は企業が運営するものもある。市民社会組織によるサービスには、2つの特徴がある。第一に、利用者の個別ニーズに応じて多様かつ柔軟なサービスが提供できる。政府が行うサービスは平等公平が原則である。原則として、要件を満たす全員にそれを受け取る権利がある。一方で、「悪平等」という言葉があるが、個別の事情を考慮しない（できない）ことで不便さや非効率さを招くこともある。第二に、少人数しか需要がない、ニッチなサービス提供ができる。対象者が少ないため企業では採算がとれない、行政も予算がとれない。そのようなサービスでも、市民社会組織はある程度安定的に、かつ比較的安価にサービスを供給できる。

（2）アドボカシー機能

　「アドボカシー」（advocacy）とは、政策や世論、人々の意識や行動に影響を与えるために、政府や社会に対して行われる働きかけのことである。「ロビー活動」（ロビイング）という言葉を聞いたことがあるかもしれないが、ロビー活動は政府やマスメディア等に対する直接的働きかけであり、つまり

アドボカシーの一種である。アドボカシーは、自分達の関心事や問題とすることを社会に訴えかける活動である。そのことにより、自分達の関心事や問題を、「社会的に考える価値がある」「政策的に取り組まなければならない」と注目させることになる。

　アドボカシー活動は主に5種類に分類できる。まず「直接的ロビイング」、これは議員や官公庁、自治体への直接的陳情や要請である。第二に「草の根ロビイング」、これはデモ行進や署名活動、議員に手紙を送るなど、間接的に陳情や要請を行う活動である。第三に「マスメディアでのアピール」、メディアへの情報提供、記者会見、意見広告の掲載などの活動である。第四に「一般向けの啓発活動」。シンポジウムやセミナーを開催して、メディアや世論に訴えかける活動である。アンケートや世論調査の実施と結果公表。書籍やパンフレット、ウェブサイトなどによる情報提供などもこれにあたる。最後に「裁判闘争」、これは加害者・加害組織、国や自治体に対し、損害賠償や名誉棄損、あるいは違憲性を争点とした訴訟を行うことである。

　ロビー活動というと、一般市民には関係がない、大げさなものと考える人もいるかもしれない。しかし、市民社会組織によるアドボカシーは、われわれにとって身近かつ緊急性の高い問題に対して行われるものが大半である。一例として、日本の自殺対策についてあげておこう（坂本（2019）183頁〜184頁）。自殺は、これまで個人の問題として扱われ、政策的対応を行う性質の問題ではないと考えられていた。しかし1990年代のバブル崩壊以降、経済的な理由による自殺が急増し、毎年3万人以上の自殺者が出る状態が続いた。NPOや遺族グループは、政府による総合的対策や遺族への支援などを求める活動を行った。その結果、2006年に自殺対策基本法が成立し、2010年以降、日本の自殺者数は基本的に減少傾向にある。これは政策としての自殺対策の効果といえ、市民社会組織によるアドボカシーの成果ともいえる。

（3）市民育成機能

　市民社会組織に参加することで、多様な人々との交流が可能になる。また

政府や他団体との交渉・取引を行うことで交渉のしかたなどを勉強する。サービス供給やアドボカシーに携わることで、成功体験を得た場合は「自分が参加することで世の中が動く」という感覚につながる。それは、自分が社会の中で何か活動しようという動機にもつながる。仮に失敗したとしても、それは貴重な経験になる。

　市民社会の中で活動することにより、個人は「善き市民」の資質を獲得できる。「善き市民」とは、民主主義社会における個人のあり方に関する、一つの理想像である。その資質として、政治上の争点や立場が違う人に対する寛容性、異なる他者と協調・協働する精神、社会問題への関心、政治参加意欲などがある。多様な人びとと接触し、主体的に社会的活動に参加することで、これらの資質を得ることができるのである。

（4）市民社会組織の負の作用

　市民社会組織の活動は、基本的には自発的、簡単にいえば「やりたい人がやる」ものである。政府や市場に対し、それが長所にもなるが、問題をもたらすこともある。

　まずアドボカシー活動について、資源が豊富な組織の意見ばかりが政策に影響力をもつおそれがある。記者会見やイベントを多く開ける組織の方が情報を伝えやすいし、ロビー活動に積極的な組織の方が影響力は強くなる。特定組織の意向だけが実現しやすくなり、それが既得権になる可能性がある。またサービス供給については、資源やスキルの不足によって、供給の不安定さや、供給先の偏りなどをもたらしやすい。

　そして忘れてはならないのは、差別的・反民主主義的な組織も市民活動組織である、ということである。そのような組織によって、テロなどの反社会的活動が行われる可能性もある。「市民社会」「市民活動」という言葉には、「善」のイメージを反射的にもつ人が多いのではないだろうか。しかし市民社会の概念自体には「善」も「悪」もなく、個々の組織について、その目的や活動内容を問う姿勢が重要である。

4 地域における市民社会組織

　次に、自治体への市民社会組織の影響に関する研究として、JIGS研究プロジェクトの調査結果を紹介したい。"JIGS"はJapan Interest Group Studyの略だが、日本の市民社会組織に関する網羅的調査研究プロジェクトである。本章で紹介するデータは2種類で、双方このプロジェクト実施の調査による。まず「社会団体調査」[9]は2006〜2007年に実施され、電話帳に「組合・団体」として掲載されている91,101団体を対象にした郵送調査である。回収サンプルは15,791件で数としては多いが、回収率は17.3％にとどまる。しかしこのような網羅的な市民社会組織調査は他に例がなく、貴重なデータである。もう一つの「市区町村調査」[10]は2007年に実施され、当時の全国市区町村1,827の4部署（市民活動、環境、福祉、産業振興）を対象にした郵送調査である。計7,308部署中、回収サンプルは4,550件だが、当然全部署から回答が得られなかった市区町村もある。全体回収率は62.2％である。

（1）社会団体調査の調査結果

ア　組織の分類と活動範囲（辻中・森（2010）25頁）

　分析に際して、市民社会組織は13種類に分類される。「農林水産業」「経済・業界」「労働（労働組合等）」、「教育」、「行政関係（行政に近い組織）」、「福祉」、「専門家（様々な分野に関する専門家の団体）」、「政治（政治団体）」、「市民（市民活動の団体）」、「学術・文化（学会、研究会、文筆業の団体等）」、「趣味・スポーツ」、「宗教（宗教法人等）」、「その他」である。これらの中では「経済・業界」、「農林水産業」が特に多く、次いで「労働」、「福祉」が多い。

　活動範囲としては、都道府県（31.0％）や市町村（46.9％）、つまり自治体を活動範囲とする組織が全体の78％を占める。経団連（日本経済団体

9　社会団体調査のプロファイルについては辻中・森（2010）18頁〜19頁より引用。
10　市区町村調査のプロファイルについては辻中（2010）13頁より引用。

連合会）など経済団体に顕著だが、マスメディアで取り上げられる市民社会組織は全国的なものが多い。しかし実態として、日本の市民社会組織はローカルレベルのものが多数派である。

　市町村を活動範囲とする組織として多いのは、農林水産業（漁港や地区の農業に関わる組織など）、福祉、市民、政治である。どちらかというと、親密圏に近い領域を担う組織が多い。一方都道府県を活動範囲とする組織は、教育、行政関係、専門家、趣味・スポーツが多い。これらはおそらく、都道府県が行う委託業務の委託先になっていると考えられる。

イ　自治体へのロビー活動

　自治体との接触経験について聞いたところ「非常に頻繁」「頻繁」「ある程度」を合わせて5割弱が「経験がある」と回答している（山本（2010a）218頁）。ロビー活動の効果として、「①自分達が関与している政策が実施されたか」、また「②自分達にとって都合が悪い政策が阻止されたか」という2種類の質問がされている。①については約20％、②についても約20％が「有った」と回答した。接触経験に比べると、成功率は決して高くはない。組織の分野でみると、「政治」「労働」分類の組織が、肯定的な回答率が高い（山本（2010b）246頁〜248頁）。これらの組織はマスメディアや世論への働きかけを頻繁に行っており、それが成果に対する敏感さにつながっていると考えられる。

（2）市区町村調査の結果

　市民社会組織が自治体の政治・行政に影響を与えるルートには、アドボカシーとは別のものもある。政策過程全般においては審議会への参加、そして政策決定・執行段階では人員の交換（自治体からの職員派遣、組織からの委員派遣）、業務委託、政策評価への参加などの機会がある。

　審議会は、行政機関が政策立案や執行に際し、関係者や専門家の意見を聴く場である。条例案などを作る際に設置されるし、条例制定後の施行状況を諮問する場にもなっている。そして市民社会組織のメンバーが、自治体の審

議会に参加することがある。参加の位置付けとしては、住民の代表として、あるいは関係者や専門家として参加する場合とがある。

市区町村調査では、政策過程における市民社会組織参加の影響力について、自治体職員からの評価という形でたずねている。審議会については、市民社会組織が参加する審議会の方が、そうでない審議会よりも政策立案過程への影響力が高く評価されている。そして参加する市民社会組織の数が多い審議会ほど、影響力は高いとされる。そして政策執行段階でも、審議会への参加や政策評価への参加など、政策過程への参加場面が多様な組織ほど、高い影響力をもつと評価される。また人員交換など、行政活動への関与が多様な組織ほど、影響力が高い傾向にある。一方業務委託については、それが多いとしても影響力との関連性は見られない（久保（2010）68頁～75頁）。

まとめると、市民社会組織は単なる業務請負先ではなく、ステイクホルダー（利害関係者）として自治体の政策過程に関与することで影響力を発揮すると考えられる。

5 おわりに

本章では住民と地域社会との関係、住民と地方政治・行政との関係をかたちづくるものとして、市民社会組織を取り上げた。市民社会組織は、それを認識できる眼で見ない限り、その存在を認識することはない。しかしさまざまな市民社会組織が身の回りに存在し、社会の中で機能している。「市民社会組織が見える眼」で地域を観察すると、かなり違った景色が見えるのではないだろうか。

（籠谷　和弘）

【演習】

1　学校教育は、政府セクターが行うもの（公立学校）と市民社会組織（学校法人）が行うもの（私立学校）がある。双方について、どのような長所と短所があるかを比較せよ。

2　日本においては、福祉や治安に関する活動で、市民社会組織が担い手として大きな役割を果たしている。政府（公務員）だけが担い手となる場合と比べ、このことにはどのようなメリットとデメリットがあるかを考察せよ。

【参考文献】

久保慶明（2010）「第3章 影響力構造の多元化と市民社会組織・審議会」辻中豊・伊藤修一郎（編著）『ローカル・ガバナンス－地方政府と市民社会』木鐸社、59〜76頁

坂本治也（2017）「第1章 市民社会論の現在－なぜ市民社会が重要なのか」坂本治也（編）『市民社会論 －理論と実証の最前線』法律文化社、1〜18頁

坂本治也（2019）「第7章 社会の現場を知ろう－市民社会の意義」永井史男・水島治郎・品田裕（編著）『学問へのファーストステップ① 政治学入門』ミネルヴァ書房、173〜203頁

辻中豊（2010）「序章」辻中豊・伊藤修一郎（編著）『ローカル・ガバナンス－地方政府と市民社会』木鐸社、9〜17頁

辻中豊・森裕城（2010）「第1章 本書の課題と構成」辻中豊・森裕城（編著）『現代社会集団の政治機能－利益団体と市民社会』木鐸社、15〜32頁

美馬拡人（2019）「「地縁による団体の認可事務の状況等に関する調査結果」について」『住民行政の窓』468号、日本加除出版、45〜62頁

山本英弘（2010a）「第10章 利益団体のロビイング－3つのルートと政治的機会構造」辻中豊・森裕城（編著）『現代社会集団の政治機能－利益団体と市民社会』木鐸社、215〜236頁

山本英弘（2010b）「第11章 利益団体の影響力－多角的な視点からみる権力
　構造」辻中豊・森裕城（編著）『現代社会集団の政治機能－利益団体と市
　民社会』木鐸社、237 〜 252頁

14

住民②
（社会関係資本）

1 社会関係資本とは、協力を促進するような
　規範・信頼を伴ったネットワークである。

2 社会関係資本の正の効果は、外部経済によっ
　てもたらされる。

3 政策において社会関係資本を利用するとき
　は、それが機能し、また負の効果の発生を
　抑制する仕掛けが必要である。

1　はじめに

　2011年に発生した東日本大震災をきっかけに、「絆」という言葉が注目された。阪神淡路大震災が発生した1995年は「ボランティア元年」といわれ、「助け合い」に焦点が当たった。東日本大震災の際は、もちろんボランティアも参加したのだが、地域住民どうし、行政を含めた地域全体の助け合いが改めて注目された。

　本章で取り上げる社会関係資本は、「絆」の働きを社会科学的な議論の対象としたものである。本章では社会関係資本の概念について説明し、その正負の影響について概説する。そのうえで、社会関係資本の地域政策への利用について説明する。

2　社会関係資本

（1）概念

　「社会関係資本」とは、「ソーシャル・キャピタル」（social capital）の訳語である。社会関係資本に似た言葉として「社会資本」がある。これは道路、港湾、上下水道、学校、病院など、公共施設・設備を指すことが多い。紛らわしいが、混同しないようにしてほしい。

　さて社会関係資本は、「集団内・集団間での協力を促進するような共有された規範・信頼を伴ったネットワーク」である[1]。社会関係資本を構成する要素には、「ネットワーク」、「互酬性規範」、「信頼」の3つがある。それら3要素が集団内、集団間での協力を促進するものを社会関係資本とよぶ。

　「ネットワーク」とは、個人、あるいは組織同士で作られる関係の総体である。「関係」とは家族、友人、同じ集団に所属する同輩・会員企業など、直接的な

1　社会関係資本の定義は、論者によって差異がある。この定義は、OECD（2001）41頁の定義をベースに、筆者がまとめたものである。

コミュニケーションが存在する状態である。「規範」は互酬性規範で、「ネットワーク上の相手には協力する（助ける）」という共有されたルールである。逆にいうと、ネットワーク上の相手から協力を得られるという期待が、自分の中に存在しているということでもある。「信頼」は、互酬性規範と区別がつきづらいかもしれないが、ネットワーク上の相手あるいは他者一般に対する信頼感である。いざというとき裏切らない、助けてくれる期待があるということである。

　稲葉陽二氏は、互酬性規範と信頼の範囲に応じて社会関係資本を3種類に分類する（稲葉（2011）35頁～37頁）。まず私的財としての社会関係資本で、これは個人間・集団間のネットワークである。次にクラブ財としての社会関係資本、これはネットワーク内のメンバー・集団に対する規範・信頼がある状態である。学生のサークルや市民運動組織などが該当する。最後に公共財としての社会関係資本で、これは社会全般に対する規範（一般的互酬性）と信頼（一般的信頼）が存在する状態を指す。

　具体例として、近隣住民同士のつきあいを考えてみよう。子どもたちが遊んだり、贈り物のお裾分けをしたり、近隣住民のつきあい関係はいたるところで見られる。彼らには日常的な関係、つまりネットワークが存在している。そして彼らの関係づくりは、少なくとも短期的な利害関係には基づかない。たとえば、「災害が発生したときに助けてもらおう」と思ってお裾分けをする人はまずいないだろう。しかしつきあいが続けば、隣近所の人同士には信頼感が共有されるし、協力をしあう互酬性規範が自然と形成される。この規範や信頼は住民同士に限定されるので、近隣住民同士のつきあいはクラブ財としての社会関係資本である。

　住民同士のつきあいは、功利的な動機で行われているわけではない。しかし防犯活動時や災害発生時など、協力が求められる場面ではお互いに助け合う。このような、直接的に対価を求めあう取引関係を基にしない利益を外部経済という[2]。この例のように、社会関係資本の定義で述べた「協力」とは、

---

[2]　本文での外部経済の定義は正確ではない。まず、個人や企業の経済活動が市場を介さないで他の経済主体の経済活動に影響を及ぼすことを外部性という。そして「影響」が他の経済主体にとって正の効果があれば外部経済、負の効果があれば外部不経済という。「市場を介する」とは、何かを対価として別の何かを得る（たとえばお金を対価としてモノを買う）ことである。

外部経済の結果としてもたらされる。協力に対価を求めるなど、取引関係を前提としたものではない。

　ネットワークには、目的性が高いものもある。たとえば、大学で同じゼミナールに所属する学生たちを考えてみよう。学生たちは、グループワークや発表など、ゼミ内での協同作業を行う。協同するのは、自分の学修のためである。しかし、彼らはゼミの範囲を超えて協力することが多い。たとえば同じ講義の受講者同士で教え合ったり、一緒に試験対策をする。それは短期的な互酬性、つまり相手に便宜をはかればお返しがある、という意識によるものかもしれない。しかしゼミ生同士の関係は卒業後も続くことがあるし、ゼミの後輩の相談に乗る、といった行動も見られる。これらは、短期的互酬性だけでは説明がつかない。「同じゼミの学生」というネットワークが、長期的な信頼や互酬性規範を獲得するのである。同様の現象は、様々な集団で見られる。

（2）社会関係資本の分類：結束型と橋渡し型

　次に、ネットワークの性質に関わる社会関係資本の分類を紹介したい。この分類は、地域社会における社会関係資本を考察するうえで重要な意味をもつ。

　ネットワークを構成する個人や集団が同質な社会関係資本を結束型（ボンディング型）とよぶ。一方、異質な個人・集団からなるネットワークによる社会関係資本を橋渡し型（ブリッジング型）とよぶ。結束型と橋渡し型を区別する同質性／異質性は相対的なもので、同じ社会関係資本が結束型の性格をもつと同時に、橋渡し型の性格をもつこともある。たとえば近隣住民同士のつきあいは、「同じ地域に住む」ことによる利害関係を考慮すれば、結束型社会関係資本である。しかし住民それぞれの職業の違いを生かして地域活動を行う、たとえばゴミ集積所の改修を建設業や内装業に従事する住民が中心となって進める、といった場合、橋渡し型の性格をもつ。あるいは商工会・商工会議所（第13章参照）は、地域経済団体として同じ利害関係があり、結束型といえる。しかし、たとえば農業、飲食業、宿泊業などの会員が地域

農産物を使った新たなメニューを開発し、それを観光資源として売り出す、といった活動の場として利用されれば、商工会・商工会議所は橋渡し型社会関係資本といえる。

結束型社会関係資本は、利害関心が共通しているため、構成員同士の結びつきが強い。そして、（関心がある）情報の伝達が早い。基本的には、閉鎖性が高いネットワークである。一方橋渡し型社会関係資本は、新しい情報が出入りする窓口となる。構成員がもつ情報や知識が異なるためである。また商工会・商工会議所の例で示したように、異質なもの同士が結びつくことで新しい活動の源泉になりやすい。

（3）社会関係資本の地域社会への影響－正の効果と負の効果

ア　正の効果

ここまでの議論で、社会関係資本によって、地域社会に良い影響があると何となく理解している読者も多いだろう。稲葉陽二氏は、社会関係資本が影響を及ぼす分野を次のようにまとめている（稲葉（2011）41頁）。①企業を中心とした経済活動、②地域社会の安定、③住民の福祉・健康、④教育、⑤政府の効率、など。

まず①については、企業内の社員間、あるいは企業間の協力関係による業績の向上がある。他部署や異業種との協力関係があれば、業務改善やイノベーションにもつながる。企業経営だけでなく、経済活動全体から見ても、社会関係資本は良い影響を与えうる（稲葉（2011）46頁～47頁）。信頼によって契約や訴訟コストなど取引費用が低下し、協力によって生産性が向上する。また信頼の高い社会では搾取やごまかしへの警戒が必要なく、そのコスト負担を回避できる。

②は、地域コミュニティ内で住民が他の成員、あるいはコミュニティへの関心が高まることによる。これにより治安向上や、防災活動の円滑な遂行が可能になる。③についても同様で、社会関係資本の充実によって健康上の支援が必要な人への支援が円滑になる。そして住民が健康に関する情報、健康のために必要な行動についての知識を得やすくなり、また実践も

促進される。

　④については、個人（世帯）レベルと集団レベル、双方での効果が指摘される（稲葉（2011）56頁〜57頁）。家族内の結びつきが強ければ、学業成績や退学抑制、進学などに正の効果がある。また、学級内や学校内の社会関係資本も、学業成績向上や退学抑制に効果がある。地域の社会関係資本では、保護者の地域コミュニティ加入やそこでの活動参加は、子どもの学業成績に正の効果をもち、子ども自身の地域参加も活発になる。

　最後に⑤だが、まず、住民の政府への関心が高まることが政治参加につながる。結果、政府の活動を常に見ることで汚職や非効率性が解消される。また政府が市民社会組織やNPO、企業などとの協働をためらうことがなくなり、行政サービスに柔軟性をもたらす。

イ　負の効果

　このような社会関係資本による正の効果は、理論的な考察だけでなく、実証的にも観察されることである。しかし一方で、社会関係資本が集団内、あるいは社会全体に負の効果を与えることも指摘されている。稲葉陽二氏は、**社会関係資本の負の効果**として次の4点を指摘する（稲葉（2019）107頁〜114頁および稲葉（2021）34頁〜39頁）。

　第一に、クラブ財としての社会関係資本は、「クラブ」外の者に負の影響をもたらすことがある。たとえば反社会的集団では、集団内での「協力」とは、つまり反社会的行動である。これは極端な例だとしても、集団には成員以外の者と対立する可能性が常に存在する。

　第二に、クラブ財としての社会関係資本は、集団の成員にも害をなすことがある。いわゆる「しがらみ」である。社会的には「悪」と理解していても、集団に所属する限りは反公益的な行動をとらざるを得ないことがある。一例として、「幽霊消防団員」問題（高橋（2021）62頁〜66頁）を取り上げよう。消防団（第13章参照）では団員に報酬や手当が支給されるが、岡山市で2015〜2016年度、一度も活動していない団員348名に計1,460万円の報酬・手当が支給されていることが発覚した。そして、報酬や手当は

本来団員個人に支給されるものだが、振込先口座が分団で管理され、旅行や懇親会などに使う「裏金」となっていた。高橋祐貴氏によるとこのような事態は全国各地で見られ、制度的な対策をとっているのは一部自治体に限られる（高橋（2021）12頁）。この問題は当の消防団員に限らず、関係者も認知しているが、見て見ぬふりになっているようだ。

　第三に、社会関係資本の外部性を、個人や集団が私利のために内部化すると、公益を損ねる可能性がある。個人がコネを使って便宜をはかってもらう、コネの悪用がこれに当たる。本来は業界の親睦を目的にした組織を談合に使うケースもこれに該当する。これらは制度や公的機関への人びとの信頼を損ね、結果的に政府の効率性を損ねることにつながる。

　第四に、ネットワークの外にいる者への差別・排除が起こる可能性がある。ネットワークから外れた（とみなされた）者は社会関係資本の利益を享受できないどころか、害を受ける可能性がある。社会参加ができない個人が、サポートを得られず貧困や差別に苦しむ。あるいは新しく地域に入った住民が「村八分」状態になり、社会生活を営めなくなる。

　以上をまとめると、表1のようになる。地域社会でこれら負の効果をもたらさないためには、まず住民が社会関係資本という概念を利用して、地域社会のネットワークを俯瞰的に理解する必要がある。集団内の価値観が他の集団とずれていないか、あるいは「住民」に属さない住民がいないか、留意しなければならない。

【表1】　社会関係資本の負の効果

負の効果	発生源	内容	原因となる社会関係資本	被害者	毀損する社会関係資本の要素
反社会的活動	集団	目的と活動内容が公益に反する	クラブ財	社会全体	信頼

しがらみ	集団	目的と活動内容が公益に反し、やめたいのに辞められない	クラブ財	社会全体、集団外の人びと	信頼、規範、他者のネットワーク
				集団メンバー	――――
外部性の内部化	個人	コネの悪用	私的財	社会全体	信頼
	集団	知人への便宜供与	クラブ財	社会全体、集団外の人びと	信頼
		談合	クラブ財	社会全体、集団外の人びと	信頼、規範
社会関係資本の偏在	個人	孤立、社会的排除	クラブ財	個人、社会全体	社会関係資本全般
	集団	集団外の人びとを疎外、村八分	クラブ財		

出典：稲葉（2021）38頁の表より一部改変

3　社会関係資本を利用した地域課題の解決

（1）社会関係資本への注目

　近年、福祉政策を中心に社会関係資本の政策的な利用が注目されている。それは福祉国家において、「社会的排除」「社会的包摂」という概念が注目されていることと関連する。

　社会的排除（social exclusion）とは、失業、障害、人種、民族、性別、地域的事情などを契機として、社会のネットワークから外れてしまい、社会参加の機会が閉ざされている状態である。なぜこの概念が関心をもたれたか。それは、従来の社会保障政策では困窮者を救えないのではないか、という疑問に端を発する（水島（2019）251頁）。従来の社会保障政策は、高齢者を除けば、失業や病気などで一時的に所得水準が低下した者を、金銭的に補助

することが柱であった。一時的所得低下を補えば、当人は再就労し、困窮から脱出できると考えられていたのである。しかし近年、産業構造の転換と合理化による構造的失業の出現、貧困の連鎖、外国人労働者の就労難など、一時的所得補償では対応できない状況が発生している。そしてこれらの問題に直面する人の多くが、社会的排除の状態にあることが「発見」された。

そこで、社会的包摂（social inclusion）による問題解決が志向されるようになった。これは教育や職業訓練、家族ケア、住宅保障など多角的な手段により、排除されている人びとの社会参加機会を保障し、経済的自立を促す方法である。

　社会的包摂が重要だとしても、排除されている人びとの社会参加を促すには、そのための仕掛けが必要になる。たとえば「職業訓練が必要」といっても、必要な人間が特定できなければ対策のとりようがない。そして、訓練を受ける人と指導者との間に信頼関係がなければ、継続的な参加は望めない。単に行政がサービスを用意するだけでなく、サービスを必要とする人を把握し、継続的に利用を促し、手続きのしかたなどアドバイスする。これらの活動を有効化するために、地域の社会関係資本が注目されているのである。

　しかし、地域の社会関係資本を生かすといっても、行政が既存の市民社会組織や企業などを「利用」するだけでは、様々な問題が生じる。「しがらみ」や「外部性の内部化」は、どのような集団でも起こりえる。またサービスの実行を市民社会組織や企業に押しつけるだけだと、バーンアウト（燃え尽き）が発生するおそれがある。実行者がやりがいを喪失したり、受け手に害を与えたりする（「えこひいき」する、虐待を加えるなど）ことになりかねない。政策実行において社会関係資本を生かそうとするならば、社会関係資本が機能し、また負の効果の発生をできる限り抑制する仕掛けが必要である。

（2）日本における地域福祉政策理念の変化

　政策における社会関係資本への注目の例として、日本の福祉政策理念の変化を紹介したい。2005年の介護保険法改正時に、「地域包括ケア」を地域で

実装するための制度として「地域包括支援センター」設置がうたわれた[3]。地域包括ケアとは、高齢者が住み慣れた地域で、それぞれのニーズや状態の変化に対応して、切れ目なく必要なサービスを提供する体制として考えられたものである。その後2011年の介護保険法改正において、地域包括ケアシステムの構築に向けた取組を進めることがうたわれた[4]。

2013年、政府による社会保障制度改革国民会議は報告書の中で、地域包括ケアシステムなど医療・介護提供体制の再構築に向けて、地域における「互助」、家族や親族、地域住民の間での助け合いの重要性に言及している。また互助とともに社会福祉法人やNPOなどによる支援ネットワークを構築し、独居高齢者などが安心して生活できる環境整備も重要である、とする（社会保障制度改革国民会議（2013）11頁）。

2015年、厚生労働省の新たな福祉サービスのシステム等のあり方検討プロジェクトチームにより、高齢者に限定されない地域包括支援体制の構想が発表された。そこでは、地域包括ケアシステムを踏まえ、その発想を「全世代・全対象に発展・拡大させ、各制度とも連携して、新しい地域包括支援体制の確立を目指す」（厚生労働省（2015）3頁）としている。

そして2016年の閣議決定「経済財政運営と改革の基本方針2016」で、「地域共生社会の実現」がうたわれた[5]。地域共生社会とは、多様な人びとが共存・共生し、特定の人びとを排除しない社会である（黒田（2020）4頁）。そこでは、互酬的・互助的な人びとの関係が地域社会にあり、公的サービスと連動する社会像が想定されている。この閣議決定を受けて設置された厚生労働省の「我が事・丸ごと」地域共生社会実現本部によって、2017年に「『地域共生社会』の実現に向けて（当面の改革工程）」という文書が発表された。

3　厚生労働省「2005年度介護保険法改正」
　（https://www.mhlw.go.jp/topics/kaigo/gaiyo/k2005.html）（閲覧日：2023年4月27日）
4　厚生労働省老健局「平成23年介護保険法改正について（介護サービスの基盤強化のための介護保険法等の一部を改正する法律）」
　（https://www.mhlw.go.jp/seisakunitsuite/bunya/hukushi_kaigo/kaigo_koureisha/gaiyo/dl/k2012.pdf）（閲覧日：2023年4月27日）
5　内閣府「経済財政運営と改革の基本方針2016 〜600兆円経済への道筋〜」
　（https://www5.cao.go.jp/keizai-shimon/kaigi/cabinet/honebuto/2016/2016_basicpolicies_ja.pdf）（閲覧日：2023年8月4日）

そこでは、日常的な「つながり」の弱まりを背景として、社会的孤立や「制度の狭間」問題[6]などが表面化している、とする（厚生労働省（2017）2頁）。そして地域共生社会を実現するための柱として、次の4点をあげる。①地域課題の解決力の強化、②地域丸ごとのつながりの強化、③地域を基盤とする包括的支援の強化、④専門人材の機能強化・最大活用（厚生労働省（2017）5頁）。

　このように、福祉政策を中心に、日本でも地域での社会的包摂と行政サービスとの連携、「互助」「つながり」の再構築が政策課題として強調され、期待されていることがうかがえる。

（3）三重県名張市の事例

　さて（1）で述べた通り、地域での「つながり」の再構築といっても、既存の制度に頼るだけでは問題が生じる可能性が高い。取組を有効なものにするには、そのための仕組みづくりが重要である。ここでは、三重県名張市の保健・医療・福祉における取組を紹介したい。名張市は三重県西部、奈良県との県境近くにある。人口は75,701人（2023年4月現在）である。名張市の取組がユニークな点は、まちづくりと地域福祉を両輪としているところにある（黒田編（2020）26頁）。市内を公民館単位で15地区に分け、各地区に設立された「地域づくり組織」とよばれる住民組織に財源や権限を委譲している。そして「住民が自ら考え、自ら行う」まちづくりを推進している。また15地区それぞれに「まちの保健室」という初期総合相談窓口を設置し、高齢者だけでなく子育てなどの相談にも対応している。

　地域づくり組織へ移譲される財源は、それまで地域向けに支出されていた様々な補助金を一括して交付する「ゆめづくり地域予算」である（黒田編（2020）27頁）。交付金の使途は限定されず、住民の協議によって決定される。住民の福祉増進や地域づくり推進に寄与するものであれば自由に使える。

　まちの保健室は、15地区の公民館や隣接する場所に設置されている。介

6　軽度の認知症や精神疾患などによって生活困難に直面しているが、公的支援制度の要件を満たさないために支援が得られない人びとが存在している問題。

護福祉士や看護師、社会福祉士などの専門職が、嘱託職員として2～3名ずつ配置されている（黒田編（2020）29頁）。まちの保健室を中核として、住民、民生委員、NPO・ボランティア、地域づくり組織・自治会、市役所、市社協などと連携しながら、相談と地域づくりを行うネットワークが形成されている。主な業務は①健康・福祉の総合相談、②見守り・支援ネットワークづくり、③健康づくり・介護予防である。全世代を対象とした初期相談、介護保険の代行申請や認定調査、行政サービスを必要とする人への見守り支援、高齢者や子育てサロンの支援、健康づくりや介護予防教室の支援などを行う（黒田編（2020）29頁～30頁）。

　表2は、やや古いデータだが、まちの保健室の利用状況を示したものである（永田（2013）54頁）。まちの保健室は2005年度から開設が始まっている。設置数が異なるために単純比較はできないが、来所相談と電話相談が増加傾向にあることがわかる。一方で訪問相談は減少傾向があり、住民が「気楽に立ち寄る」形で利用するようになっていると推測できる。あるまちの保健室では、「同じ方について3人の地域住民から相談があった」（黒田編（2020）34頁）。この例のように、問題を抱える住民に関する情報の集約先として、住民の認知も高まっているようである。

【表2】　まちの保健室相談実績件数（2006～2011年度）

（年度）	2006	2007	2008	2009	2010	2011	【参考】2005
設置数	2カ所	7か所	14か所	14か所	15か所	15か所	7か所
来所相談	361	2,981	5,126	6,042	7,462	8,179	411
電話相談	199	5,321	7,368	7,865	7,782	8,174	1,792
訪問相談	253	2,531	4,244	5,431	4,430	3,882	2,817
合計	813	10,833	16,738	19,338	19,674	20,235	5,020

注：2005年度は「在宅介護支援センター」の利用状況
出典：永田（2013）より一部改変

　市民社会組織との関係の例として、民生委員・児童委員（第13章参照、

以下「民生委員」）とまちの保健室との関係を取り上げたい。今回紹介するのは、2012年に実施された調査結果である（永田（2013）105頁～115頁）。市の民生委員180名が対象で、回収数は163である[7]。

　回答者は、民生委員活動に月平均12.4日従事している。まちの保健室には96.3％が訪れたことがあり、58.5％が月1回以上訪問している。「まちの保健室があってよかったこと」という質問では、用意された7項目すべてで、肯定的な回答（5段階評価で「非常にそう思う」「そう思う」の合計）が約9割を占めている。その中で「非常にそう思う」とする割合が高いのは、「サロン活動を手伝ってもらえる」（47.1％）である。まちの保健室が地域のサロン活動に積極的にかかわり、民生委員がそれを「助かる」と評価していることがわかる。また「気軽に相談に乗ってもらえる」（42.0％）「困ったときに適切な機関につないでもらうことができる」（39.6％）と、民生委員自身への支援に対する評価も高い。民生委員の直面する問題は多様である。それに対し、専門職に気軽に相談できることが、安心感につながっているようである。

　名張市の取組について、社会関係資本の観点から評価をしておこう。地域づくり組織は、地縁組織と考えれば既存のネットワークである。しかし財源を伴う分権化を大胆に行うことで、住民の地域への関心が高まり、地域づくりの活動が進められた。これは、自治体も地域ネットワークの一員であると考えれば、ネットワーク内に信頼が醸成された結果といえる。またまちの保健室は、福祉全体に関するネットワークの核となると同時に、行政や他機関との橋渡しも担っている。地域住民ネットワークに橋渡し型社会関係資本が導入され、福祉サービスとの連携が円滑になっている。また専門職が身近な相談相手になることで、民生委員の「燃え尽き」回避につながっている。

7　調査のプロファイルについては永田（2013）105頁～106頁を参照。

4 おわりに

　本章では、社会関係資本の概念からその正負双方の効果、政策的な応用について説明してきた。社会関係資本は、どの地域にも存在するものである。しかし多くの場合潜在的な資源にとどまっていたり、負の効果で述べた問題の対象になっていたりしている。まずは社会関係資本という概念を利用して、地域の「つながり」を俯瞰的に眺めることを忘れてはいけない。

（籠谷　和弘）

【演習】

1　大学の同窓会は社会関係資本であるか。社会関係資本の要素「ネットワーク」「互酬性規範」「信頼」が存在すること、そしてそれらが協力を促進するかを検討する形で検証せよ。

2　ホームレスの人びとは，一般的に社会的排除の状態にある。現在の日本の地域社会でホームレスを包摂しようとする際に課題になることは何か、またその課題を克服するにはどうすればよいか、考察せよ。

【参考文献】

稲葉陽二（2011）『ソーシャル・キャピタル入門』中公新書

稲葉陽二（2019）「第4章　不平等の罠と「中流」の消滅－ソーシャル・キャピタルのダークサイドと市民社会」辻中豊・山内直人（編著）『ソーシャル・キャピタルと市民社会・政治　幸福・信頼を高めるガバナンスの構築は可能か』ミネルヴァ書房、97〜139頁

稲葉陽二（2021）「第2章　ソーシャル・キャピタルの二面性を意識しつつ社会という箱の中で自分の居場所を見極める」稲葉陽二（編著）『ソーシャル・キャピタルからみた人間関係：社会関係資本の光と影』日本評論社、23〜41頁

黒田研二（2020）「序章　地域包括支援体制を推進する条件」黒田研二（編著）『地域包括支援体制のいま－保健・医療・福祉が進める地域づくり－』ミネルヴァ書房、1～22頁

厚生労働省（2015）『誰もが支え合う地域の構築に向けた福祉サービスの実現　－新たな時代に対応した福祉の提供ビジョン－』（https://www.mhlw.go.jp/file/05-Shingikai-12201000-Shakaiengokyokushougaihokenfukushibu-Kikakuka/bijon.pdf）（閲覧日：2023年4月27日）

厚生労働省（2017）『「地域共生社会」の実現に向けて（当面の改革工程）』（https://www.mhlw.go.jp/file/04-Houdouhappyou-12601000-Seisakutoukatsukan-Sanjikanshitsu_Shakaihoshoutantou/0000150632.pdf）（閲覧日：2023年4月27日）

社会保障制度改革国民会議（2013）「社会保障制度改革国民会議報告書～確かな社会保障を将来世代に伝えるための道筋」（https://www.mhlw.go.jp/file/05-Shingikai-10801000-Iseikyoku-Soumuka/0000052615_1.pdf）（閲覧日：2023年4月27日）

高橋祐貴（2021）『幽霊消防団員：日本のアンタッチャブル』光文社新書

永田祐（2013）『住民と創る地域包括ケアシステム－名張式自治とケアをつなぐ総合相談の展開－』ミネルヴァ書房

水島治郎（2019）「第9章　支え合う仕組みを考えよう－福祉国家とその変容」永井史男・水島治郎・品田裕（編著）『学問へのファーストステップ①　政治学入門』ミネルヴァ書房、233～260頁

OECD（2001）The Well-being of Nations: The Role of Human and Social Capital（https://www.oecd-ilibrary.org/education/the-well-being-of-nations_9789264189515-en）（閲覧日：2023年4月27日）

索　引

た行

な行

は行

執筆者略歴（掲載順）

出石　稔（いずいし　みのる）
関東学院大学法学部地域創生学科　教授

　鳥取県生まれ。1985年横須賀市役所入庁。全国初のパブリック・コメント手続の条例化、「横須賀市土地利用基本条例」をはじめとする土地利用調整関連条例などに中心的に関わるなど、政策法務の推進を担った。2007年3月末をもって横須賀市を離れ、同年4月より現職に就任。実務で培った経験を基に、地方自治に関する研究と教育に取り組む。横浜市ほか自治体の審議会等の会長等を多数歴任するなど、自治体運営にも参与している。『自治体政策法務』（共著、有斐閣、2011年）など多数の著書等がある。

牧瀬　稔（まきせ　みのる）
関東学院大学法学部地域創生学科　教授

　法政大学大学院人間社会研究科博士課程修了。民間シンクタンク、横須賀市役所（横須賀市都市政策研究所）、（公財）日本都市センター研究室（総務省所管）、（一財）地域開発研究所（国交省所管）を経て、2017年4月より関東学院大学に勤務。

　図書に『地域づくりのヒント』（社会情報大学院大学出版部、2021年）、『地域創生を成功させた20の方法』（秀和システム、2017年）、『「型」からスラスラ書ける　あなたのまちの政策条例』（第一法規、2017年）等多数。

杉原　亨（すぎはら　とおる）
淑徳大学高等教育研究開発センター　准教授

　ベネッセ教育研究開発センターにて中等・高等教育に関する調査研究を担当。その後、学校法人勤務を経て、関東学院大学高等教育研究・開発センターにて全学の教学支援に従事。また、関東学院大学地域創生実践研究所所員として、地域創生とSDGs及びICTをテーマとした研究活動を実践。2023年4月より現職、及び関東学院大学地域創生実践研究所客員研究員として活動。

専門社会調査士、博士（ライブラリーサイエンス）。

　関連論文としては、「オンライン授業におけるSDGs（持続可能な開発目標）に関する大学生の意見分析－オンラインホワイトボード（Miro）を活用した双方向授業の実践－」（単著）など。

津軽石　昭彦（つがるいし　あきひこ）
関東学院大学法学部地域創生学科　教授

　岩手県生まれ。1982年岩手県入庁、法務、行政改革、医療、環境、議会、雇用等を担当、2018年3月退職、同年4月から現職。この間、各種政策や条例などの企画立案、市町村の議員提案条例の支援等に携わる。大学では、地方自治、環境政策、防災復興政策などを担当。

　2011年度自治体学会賞論文奨励賞受賞。著書に『青森・岩手県境産業廃棄物不法投棄事件』（共著、第一法規、2003年）、『先端・ハイブリッド行政法』（共著、八千代出版、2019年）、『「生きた」議員提案条例をつくろう』（単著、第一法規、2020年）など。

廣川　聡美（ひろかわ　さとみ）
関東学院大学法学部地域創生学科　客員教授

　神奈川県生まれ。1975年横須賀市入庁。企画、財政、行革、産業振興、情報化、まちづくり等を担当。2012年退職。2015年HIRO研究所（自治体デジタル化に関わる研究、著述、助言等）設立（代表）。2015年〜総務省地域情報化アドバイザー。2022年〜現職。大学では、「地域創生とICT（情報通信技術）」等を担当。

　著書に『まるわかり行政のデジタル化』（共著、日本経済新聞出版、2021年）等のほか、月刊誌『月刊J－LIS』（地方公共団体情報システム機構）に、「よく分かる情報化解説」を連載中。

江﨑　澄孝（えざき　きよたか）

関東学院大学法学部地域創生学科　客員教授

　神奈川県生まれ。1975年神奈川県警察官採用。地域部、鑑識、警察学校教官、警察署課長、警察庁出向、少年課、ハイテク犯罪対策室、企画、人事、航空隊長、鎌倉警察署長、総務課長、警務課長、川崎市警察部長、生活安全部長　2012年退職、警察政策学会、早稲田大学法学学術院社会安全政策研究所招聘研究員等において社会安全政策の研究を行う。

　著書『取調べ・職質に使えるヒント集』（共著、東京法令出版、2014年）等、論文「道路交通法における運転免許制度の考察」（国士舘大学比較法制研究）、「コロナ禍における運転免許のデジタル化」（早稲田大学紀要）等。

小澤　光男（おざわ　みつお）

関東学院大学法学部地域創生学科　非常勤講師

　1955年神奈川県生まれ。1977年横須賀市消防局入庁。救助、火災調査、通信指令、車両装備、企画研修、大隊長等を担当。2005年横須賀市市役所へ出向、初代市民安全課長として危機管理、国民保護、防犯等を所管。その後消防局消防救急課長等を歴任。2016年3月定年退職。日本市民安全学会理事。

　2019年から大学で「消防の理論と実践」科目を担当。消防の歴史、制度、防災、危機管理、国民保護等、広域消防体制の展望等。

木村　乃（きむら　だい）

関東学院大学法学部地域創生学科　教授

　福岡市生まれ。1989年野村総合研究所に入社以降30年以上一貫して「地域」をテーマとする業務に従事。2003年から5年間、「地方公共団体の一般職の任期付職員の採用に関する法律」に基づき神奈川県三浦市政策経営室長に就任、以降政策経営部長、理事（政策経営担当）を歴任。2008年任期満了により退職。同年7月、コンサルティング会社を創業。2010年より8年間、明治大学商学部特任准教授。この間、2007年地域活性化伝道師（内閣官房）

2010年地域力創造アドバイザー（総務省）に選出、2013年農産漁村活性化支援人材バンク（農水省）に登載される。2018年4月より現職。

籠谷　和弘（かごや　かずひろ）
関東学院大学法学部地域創生学科　教授

　埼玉県生まれ。1999年東京工業大学大学院社会理工学研究科博士課程退学。修士（工学）。東京工業大学助手、関東学院大学法学部専任講師、同助教授（のち准教授）を経て2010年より現職。専攻は社会学（数理社会学、社会調査法、地域社会学）。現代日本社会における社会関係資本の現状と、その（再）活性化によるまちづくりを主な研究関心とする。共著に『東南アジアにおける地方ガバナンスの計量分析』（永井文男・岡本正明・小林盾編著、晃洋書房、2019年）、『創造する＜平和＞──共同性への模索と試み』（糠塚康江・浅野俊哉編著、関東学院大学出版会、2008年）など。

サービス・インフォメーション
——— 通話無料 ———
①商品に関するご照会・お申込みのご依頼
　　　　　TEL 0120（203）694／FAX 0120（302）640
②ご住所・ご名義等各種変更のご連絡
　　　　　TEL 0120（203）696／FAX 0120（202）974
③請求・お支払いに関するご照会・ご要望
　　　　　TEL 0120（203）695／FAX 0120（202）973

●フリーダイヤル（TEL）の受付時間は、土・日・祝日を除く
　9：00〜17：30です。
●FAXは24時間受け付けておりますので、あわせてご利用ください。

地域創生入門
－地域創生を実現するために押さえておくべき基本事項　補訂版

2021年11月25日　初 版 発 行
2023年10月5日　補訂版第1刷発行
2024年9月5日　補訂版第2刷発行

編　著　関東学院大学地域創生実践研究所
発行者　田 中 英 弥
発行所　第一法規株式会社
　　　　〒107-8560　東京都港区南青山2-11-17
　　　　ホームページ　https://www.daiichihoki.co.jp/

地域創生入門補　ISBN978-4-474-09394-2　C0032　(8)

本書は、関東学院大学法学部法学会の出版助成を受けて出版しました。